어웨이크

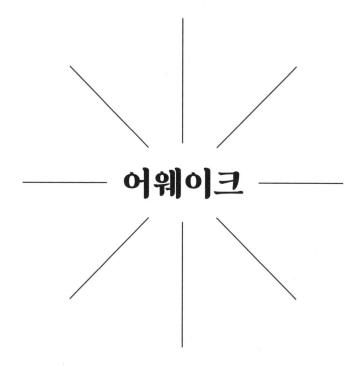

어웨이크

AWAKE

자신의 조건을 극복하고 눈부시게 인생을 변화시켜라

박세니 지음

 mindset

성공하려면 '나'를 믿고
세상 앞으로 걸어나가라

평생을 마케팅 전문가로 살아온 나는 정말 많은 사람들을 만났다. 그중에는 아주 평범한 사람도 많았지만, 엄청난 역량을 발휘하고 조직을 멋지게 이끌며 탁월한 인사이트를 주는 사람도 있었다. 회사, 단체, 국가 모두 결국은 사람의 힘으로 돌아간다. 사람의 타고난 능력과 에너지는 비슷할 수 있으나 얼마나 자신을 믿고 계발하는가에 따라서 완전히 다른 결과를 이끌어내기 마련이다. 짧고도 긴 인생 경험을 통해 뼈저리게 느낀 결론이며, 나 역시도 그 힘을 믿고 어떤 어려움 앞에서도 포기하지 않고 노력한 덕분에 지금의 자리에 올 수 있었다.

박세니 대표와의 인연은 나의 책《모티베이터》와 함께 시작되었다. 그가 나의 책을 읽고 자신의 심리 수업에서 학생들에게 내 스토리를 들려준 것을 인연으로 서로 알게 되었고, 2018년 그가 '조서환마케팅경영최고위과정' 4기로 입학하면서 더욱 가까운 관계가 되었다.

그는 항상 바르고 한결같은 모습을 보인다. 어쩐지 마음이 강철처럼 단단하고 자기 관리도 철두철미할 것만 같다. 그런데 계속 만나면서 알게 된 그의 진면목은 사람에게 쉽게 감동하고 진심 어린 눈물을 흘릴 줄 아는 따뜻한 가슴을 가진 사람이었다. 이러한 모습은 그가 기본적으로 사람에 대한 애정을 가지고 수행자의 자세로 삶을 살아가기 때문에 드러나는 것이 아닐까 생각해본다. 세상에 나아가 우뚝 서기 위해서는 '지행합치知行合致'가 무척 중요하다. 그러나 이를 실천하는 사람은 극히 드물다.

나이와 직위에 상관없이 많은 이가 저자인 박세니 대표에게서 좋은 인사이트를 얻고 그의 팬이 되고는 한다. 이는 그가 삶에 대해 진정성 있는 태도로 임하며, 평생을 걸쳐 연구한 학문에 대한 애정이 깊기 때문이라고 생각한다. 그는 젊은 나이에 매우 중요한 것들을 깨달았고, 훌륭한 교육을 통해 사람들에게 선한 영향력을 주고 있다. 더불어 본인도 나날이 크게 성장해나가는 모습이 정말 자랑스럽다. 그의 귀중한 경험과 통찰이 녹아있는 《어웨이크》가 널리 읽혀 국가 경쟁력을 업그레이드하는 계기가 되기를 진심으로 바란다.

조서환(아시아태평양마케팅포럼 회장)

내 나이 20살, 집안의 빚은 2억이 넘었다. 내가 그 빚을 갚겠다고 이야기했을 때 주변에서 몇 명이나 내 말을 믿었을까? 단언컨대 한 명도 없었을 것이다. 나를 그렇게 사랑하는 어머니조차 말도 안 되는 소리라 여기셨으니.

2004년 2월, 대학 졸업 날 식당에서 어머니에게 이렇게 말했다. "어머니, 제가 한 달에 최소 천만 원은 넘게 벌어서 빚 다 갚아드릴게요." 그때 어머니는 내게 이렇게 말했다. "세니야, 그게 말이 되니?"

하지만 놀랍게도 그 말을 하고 난 바로 다음 달인 2004년 3월부터 나는, 대한민국 학원계에 존재하지 않았던 심리수업을 만들어 바로 월 천만 원 이상을 버는 심리전문가가 되었다. 그리고 40대 중반부터는 월 억대의 소득을 올리는 심리전문가로 활동하고 있다.

내게는 정말 소중한 사람들이 많다.

사랑하는 현명한 아내와 아들, 내게 교육을 받고 인생이 달라져서 너무나 감사해하는 제자들과 수강생들. 그리고 매 순간 그들과 교감하며 세상 누구도 부럽지 않은 행복한 인생을 살아가고 있다.

2004년 2월, 당시에 나를 믿지 못한 사람들에 대한 원망은 전혀 없다. 그들은 나와 달리 정신이 깨어있지 않았기에 믿지 못했을 뿐이란 것을 잘 알기 때문이다. 성공을 하기 위해선 반드시 정신을 제대로 깨워야AWAKE한다. 그것이 선행되지 않는 사람들에게 성공은 불가능한 것이다.

대부분의 사람은 성공을 위해서 반드시 학벌, 학연, 지연, 인맥 등이 필요하다고 믿고 산다. 물론 학벌, 학연, 지연, 인맥 등이 있으면 분명히 남들보다 돈을 벌기도, 성공하기도 쉬운 것은 사실이다. 하지만 이것보다 더 중요한 성공요소는 남들이 말하는 이런 성공요소들의 본질을 파악하고 그것을 스스로 만들어 내는 능력이다.

나는 그 본질적 요소를 몰입에서 찾았다. 이 몰입의 또 다른 이름은 최면이다. 사람들은 완전히 몰입되면 그 몰입을 만들어준 대상에게 무비판적이 된다. 상대를 무비판적으로 만들어야만 상대에게 효과적으로 암시를 남길 수 있다. 남들보다 탁월하게 사람들을 무비판적으로 만들 수 있는 능력(타인최면능력)을 제대로 갖추게 되면 학연, 혈연, 정치적 배경이나 인맥등도 더 이상 부럽지 않게 된다. 왜냐면 그것보다 훨씬 더 큰 힘을 만들어 낼 수 있게 되기 때문이다.

나는 20대의 어느 순간 이런 깨달음을 얻고 세상이 완전히 달라졌다. 전에는 만날 엄두도 낼 수 없었고 상상도 못했던 이미 성공한 사람들을 찾아가서 몰입최면시키고 내가 원하는 것들을 얻어냈다.

그리고 인생을 놀랍게 바꿔나갔다. 남들이 운명이란 것에 순응하고 굴복할 때 난 이 힘을 활용해서 운명을 스스로 개척하고 만들어 나가는 존재가 된 것이다.

　책을 읽어도 삶이 변하지 않는 이유는 두 가지다. 첫 번째는 완전한 최면몰입을 만들어 내지 못한 채로 읽었기에 책의 좋은 내용이 정신에 완전히 각인되지 않았기 때문이다. 그리고 두 번째는 무의식에 각인되지 못했기에 그것을 남에게 전달하려고 해도 남들을 완전한 최면상태(몰입되어 무비판적이 된 상태)로 만들어 내는 법을 터득하지 못한 채 전달하려고 했기 때문이다.

　당신의 삶을 진정으로 변화시키고 싶다면 가장 최우선적으로 공부해야 할 것이 바로 최면에 대한 이해다. 최면에 대한 이해가 선행된 사람만이 AWAKE된 정신을 갖추고 살아갈 수 있다.

　이 책은 2020년 이미 출간됐던 책이다. 하지만, 보다 많은 사람에게 읽히길 바라는 간절한 마음에 인세도 받지 않고, 가격도 파격적으로 조정해서 재출간했다.

　여러분 주변의 대부분은 눈을 멀쩡하게 뜨고 살고 있지만 정신은 깨어나지 못한 사람들이다. 그래서 어제와 오늘과 내일이 변하지 않고 계속 힘든 삶을 영위하는 것이다.

난 박세니다. 힘과 용기와 지혜가 센 이. 힘과 용기와 지혜가 강해서 이 나라를 강하게 만드는 자. 이것이 내 이름의 뜻이고 이 이름값을 하기 위해 2004년부터 정말 쉬지 않고 수많은 제자를 교육하면서 살아왔다. 또 앞으로도 그렇게 살아야만 하는 사명감을 갖고 사는 사람이다. 이 책에는 성공에 필요한 가장 중요한 본질적 진리들이 가득 담겨 있다. 여러 번 반복해서 읽고 체화시킬 수 있다면, 지금 어떠한 어려움을 겪으며 사는 사람일지라도 반드시 자신의 조건을 극복하고 눈부시게 인생을 변화시킬 수 있을 것이다.

남들보다 훨씬 세게 만들어 낸 AWAKE된 정신을 많은 분에게 전해드리고 싶다. 이 책을 통해 더 많은 대한민국의 인재가 만들어지고 우리나라가 훨씬 강한 나라가 되길 염원한다. 더 이상 좌절하지 말고 이제 바로 정신을 AWAKE하라. 그리고 인생을 놀랍게 변화시켜라.

책을 읽기 전에 반드시 봐야 할 영상
〈당신이 일본인보다 모르고 살고 있는 영웅 이순신〉

✦ 차례 ✦

1장

한계 + Limit

2장

발견 + Discovery

AWAKE

1장

한계

Limit

세상은 온통
힘든 일로 가득하다

상상력은 무의식의 언어

세 가지 질문을 던지겠다. 첫째, 당신은 행복한 인생을 살고 있는가? '그렇다'고 답하는 이는 많지 않을 것이다. 둘째, 그렇다면 무엇이 당신의 인생을 가로막고 있는가? 이번에는 저마다 다른 답변이 등장할 차례다. "돈이 문제죠. 로또만 되면…." "집안에 불화가 많아요." "저는 외모로 칭찬 듣는 게 소원이에요." 의미 있는 삶, 행복한 삶을 위해서는 이처럼 갖춰야 할 조건이 많이 있다. 이제 마지막 질문이다. 당신은 자기 삶을 위해 필요한 조건을 잘 알고 있으면서 왜 그것을 가지려고 하지 않는가? 당신은 돈과 시간, 자유, 인간관계에서 오는 행복, 외모 같은 것을 원한다고 말하지만 다음과 같은 이유로 그것을 충분히 누리지 못하고 있다. "그게 제 마음대로 되는 쉬운 일이 아니니까요." 정말로 그러할까? 가장 많은 사람들이 원하는 삶의 조건, 즉 '돈'을 가지고 한번 살펴보자.

자, 돈 버는 것은 쉬운 일일까, 어려운 일일까. 사람들을 모아놓고 질문하면 한결같이 어렵다고 답한다. 오죽하면 '남의 돈 벌기가 얼마나 힘든 줄 아느냐'는 표현이 있을까.

그런데 인간이란 어렵다고 인식한 일은 절대 해낼 수 없는 존재다. 그 이유를 의식과 무의식이라는 정신영역의 측면으로 설명해보겠다. 인간의 무의식은 정신영역의 90퍼센트를 차지하고 있는데 무의식은 언제나 '상상력'을 동반해서 외부로 표현이 된다. 또 다른 영역인 의식은 정신영역의 10퍼센트를 차지하고 있고 '논리'를 동반해서 외부로 표현이 된다. 그래서 의식의 언어를 '논리', 무의식의 언어를 '상상력'이라고 정의할 수 있다.

이러한 원리에 의해, 인간이 '안 된다'고 생각하는 순간 정신의 90퍼센트를 차지하는 무의식의 언어인 상상력으로 '안 되는 모습'을 먼저 떠올리게 된다. 따라서 안 되는 상상을 한 이후부터는 정신의 10퍼센트를 차지하는 의식의 언어인 논리가 이미 힘을 쓸 수가 없는 상태가 되는 것이다. 이러한 특성 때문에 정신영역의 대부분을 차지하는 무의식에 의해 우리 생각과 행동의 많은 부분이 지배될 수밖에 없고 무의식에 관한 지식을 갖추고 제대로 활용하지 못한다면 논리적인 삶을 살아가는 것이 불가능해진다.

돈 벌기가 어렵다고 말하는 사람들은 정신의 대부분을 차지하고 있는 무의식에서 이미 돈 버는 것이 어렵다고 믿고 있기 때문에 돈을 잘 버는 것을 떠올리거나 상상할 수 없게 된다. 나도 모르게 무의식적으로 궁핍한 삶을 살아가는 상상을 할 수밖에 없었던 것이다. 그래서 무의식을 이해하지 못하는 사람들은 논리적으로 절대 큰돈을 벌 수 없고, 돈을 벌고자 노력해도 이내 한계에 부딪치고 만다.

돈을 잘 벌기 위해서는 돈을 버는 것은 쉬운 것이라는 생각이 무의식에 먼저 스며들어야만 한다. 무의식에 확신이 들 정도가 되면 구체적으로 떠올리고 상상할 수 있게 되는데, 그제야 비로소 우리는 논리적으로 기능할 수 있게 된다. 주변을 보면 논리적인 것을 좋아하고 스스로가 굉장히 논리적인 사람이라고 믿는 사람들이 많다. 물론 논리는 살아가면서 매우 중요한 것이다. 하지만 진짜로 논리적일 수 있는 사람들은 그리 많지 않을 것이다.

논리가 정말 중요하다고 생각한다면 언제나 상상력을 더 가치 있게 여길 줄 알아야 한다. 대부분은 무의식의 매커니즘을 정확하게 모르고 있기 때문에 표면적으로는 논리를 중시여기는 것처럼 보이는 사람들도 실상은 논리적이지 못한 삶을 살고 있다. 사람들이 믿는 '논리'라는 것은 각자의 상황과 시대적 배경, 당시의 지식 수준 안에서의 논리였을 뿐이다.

과거 수백 년 전 누군가 '인간이 하늘을 날 수 있게 될 것'이라고 했을 때 대부분의 사람은 논리적으로 말이 되지 않는 소리라고 하면서 그 사람을 웃기는 인간으로 취급했을 것이다. 그러나 미국의 라이트 형제Wright brothers는 1903년 플라이어Flyer 호로 첫 비행에 성공한다.

이처럼 논리라는 것은 사람들의 시대적 배경과 생각의 수준에 따라 달라진다. 그런데 시대적 문화적 한계 속에서도 상상력을 자유롭게 펼칠 수 있는 존재들이 있었다. 모든 가능성을 열어놓은 채 자유롭게 상상하는 존재들이 언제나 세상을 바꾸고 변화와 발전을 이끌어왔다. 그들의 공통점은 무엇일까? 생각을 상상으로만 그치는 것이 아니라 상상이 현실로 이루어질 수밖에 없도록 만들어 내는 지식을 찾고 습득하며 노력해왔다는 점이다.

1900년대 인류가 단순 비행을 꿈꿨다면, 현재 인류가 상상할 수 있는 폭은 그보다 훨씬 넓고 광활해졌다. 이제 인류는 지구 밖으로의 비행을 목표로 삼는다. 평범한 사람에게는 너무 먼 이야기처럼 들릴지도 모르겠지만, 과학 기술의 진보로 점차 현실에 가까워지고 있다.

나 역시도 20대 시절 화성에 도시를 만드는 것은 상상하는 것이 쉽지 않았지만, 아버지 빚을 갚아드리는 것은 훨씬 쉽게 상상할 수 있었다. 일단 상상하고 그 상상을 현실화할 수 있는 방법을 모색하고 실천하면 대부분은 현실로 이뤄지게 된다. 화성에 인류의 새로운 도시를 건설하는 것을 상상하기는 어려워도 자신이 가난에서 벗어나 부자가 되는 것쯤은 훨씬 상상하기 쉽지 않겠는가?

'돈 벌기는 어렵다'는 무의식적인 신념을 바꾸지 않고는 삶의 변화도 있을 수 없다. 일단 어렵다고 생각하는 순간 바로 그것을 이룰 수 없는 상상을 하게 되고 곧 우울해지고 좌절하게 될 테니까 말이다. 사실 돈을 버는 것은 쉽다. 모든 일이 그러하듯 방법만 제대로 알고 나면 가뿐하게 느껴진다.

'나는 안돼'라는 생각에 갇히면

10년 전 수학공포증에 시달리는 학생을 만나 10주 만에 성적을 7등급에서 2등급으로 올렸던 일이 있었다. 학생의 아버지는 아이의 눈부신 변화에 감동했고 이번에는 아이가 아니라 자신을 제자로 받아달라고 찾아오셨다. 처음 자녀의 상담을 의뢰하셨을 때는 상담료로 한 달 치 월급을 지불할 것인가에 대해 많이 고심하셨지만, 10주간의 눈부신 변화를 보고 감동하셨고 결국 자신의 삶도 바꾸고 싶다고 직접 상담을 요청하신 것이다.

보험설계사로 일하시던 학생의 아버지와 함께 세운 목표는 '억대 소득'이었다. 항상 마음속으로 억대 소득을 바라고 있기는 하셨지만 실제로는 월 200~300만 원 정도를 버는 상황이었고, 면밀한 상담을 통해 그분의 성향을 분석하고, '업'에 대한 이해와 지식 수준을 점검했다.

보통 우리는 사람들이 저마다 다른 문제로 힘들어한다고 생각한다. 그런데 사실은 그렇지 않다. 각자가 가진 문제의 본질을 살펴보면 사람들은 결국 같은 문제로 힘들어한다. 즉, 세상의 이치를 내면화하지 못해서 힘들어한다고 할 수 있다. 본질에 입각한 제대로 된 진리를 알게 되면 어떤 사업을 하거나 어떤 상황에 놓여도 그 본질적 진리를 활용해서 제대로 행동할 수 있게 되기 때문에 큰 문제나 어려움이 없게 된다.

이분의 경우도 마찬가지였다. 선행되어야 할 지식이 없는 상태로 업을 오랜 시간 지속하다 보니 매너리즘에 빠지고 지엽적인 노력만 하게 됨으로써 성과가 좋지 않았던 것이다. 보험설계사는 고객의 마음을 잘 이해하고 돈에 대해서 밝아야 하며 고객의 돈을 모으거나 지키거나 불리는 데 도움이 될 수 있는 지식을 갖추어야 한다. 당연한 이치다. 그렇지만 대부분의 보험설계사들과 마찬가지로 돈이 어디에서 발생하고 돈을 왜 벌어야 하는지, 돈을 어떻게 벌 수 있는지에 대해서 설명하지 못했다. 선행되어야 하는 본질적 지식이 내면화되지 못한 상태였다. 이 상태로는 고객들에게 당당할 수도 없고 전문성을 갖춘 사람이라는 느낌도 줄 수 없다.

보험설계사라면 고액자산가인 고객을 만나야 더 큰 보험 계약을 성사시킬 수 있고 수당도 더 많이 받을 수 있다. 더불어 그들과 좋은 관계를 잘 유지하면 고액자산가의 친구나 가족을 소개받을 수도 있으니 여러모로 좋은 일이다. 그런데 이분의 고객 중에는 고액자산가가 단 한 명도 없었다. 이유가 무엇일까?

오랜 시간 보험설계사로 일해 오신 분께서 고액자산가를 고객으로 만들면 좋다는 것을 모를 리는 없다. 분명히 알고 있지만 고액자산가를 만난다는 것을 상상할 수 없는 마음 상태가 문제였던 것이다.

'엄청난 부자가 나 같은 사람을 만나주겠어?'
'이미 대단한 설계사들과 계약을 많이 했겠지.'

이런 생각에 빠져들고 괜한 자격지심도 갖게 된다. 그러면서 부자를 고객으로 만들어내는 상상은 절대로 할 수 없게 된 정신 상태로 살아간다. 어떤 사람의 무의식적 생각은 더욱 가관이다.

'부자란 더러운 방법으로 돈을 번 족속이야! 내가 돈 벌려고 그런 자들까지 상대해야 하나? 관두자.'

삐딱한 생각을 갖고 자신을 안타까운 방식으로 위로하기도 한다. 부자 만나기를 두려워하는 자신의 심리상태를 바꾸지는 못하고 제대로 행동하지 못하는 자신을 합리화하는 데 바쁘다.

사실 이분도 그랬다. 정말 고액자산가를 만나게 된다면 그 후에는 어떻게 말을 트고 무슨 이야기를 나눠야 하는지에 대해서 선행지식을 제대로 갖추지 못하신 상태였기에 성공적으로 계약을 성사시키는 구체적인 상상이나 생각들을 떠올릴 수 없었다.

그 이유는 명확하다. 삶과 인간에 대한 통찰도 부족하고 본질적인 영역의 지식 해당 지식 자신의 업에 관한 지식도 온전치 않기 때문이다. 그리고 부자 혹은 성공한 사람에 대한 이해가 너무나 부족했다. 그들이 좋아하고 관심을 가지며 흥미를 느낄 만한 이슈가 무엇인지 정확히 알지 못했다. 또한 '나는 부자가 아니야'라는 사실을 강력히 의식한 나머지 부자 앞에만 서면 위축되었고, 만남 자체를 포기할 수밖에 없었다. 무의식에서 그것을 회피하고 있었던 것이다. 결국 2시간씩 5회의 개인 상담을 통해서 이분이 기존에 갖고 있던 부정적인 무의식의 생각들을 긍정적으로 바꾸고 삶과 인생에 대한 정확한 지식으로 무장시켜드렸다. 그 후 바로 억대 소득을 달성하는 설계사가 되셨다.

정글 속에서 위기에 처한 군인들이 발휘한 힘

이분에게 필요한 도움은 자신의 발목을 잡고 있는 무의식적 생각을 깨는 것이다. 바로 '나는 고액자산가에게 영업할 능력이 없는 사람이야'라고 이미 생각하고 있거나 혹은 고객이 자신을 보고 바로 얼굴을 찌푸리는 장면, 나가라고 소리 지르는 장면이 먼저 떠오르는 등 무의식적인 문제 때문에 제대로 생각할 수도 행동할 수도 없었던 것이다. 누군가는 이렇게 질문하기도 한다.

"무의식의 힘이란 것이 정말 그렇게 대단한 것인가요?"

그렇다. 우리는 일상 속에서 무의식의 힘을 간과하고 있다. 〈look〉이라는 미국 잡지에 실린 실화를 하나 소개하겠다. 베트남 전쟁 때 네 명의 미국 병사가 차를 타고 정글 속을 달렸다. 길이 아주 좁아서 어렵사리 가고 있는데 갑자기 베트남 군인이 기습했다. 미국 병사들은 부리나케 수풀에 몸을 숨겼다. 잠깐 사격이 멈춘 순간 네 명의 미군은 다시 돌아갈 방법을 궁리했다. 그들은 앞으로 가면 적을 계속 만나게 될 것이고, 차를 돌리자니 길이 좁아 돌릴 수 없는 상황에 빠져 있었다. 진퇴양난의 상황 속에서 그들은 차의 네 귀퉁이를 잡고 번쩍 들어 올려 반대 방향으로 돌렸다. 그리고 액셀을 최대한 밟으면서 도망을 쳤다. 도망가는 사이에도 베트남 군인이 쏜 총알이 머리 위를 날아갔고 그들의 머릿속에는 이곳을 벗어나야만 한다는 일념만이 있었을 뿐이었다. 그들이 무사히 돌아왔을 때 비소로 그들은 아무도 다치지 않았다는 것을 발견했다. 안도의 한숨을 쉰 그들은 자신들이 어떻게 그 무거운 차를 번쩍 들어서 돌릴 수 있었는지 의아해했다. 시험 삼아 차를 들어보았으나 차체가 흔들릴 뿐 전혀 움직이지 않았다.

인간의 잠재력에 관해 이야기할 때 나오는 실화다. 이런 이야기들은 정말 많다. 고층 아파트에서 떨어지는 아이를 맨손으로 잡아서 구해낸 할아버지, 자동차에 깔린 사람을 구하려고 괴력을 발휘한 행인 등 정말 많은 사례가 있다.

　이러한 무의식의 잠재력을 끌어올리기 위해서 가장 우선시 되어야 하는 것은 무의식에 이런 엄청난 잠재력이 존재한다는 것을 인정하고 그 가능성을 믿는 자세다. 어느 정도로 자신의 잠재력을 끌어올릴 수 있는지에 관해서는 사람마다 상황마다 달라질 수 있기 때문에 단정적으로 말하기는 어렵지만, 자신에 대한 믿음을 가지고 제대로 노력하고 시도를 해보아야 비로소 알게 된다. 물론 잠재력의 개인차는 어느 정도는 있겠지만, 같은 인간인 이상 어마어마한 차이는 아닐 것이다.

　앞서 말한 사례들에서 언급한 육체적인 잠재력은 생존을 위해서 무의식적으로 봉인된 측면이 있다. 인간의 몸을 보호해주기 위해서 힘을 제한해서 일정 정도만 쓰도록 무의식에 설정되어 있는 것이다. 가령 2,000cc의 차라면 대략 200마력 정도만 사용하도록 설정해두고 평소에는 필요 이상의 힘과 에너지를 쓰지 않도록 한다. 물론 무리해서 300마력도 넘게 사용할 수 있지만 그렇게 하면 내구성이 떨어져서 엔진이 고장 날 수 있다.

　인간의 신체 역시 마찬가지다. 필요에 따라 힘과 신체 기능을 최대치로 발휘할 수도 있지만 이러한 시도가 잦아지게 되면 인대가 늘어나거나 뼈가 부러지는 등의 부상을 입게 될 수 있다. 그래서 우리의 무의식은 평소에는 일정 수준 이상의 신체 기능을 발휘할 수 없도록 봉인시켜놓는 것이다. 단 생사를 결정짓는 위급하고 심각한 상황에 처하면 우리 무의식은 즉각적으로 반응하여 잠재력을 끌어올릴 수 있게 만들어준다. 절체절명의 위기상황이 발생하면 무의식에서 잠재된 힘을 얻어서 쓸 수 있게 하는 것이다.

잠재력을 끌어내기 위해 필수적으로 알아야 할 것이 한 가지 더 있다. 노벨상 후보로 알려진 유전공학자 무라카미 가즈오村上和雄는 《유전자 혁명》이라는 베스트셀러 저서에서 모든 유전자에 온on과 오프off 기능이 있다고 주장한다. 인간 유전자의 수는 60조에 달하고 유전정보는 세포 하나당 30억 개라고 한다. 이렇게 엄청난 수의 유전자 중 실제로 활용되어 작동하는on 유전자는 10퍼센트에 불과하고 나머지는 조용히 잠들어off 있을 뿐이다. 즉 인체의 유전자가 가지고 있는 기능 중에 사용하는 것은 켜진 상태이고 사용하지 않는 것은 꺼진 상태로 존재하는데, 결국 인간의 잠재력이란 사용하지 않고 있는 90퍼센트의 유전자를 의미하는 것이다.

이 주장을 증명하기 위해 밝혀낸 실험에 의하면 칼슘이 포함되지 않은 물을 소화시키는 유전자에게 칼슘이 들어 있는 물을 제공했더니 처음에는 예상대로 칼슘을 소화하지 못했으나 며칠 동안 같은 물을 계속 제공했더니 결국 유전자에서 칼슘을 소화시키는 효소가 나오기 시작했다. 이 실험에서 알 수 있는 것은 우리 유전자가 칼슘을 소화시킬 수 있는 능력을 원래부터 가지고 있었다는 것이다. 단지 필요성을 못 느꼈기에 칼슘을 소화할 수 있는 스위치를 꺼둔 것뿐이었다.

자, 생각해보라. 당신이 엄청난 부자여서 전 세계에서 가장 큰 집을 샀다. 그 집에 방이 100개가 있다고 가정하자. 그 상태로 밤이 되었다. 당신은 몇 개의 방에 불을 켜둘 것인가? 사람마다 다를 수 있겠지만, 보통은 10개 미만의 방에만 불을 켜둘 것이다. 왜냐하면 불을 다 켜놓을 필요가 없을 뿐만 아니라 불을 다 켜두는 것은 에너지 효율성 측면에서도 떨어지기 때문이다. 마찬가지로 인간의 유전자도 효율성을 위하여 필요한 유전정보만 활성화하는 것이다.

특수한 상황 혹은 생명의 위험을 느끼는 상황에서 자신의 잠재된 힘을 발휘하는 것은 필요하다. 한 분야에서 크게 성공한 사람들의 공통적인 특징은 자신의 분야에서 타의 추종을 불허할 정도로 많은 시간을 쏟아부어 해당 생각과 행동에만 집중하며 살아왔다는 것이다. 그 과정에서 유전자는 비로소 필요성을 느끼고 충분한 힘을 만들어 낼 수 있게 되었으며 잠재능력도 발휘될 수 있었다.

능력은 사용할수록 성장한다

애초부터 인간의 두뇌는 많이 사용하도록 설계되어 있다. 렘rem 수면이라는 것이 있다. 잠을 잘 때 보통 2~3시간 간격으로 안구가 흔들리는데 이를 급속 안구 운동rapid eye movement이라고 부른다. 이때 자는 사람을 깨워서 방금 어떤 상태였냐고 물어보면 꿈을 꾸고 있었다고 말한다. 즉, 사람은 잠을 자고 있을 때도 두뇌만큼은 일정 부분 일하고 있는 것이다.

잠을 줄이고 일을 더 열심히 하란 말이 아니다. 잠을 자는 동안에 두뇌에서는 기존에 학습한 정보를 체계적으로 정리하고 저장한다는 것을 주장하는 연구도 있으니까 말이다. 핵심은 인간의 두뇌는 어떻게든 계속 일을 하고 있다는 사실이다.

가끔 멍하니 있는 것을 좋아하는 사람들이 있다. 나름대로 명상을 하거나 생각을 정리한다고들 하던데 이러한 시간은 잠시만 가져도 충분하다. 걸을 때, 음식을 먹을 때 정도로 족하다고 보는 것이다. 빌 게이츠Bill Gates가 '일의 종류를 바꿔가면서 휴식한다'고 말한 것과 같은 이치로 나 역시도 주제가 다른 책을 보거나 다른 종류의 일을 하는 것이 휴식의 한 방법이라고 생각하는 사람이다. 너무 오래 쉬는 것보다 자신의 목표를 위해서 열심히 노력하면서 틈틈이 시간을 갖고 의미 있게 순간의 쉼을 즐기는 것이 자신의 잠재력을 꺼내기에 더 적합한 방법이다.

자신의 잠재력을 꺼내는 방법을 몇 가지 더 이야기해보자면, 힘들 때마다 자신의 좋은 유전자가 활성화되는 상상을 하는 것도 매우 좋은 방법이다. 어떤 일을 할 때 단계가 진행될수록 난이도가 높아지고 더 많은 인내심과 노력을 필요로 하게 되는데 그 숙달 과정이 힘들게 느껴지는 것은 당연하다. 일반적으로 사람들은 숙달 과정에서 필수적으로 수반되는 고통이나 어려움을 받아들이지 않고 피하려고 하는데 이것이 바로 문제다. 어려운 일이라고 느껴질수록 그 능력이 현재는 유전자 속에 잠들어 있는 상태이기 때문에 그렇다는 것을 알아야 한다. 유전자의 잠재된 능력이 활성화되려면 충분한 시간과 지속적인 자극이 필요하다. 힘든 상황에 지속적으로 노출되고 반복적으로 자극이 주어졌을 때 비로소 우리가 몰랐던 유전자 속의 잠재된 능력이 드디어 활성화되고 점차 외부로 발현되기 시작한다.

어렵고 힘들게 느껴지는 일일수록 비활성 상태였던 잠재능력을 깨우는 중요한 과정이 진행되고 있다고 생각하고 그 순간을 기쁘게 받아들여야 한다. '고통 없이는 결실도 없다No pain, no gain'는 말을 단단히 새겨넣어라. 이 문장의 가치를 진심으로 느끼고 살아가면 고통은 세상에서 가장 중요하고 소중한 친구가 된다. 잠재력은 고통 속에서 단련이 되지만 그 후에 얻는 보상은 모든 고통을 상쇄할 만큼 달콤하고 큰 법이다.

그리고 반드시 하지 않으면 안 되는 상황을 스스로 만들어내는 것도 아주 좋은 방법이다. 다시 한 번 강조하지만 힘든 상황에 지속적으로 노출되었을 때 잠재력이 발현되기 시작한다. 이왕 잠재력을 발현시키려면 다른 대안을 제거해버린 상태에서 '죽기 아니면 까무러치기' 정신으로 배수의 진을 칠 수 있는 사람만이 진정한 자신의 능력을 발휘하게 되는 것이다.

2004년 2월 대학을 졸업하던 날 가족과 점심을 먹던 때가 기억난다. 그다지 비싸지 않은 뷔페에서 식사를 사드리면서 어머니께

선언했다. "제가 곧 한 달에 1,000만 원 이상 벌어서 드릴게요." 당시 집안 빚 때문에 어머니께서 스트레스를 받으실까 항상 걱정이었다. 그런데 어머니께서는 "얘, 그게 말이 되는 소리니?" 하면서 대수롭지 않게 넘어가셨다.

사실 그때 나는 가장 유명한 대입 학원에서 내가 연구하고 개발한 심리 수업을 제안하여 곧 정식으로 수업이 진행될 예정이었다. 어머니께 공언하고 반드시 한 달에 1,000만 원 넘게 벌도록 제자를 많이 모으겠다고 결의를 불태운 것이다. 그리고 정말로 월 1,000만 원을 벌 수밖에 없는 사람의 자세와 마인드로 최선을 다했다. 그렇게 첫 달에 혼자 힘으로 700만 원을 벌었고 그 후 수업의 효과가 입증되면서 점차 수입이 늘어나 어머니께 드린 약속을 지킬 수 있었다.

당시에는 어머니께서 바로 믿어주지 않으셔서 약간 속상했지만 어머니께서 그렇게 반응할 수밖에 없도록 한 내 탓도 있었을 것이다. 어릴 때부터 나는 주변에 '해낼 거야' 혹은 '이렇게 될 거야'라며 공언을 남발했던 소년이었다. 책 속 영웅들이 그렇게 먼저 선언하고 잘 이루어내는 것을 알고 있기에 무작정 따라 했던 것이다. 하지만 그때 당시 공언한 것들을 지킬 수 없었던 이유는 내가 원하는 것을 이룰 수 있을 정도의 충분한 지식이 수반되지 않았기 때문이었다. 그래서 공수표만 자주 남발하다 보니 어머니도 바로 믿어주지 못하신 것이다.

공언이 꼭 나쁜 것은 아니지만 충분한 역량을 갖추지 못한 상태에서 동료나 주변 사람에게 말해봤자 보통 비웃음을 당하거나 기가 꺾이게 될 수도 있다. 그러니 필요한 지식과 준비를 어느 정도라도 갖추고 공언을 하는 것이 좋을 것이다.

마지막으로, 잠재력을 더욱 잘 발휘하고 싶다면 항상 일을 할 때 "난 이것을 정말 좋아한다"는 생각과 마음가짐으로 일을 해야 한다. 내가 좋아한다고 생각하는 일이라면 나의 유전자도 좋아할 것이다. 진심으로 좋아서 하는 일이라고 믿고 매진할 때 비로소 고난과 어려움도 즐거움이 된다. '남들이 하지 않아서 나는 할 수 있고, 남들이 하지 않더라도 나는 한다.' 내 삶의 중요한 철학인데, 이처럼 남들에게 힘든 것이 나에게는 도전감과 자신감을 주고 그 일을 해내었을 때 더 큰 성취감과 만족감을 가져다주는 것이다. 사람은 자신이 좋아하는 일을 해야 오랜 시간 동안 꾸준히 노력할 수 있는데, 좋아하는 일을 오래 하다 보면 해당 분야를 달성하기 위해 필요로 했던 모든 잠재력이 깨어날 수밖에 없다. 그러니 자신이 하는 일이라면 일단 누구보다 더 즐겁게 신명 나는 느낌으로 해야 한다. 이런 마음가짐을 갖추고 집중해서 하다 보면 정말 신나게 할 수 있게 되는 때가 결국 오게 되는 것이다.

반면 무의식 때문에 원래의 능력이 사라지는 경우도 있다. 폭 25 센티미터에 길이 3미터의 강력 철판을 상상해보자. 이 철판이 평지에 놓여 있다면 누구나 그 위를 따라 걸을 수 있을 것이다. 그런데 이 철판이 63빌딩 높이의 허공에 설치되어 있다고 가정해보자. 평지에서 철판 위를 어려움 없이 걸었던 사람이라면 논리적으로 허공에서도 걸을 수 있어야 한다. 그러나 대부분은 주저앉아 한 걸음도 내딛지 못할 것이다. 왜 그럴까? 무의식적으로 자신이 아래로 떨어지는 상상을 했기 때문이다. 상상하는 순간 우리는 건너는 능력을 상실하게 된다.

63층 높이 허공에 선 사람에게 논리적 설득 같은 것은 아무 쓸모가 없다. "이 철판은 단단히 고정되어 있어. 그러니 평지에서 걷는 것과 완전히 동일한 조건이야"라고 말해봤자 효과가 없는 것이다. 이 사람을 움직이게 하려면 전혀 다른 방식으로 문제에 접근해야 한다. 그 방식이 바로 '무의식 건드리기'다.

흥하는 상상을 하는 자가 사업도 잘할 수 있다. 망하는 상상을 하는 자는 스스로를 상상 속에 봉인해두고 '외부 조건 때문에 이 꼴이 되었어'라며 남 탓을 한다. 자기도 모르는 사이 실패하는 상상을 하는 사람이 실제로 성취를 이루어내는 것은 불가능한 일이다. 정말 성공하고 싶다면, 가장 먼저 무의식을 제대로 이해하고 활용하는 훈련을 시작해야 한다.

누가 내 머릿속을
은밀히 조종하는가

하루 평균 33회의 부정암시를 받다

부정적인 무의식은 나의 잠재력을 가두어놓는다. 그럼 우리는
왜 부정적인 무의식을 갖게 되었을까? 인간의 본능일까? 나의 성
격 탓일까? 아니다. 무의식의 많은 부분은 성장기를 거치며 자연
스럽게 형성된다. 부모와 형제, 친구, 선생님 등 주변 사람과의 상
호작용 속에서 우리는 '숨겨진 메시지'를 전달받는다. 예를 들어보
자. 한 부모가 이렇게 말한다. "내가 지금 왜 이 모양 이 꼴로 사는
줄 아니? 내가 네 나이였을 때 공부를 제대로 하지 못했고 그래서
좋은 대학에 못 갔기 때문이다. 너에게는 지원을 아끼지 않을 테

니 제발 공부 좀 열심히 해서 좋은 대학 가고 좋은 직장에 들어가서 돈도 많이 벌고 행복하게 살아라."

아마 익숙한 말일 것이다. 그런데 이 말에는 매우 나쁜 암시, 즉 부정암시가 숨겨져 있다. 이 부모는 자신의 실패를 좋은 대학에 못 들어가서라는 지엽적 이유에서 찾고 있다. 그는 정말 좋은 대학을 가지 못해서 성공하지 못했을까? 혹은 좋은 직장을 가지지 못해서 성공하지 못했을까? 반대로 좋은 학벌과 직장만 얻으면 성공이 보장되는가? 아니다. 좋은 학벌을 갖고 있다는 건 이 사회에서 무엇인가 시작할 때 출발선이 조금 더 나은 것 정도이지 모든 것을 보장해주는 것이 절대 아니다. 대학을 진학한 뒤에는 실전 능력을 쌓아가는 것이 반드시 필요하다.

자본주의 사회에서는 어떤 분야든 모든 지식이 재화 창출이나 이익의 발생으로 연결되고 증명되어야 한다. 실전에서 통하는 지식이야말로 의미 있고 가치 있는 지식이 된다. 실전 능력이란 것은 대학에서 키워줄 수 있는 것이 아니다. 스스로 키워야 하는 것이다. 사회 분야별로 잘 기능하는 선배들을 보고 그 차별점을 찾아내고 그것을 더 대단하게 가다듬는 노력을 스스로 해야 한다. 아직도 자신의 무능함을 좋은 대학을 못 가서 좋은 직장을 못 얻어서라고 생각하는 것은 무지의 소치라 할 수 있다. 하지만 이렇게 생각하는 주변 사람들에게 반복적으로 같은 생각을 주입당하다 보면 자연스럽게 물들어버릴 수밖에 없다.

성공하려면 자신이 하는 일에서의 결과물이나 성과가 남들과 반드시 차별화되어야 한다. 그리고 차별화된 능력을 최대한 남들에게 알리고 가능하다면 이미 성공한 사람들에게 알리려고 노력해야만 한다. 이런 부분을 잘 준비한 자라면 어떤 분야든 인정받고 기회를 얻을 수 있다.

부정암시에 대해 독일 심리치료사가 연구한 결과가 있다. 부모가 3~6세에 해당하는 자신의 자녀에게 하루 평균 몇 번의 부정암시를 하는지에 관한 조사를 한 것이다. 부정암시를 주는 말은 다음과 같다.

- 하지 마.
- 못 해.
- 할 수 없어.
- 안돼.
- 불가능해.
- 그건 힘들어.
- 어려워.

이런 부정적 단어들을 하루 평균 33회 이상 사용하고 있음을 확인했다. 물론 부모 입장에서는 어린 자녀를 지켜주고 싶은 마음에서 한 말들이겠지만, 본인들이 자각하는 것보다 훨씬 많이 부정적인 단어를 사용하고 있다는 것만은 분명하다.

어릴 때부터 부모로부터 이러한 부정적 암시와 단어들을 듣고 성장한 아이들은 본능적으로 타고난 적극성과 호기심조차 훼손당하게 된다. 이 시기의 아이들은 아직 생각의 기반이 약하고 특히 부모에게 매우 의존적일 수밖에 없는 상태이기 때문에 마치 최면에 빠지듯이 수용적으로 부모의 말을 무의식에 내면화시킨다. 아이는 부모가 어떤 종류의 암시를 주든 스스로는 걸러 낼 수 없고, 옳고 그름을 판단할 수 있는 준거를 갖기 전이기 때문에 무의식에 바로바로 내면화되는 것이다. 이런 상태에서 받아들인 암시는 아이의 자아 형성과 성격의 발현, 타인을 바라보는 관점 등 아이의 인생 전반에 지대한 영향을 미친다.

자신이 성장 과정에서 어떤 암시를 받아왔는지 곰곰이 분석해보는 것은 아주 의미 있는 일이다. 지식 수준이 높아지고 충분한 근거를 가지고 옳고 그름을 판단할 수 있는 상태가 되면 자신의 무의식 속에 형성된 잘못된 암시를 확인할 수 있게 되고 어느 정도는 다시 걸러낼 수도 있게 된다.

나는 어릴 적 아버지께 많이 맞고 자랐다. 고등학교 교사이셨던 아버지는 내게 공부를 왜 해야 하는지 충분한 인식을 심어주시기보다는 공부를 제대로 하지 않으면 바로 매를 들고 비인격적인 말씀들을 하시며 무의식에 상처를 많이 주셨다. 열심히 해도 칭찬은 언제나 인색했고, 내가 얼마나 부족하고 못난 인간인지 가슴을 찌르는 말씀만 귀에 못이 박히도록 들었다. 교사라고 모두 교육 전문가로 간주하면 안 된다는 것을 난 경험을 통해서 잘 알고 있다. 교사가 해당 과목에 대해서는 전문가일 수 있겠지만 오랜 시간 교사로 살아가다 보면 상대방의 말을 듣기보다는 자신의 생각과 지식만을 전달하고 지시하는 것에 더욱 익숙해진다.

요리사가 집에서는 요리를 안 한다고 하는 말이 있듯이 아버지께서는 학교에서는 학생들을 열심히 지도하시고 존경받는 분이셨지만, 집에서는 나와 동생에게 차근차근 무엇을 지도하신 적이 거의 없었다. 오히려 학교에서는 아마도 안 내셨을 짜증을 가족들에게는 자주 내셨다. 외부에서 받은 스트레스를 집이라는 편안한 공간에서 자신도 모르게 무의식적으로 가족들에게 풀면서 해소하는 것이다. 이 점은 부모 자녀 관계뿐만 아니라, 부부 사이, 소중한 사람일수록 더욱 주의해야 할 부분이다. 가족은 서로의 인격 형성과 심리 상태에 직접적인 영향을 미치는 존재이기 때문이다.

내가 7살 때 있었던 일이다. 어느 날 갑자기 아버지께서 나에게 구구단을 외우라고 하셨다. 구구단이 무엇인지, 왜 외워야 하는지에 대해서는 일언반구 말씀도 없이 공포스러운 분위기 속에서 주눅이 들어 제대로 외우지 못하는 나를 호되게 야단치시며 종아리에 피가 나도록 매를 때리셨다. 그렇게 한참을 맞고 울면서 구구단이 너무 원망스러웠고 또 아버지가 남기신 날카로운 비난의 말^{부정암시}들을 생각하며 자책하고 우울했던 것 같다.

그 후로 아버지는 나에게 더욱 두렵고 무서운 존재가 되었다. 돌이켜보면 나의 어린 시절은 마치 죄를 진 사람마냥 항상 주눅 들고 우울했으며 심리적으로 매우 위축되어 있었다. 성인이 된 후에도 어린 시절 아버지를 두려워했던 감정들이 완전히 해소되지는 않아서 같이 일상적인 대화를 나누는 것조차 쉽지 않고 자꾸 아버지를 피하려고 하는 나를 발견하게 되었다.

그런 나를 보고 아버지는 "사내자식이 왜 아버지를 피하려고 하고 어머니와 이야기하느냐"며 야단치신 적도 있지만 오랜 시간 축적되어온 아버지와의 좋지 않은 기억들로 인해 무의식적으로 방어적인 행동을 하게 되는 것이다. 어린 시절부터 무의식에 관심을 갖고 많은 노력을 한 나도 이렇게 아버지에 관한 감정만큼은 완전히 해소할 수가 없는 것을 보면 참 쉬운 일이 아니라는 생각을 한다.

요즘에야 체벌이 많이 줄어들었지만, 나와 동시대 혹은 이전 세대라면 이런 일을 겪으며 자란 사람들이 꽤 많았을 것이다. 아마도 부모님은 자식이 잘되기를 바라는 마음에 강한 교육을 하셨을 테고 말이다. 그런데 문제는 이러한 과정에서 자녀는 부모로부터 '넌 누구 닮아서 이 모양이냐' '도대체 네가 잘할 줄 아는 게 뭐냐 무능한 녀석아' 등등의 부정암시를 받는다. 이는 성인이 된 후에도 성공을 가로막는 심각한 심리적 장애물이 된다. 무엇인가 새로운 시도를 할 때마다 무의식적으로 부정적인 생각과 감정이 떠오르고 주눅이 든다. 무엇인가를 시작도 하기 전에 부모로부터 혹은 주변의 가까운 사람들로부터 들어왔던 수없이 많은 부정암시가 자동으로 작동하면서 나도 모르게 실수하고 실패하는 모습들이 먼저 떠오르고 두려워지는 것이다.

대물림되는 '마인드'

자, 그렇다고 해서 부모님을 원망하자는 뜻은 아니다. 우리는 이미 성장했고 독립적 인격체로 자라났다. 또한 부모 역시 그저 윗대로부터 들어온 잘못된 관념을 계속해서 물려주었을 뿐이다. 나의 아버지도 그러했다. 아버지는 내게 무척 엄격한 분이었지만 집 밖에서는 그렇지 않으셨다. 어느 날 갑자기 낯선 어른을 소개해주시며 "큰아버지라고 불러라"라고 하시거나 "이분을 작은아버지로 모셔라"라고 하셨다. 하지만 의형제를 맺고 얼마 가지 못해 돈을 빌려주었다가 돌려받지 못하는 일이 반복적으로 벌어졌다.

누가 조금만 편을 들어주면 온갖 인정을 베풀며 마음의 장벽을 허물어버리는 아버지가 이상하게 느껴졌다. 이런 아버지를 이해하게 된 것은 훗날 무의식을 공부한 이후다. 아버지는 어린 시절 당신의 부모님으로부터 충분한 사랑과 인정을 받지 못하셨던 것이 분명하다. 타인으로부터의 인정에 목말라 계시다 보니 자신에게 관심을 갖거나 조금만 호의를 보이는 사람들을 만나시면 무의식적으로 경계가 허물어지고 그들을 당신의 마음 깊이 들어오게 허용하는 것이다. 하지만 시간이 흐르고 관계가 소원해져서 그들이 아버지에게 전과 같은 관심을 주지 않거나 당신의 말을 수용하지 않고 대립되는 주장을 하게 되는 상황이 오면 그들을 바로 배척하고 척을 지셨다. 이런 반복적인 패턴은 아버지가 의식적으로 하고 싶어서 하시는 것이 아니라 어릴 적 충족되지 못한 인정욕구 때문에 자신도 모르게 무의식적으로 발현되는 행동 패턴이라고 볼 수 있을 것이다. 어린 시절에 주양육자로부터 충분한 사랑과 인정을 받지 못하고 성장한 사람들은 타인을 충분히 인정하고 사랑해주는 것이 쉽지 않다. 다행스럽게도 어머니께서는 자식들에게 맹목적인 사랑을 주셨고, 어머니를 통해서 따뜻한 사랑을 느끼고 성장할 수 있었다. 하지만 어머니도 당신의 부모님께 온전한 사랑과 관심을 받고 성장하신 분은 아니었기 때문에 어느 정도의 한계는 있었다.

그래서 두 분은 당신들의 마음과 다르게 자식들에게 충분한 사랑을 주지 못하고 비슷한 부정암시를 대물림하며 당신이 받은 상처와 결핍을 그대로 주실 수밖에 없었던 것이리라. 난 다행히 일찍부터 심리학에 관심을 갖게 되어 무의식을 공부하고 자기최면을 통해서 올바른 준거를 갖게 되고 나의 생각과 신념의 많은 부분을 바꿀 수 있었다. 부모님으로부터는 인정을 충분히 받지 못했지만 내가 하는 일에 정신 에너지를 쏟아내면서 성장했고 거기에서 오는 행복과 인정을 충분히 받으면서 부정적인 자아상도 많이 치유되고 심리적으로도 더욱 건강해졌다.

이것을 승화라고 한다. 사실 가족으로부터 인정을 제대로 받지 못한 나는 외부로부터 인정받고자 하는 무의식적인 욕구가 매우 컸다. 그래서 무리가 될 정도로 일을 많이 하면서 최근 몇 년 전까지도 워커홀릭과 같은 삶을 살았다.

내가 하는 일이 사람들의 심리적, 정신적 성장을 돕고 감동을 전하는 일이라서 그들의 삶이 긍정적으로 변하고 진심 어린 감사의 피드백을 받을 때면 더욱 힘이 나고 심취하게 되어 일에 매진한 부분도 분명히 있었다. 평생을 결핍된 욕구를 채우고자 일에만 몰두해서 살 수도 있었겠지만 다행히 현명하고 지혜로운 사랑하는 아내를 만나서 정신적으로 정말 많은 치유를 받았다.

아내와 결혼하자마자 동시에 내가 바뀐 것은 아니었다. 나는 아내를 충분히 사랑하고 관심을 주고 있다고 생각했는데, 알고 보니 아내는 부족한 나로 인해 상처를 받고 속앓이를 하고 있었다. 아내는 가족으로부터 충분한 사랑과 인정을 받으며 심리적으로나 정서적으로 매우 건강하게 자란 사람이다. 서로 다른 가정환경과 성장 배경 속에서 사랑의 깊이나 표현의 형태는 다를 수밖에 없었고, 온전한 사랑을 받고 성장한 아내에게 나의 사랑은 늘 부족하고 아프게 느껴졌던 것이다.

그런데 현명한 아내는 내가 자라온 이야기에 귀 기울여주며 함께 아파하고 나를 이해하기 시작했고, 나의 가족들을 만나면서 관계의 특성과 한계들을 공감해 주었다. 내가 자신을 사랑하는 것이 진심인데도 불구하고 표현하는 방법이나 방식이 왜 서툴고 심지어 조건 부적이라는 느낌을 주는지도 이해하게 되었다. 나는 아내를 진심으로 사랑했지만 내가 받은 조건부적인 사랑을 내 아내에게도 무의식적으로 하고 있었던 것이다. 정말 다행스럽게도 나는 무의식을 연구하고 활용하는 전문가로서 사회적인 성공을 이루었을 뿐만 아니라 사랑하는 아내를 만나 진정한 인생의 성공까지 이루게 된 것이다. 둘 중에 한 가지 조건이라도 충족되지 않았다면 나 역시 기존에 형성된 무의식대로 살아갈 수밖에 없었을지 모른다.

한 가지 더 예를 들어보자. 아버지에게 많이 맞고 큰 나는 필요하면 아이를 때려서 키워야 한다는 믿음을 갖고 있었다. 아버지께서 나를 때리실 때마다 하신 말씀들이 자연스럽게 내 무의식에 들어와 있기 때문이다. 사랑의 매라는 말, 맞고 큰 애들이 머리가 좋다는 말, 잘못하면 맞아야 한다는 말들이 내게 주입되어 있었다. 그런데 때려서 키우는 것은 일시적으로는 효과가 있는 것처럼 보이지만 절대 현명한 방법이 아니다. 아이를 때리겠다는 것은 회피동기를 만들어서 아이들을 원하는 대로 통제하겠다는 것인데 이런 식의 회피동기는 시간이 지날수록 점점 더 약해지기 마련이다. 그리고 아이의 신체와 지적 능력이 성장하고 독립적인 자아가 형성되고 나면 부모가 만드는 회피동기는 더 이상 통하지 않는다.

칭찬과 체벌에 대한 스키너의 증명

스키너 상자로 유명한 심리학자인 버러스 스키너Burrhus Skinner는 실험을 통해 '착한 일을 하고 나서 칭찬을 받은 동물은 나쁜 행동에 벌을 받은 동물보다 훨씬 빨리 배우고, 훨씬 효과적으로 배운 것을 습득한다'는 것을 증명했다. 이 외에도 후속된 연구들에서 인간에게도 이런 점이 그대로 적용된다는 것이 증명되었다.

내가 놀라웠던 점은 이렇게 많은 심리학 지식을 가지고 있다 하더라도 어릴 적에 매를 많이 맞고 그 행위에 대해서 정당화되는 분위기 속에서 성장한 경우엔 무의식적으로 체벌이 아이에게 도움이 된다는 믿음이 생성될 수 있다는 이야기다. 나 스스로도 언젠가 내 아이를 때릴 때가 올 것이라고 막연하게나마 생각하고 있었으니 말이다.

부모의 자녀 체벌을 원칙적으로 금지하는 내용의 민법 개정안이 10월 13일 국무회의를 통과했다. 이 법률은 2021년 1월 21일부터 시행된다. 요즘 아동학대가 사회적 문제로 인식되는 추세라서 이 법이 발의되고 통과된 것이라고 한다.

한 라디오 프로그램에서 이 법을 어떻게 생각하느냐고 청취자에게 물었다. 어느 어머니는 중학교 1학년 아이가 말을 듣지 않고 게임만 많이 해서 답답하다면서 학교에서 선생님들이라도 좀 아이를 때려서 교육해줬으면 좋겠다고 했다. 그런 이야기를 듣는 동안에 그 어머니의 짧은 생각에 마음이 아팠다. 체벌하는 것이 아이들에게 도움이 된다는 잘못된 믿음은 그 어머니 스스로가 만들어낸 생각이 아닐 테니까 말이다.

사랑하는 내 아이의 마음을 잘 알지 못하고, 아이에게 진정으로 필요한 것이 무엇인지 모르는 부모가 세상에는 생각보다 굉장히 많다. 자녀교육을 제대로 하려면 부부가 서로 화합하고 사랑하는 것이 기본이 되어야 한다. 그런 다음 부모가 제대로 된 목표를 갖고 열심히 살아가는 모습을 보여주고 아이에게 충분한 관심과 사랑을 주면서 자존감을 높게 만들어주면 된다. 가족이 화합하여 좋은 환경을 만들어주면 아이는 자연스럽게 자신을 더 성장시키려고 하는 마음^{자기실현경향성}을 갖고 노력하게 되는 것이다. 나는 내 안의 무의식을 돌아볼 수 있는 지식을 갖추었고 또한 지혜로운 아내도 곁에 있으니 사랑하는 아들에게 이런 피해를 대물림하지 않을 수 있게 되었다. 너무나 감사하고 다행스러운 일이다.

내 힘으로 부정암시를 깨려면

암시란 한 사람에게서 다른 사람에게로 옮겨간 생각을 말한다. 인간은 사회적 동물이고, 타인으로부터 계속해서 영향을 받을 수밖에 없는 존재이기 때문에 주변 사람이 잘못된 암시를 보내더라도 걸러내지 못하고 휩쓸리기 쉽다. 그렇다면 우리는 어떻게 대처해야 할까?

첫째, 나의 무의식에 부정암시가 들어왔을 때 효과적으로 방어할 수 있도록 지식을 갖춰야 한다. 내 무의식에 탄탄한 진리의 성벽이 제대로 만들어져 있으면 가벼운 공격이 들어와도 거뜬히 이겨낼 수 있다. 또한 세상과 우리의 정신에 관한 충분한 지식이 있다면 스스로에게 긍정암시를 계속 만들어 줄 수도 있다. 주변 타인들로부터 긍정암시를 충분히 받지 못했더라도 긍정암시를 자신 스스로에게 계속 만들어주면 된다. 인간의 정신영역에 대한 본질적 지식이 완전히 무의식에 새겨진 상태에서는 타인들이 근거 없이 말하는 부정암시에 전혀 영향을 받지 않는다. 마치 초등학생 아이가 어른에게 아는 척을 하면서 부정적인 이야기를 하더라도 더 확실한 지식과 풍부한 경험이 있는 어른이라면 전혀 영향을 받지 않는 것과 마찬가지다. 그래서 자신의 무의식을 건강하게 지켜내기 위해서는 전반적인 지식 수준을 높여야 한다. 얕게 아는 정도라면 허황된 사람이 될 수도 있다. 하지만 제대로 깊게 아는 것이라면 허황된 것이 아니라 제대로 실현할 수 있는 사람이 된다. 지식을 갖추고 상상하는 것과 그렇지 않은 상태로 망상하는 것의 차이를 제대로 구분할 수 있어야 할 것이다.

일론 머스크Elon Musk를 예로 들고 싶다. 로켓 개발 회사인 스페이스X의 CEO이자 테슬라의 CEO로도 유명한 그는 2002년부터 줄곧 화성에 인류를 위한 도시를 건설해야 한다고 말해왔다. "지구를 넘어 다른 행성을 넘나드는 삶을 만드는 것이 아주 중요하다."

"화성은 그 유일한 대안이다."

하지만 많은 사람들은 망상일 뿐이라며 그를 조롱했고, 다른 행성에서 온 존재 같다고 놀리거나 그의 계획은 절대 불가능한 일이라고 비난 했다. 도시 건설은 고사하고 그 많은 사람을 화성으로 이주시키기 위한 로켓들을 만들어내는 데만 해도 천문학적인 비용과 시간이 들기 때문이었다. 누가 봐도 험난해 보이는 이 길. 그는 왜 이런 길을 걸으려는 걸까?

일론 머스크는 어려서부터 또래 친구들보다 책을 가까이했다. 한번 읽은 건 복사하듯 기억해내곤 했는데 12살에는 프로그래밍을 독학해 게임을 만들어 500달러에 팔 정도였다. 늘 판타지나 공상과학에 심취해 있었고 모형 로켓을 만들어 날리는 등 또래들과는 다른 행보를 보였다.

친구 사귀기에 서툴렀던 그가 주변인의 관심을 끌기 위해서 한 행동은 남의 단점 지적하기였다고 한다. 원래부터 몸이 허약한 데다 이렇게 특이하기까지 했으니 그는 늘 따돌림의 대상이 되었다. 성형수술을 해야 할 정도로 만신창이가 되고 기절한 적도 있었다.

그의 곁에는 친구가 한 명도 없었다. 그는 대신에 자신이 좋아했던 만화와 책들을 가까이하며 많은 생각을 했다. "어렸을 때부터 저는 궁금했습니다. '인생의 의미는 무엇일까?'라고 말이죠." 이때부터였을까? 자신만의 독특한 세계관을 가지고 화성 이주와 인류의 미래에 대한 진지한 고민과 상상력을 키우기 시작한 것이. "저는 늘 생각하려 노력했습니다. 인류의 미래에 영향을 줄 가장 중요한 것이 무엇일지 말이에요. 다행성 거주 문명을 이루고 여러 별 사이를 오가는 것은 인류의 장기 생존을 위해 매우 중요하다고 생각합니다."

인류의 미래와 지속가능성에 대해 고민해온 그는 소행성 충돌이나 기후변화 등으로 인해 언젠가 멸망할 지구에 인류가 머무르느니 드넓은 우주를 향해 나아갈 수 있는 다행성종이 돼야 한다고 생각했다.

"우리는 여러 행성에서 사는 삶을 이루어내고자 합니다. 여러분은 미래를 놓고 봤을 때 뭐가 더 끌리시나요? 범우주적 문명을 이뤄낸 인류의 경우, 즉 별과 여러 행성을 탐험할 수 있는 거죠. 매우 흥분되는 이 경우와 지구에만 계속 갇혀 있다가 결국 멸망하고 말 경우를 비교한다면 말이에요."

그래서 그는 놀랍게도 재활용할 수 있는 로켓을 만들겠다는 아이디어로 화성에 가기 위한 시간과 비용을 줄이고자 했다. "로켓을 재사용하면 됩니다. 그러면 발사 한 번에 5만 달러 정도로 줄일 수 있어요." 모든 로켓은 한 번 쓰면 다시는 못 쓰는 소모품들이었기에 그의 말대로 화성에 가기 위해선 로켓의 재활용이 필수였다. 하지만 우주까지 나간 로켓을 지구로 다시 회수해서 쓰겠다니 터무니없는 난제였다.

사람들은 매우 회의적이었으며 그의 로켓회사 또한 거듭 실패를 하였다. 사람들의 의문은 더해갈 수밖에 없었다. 로켓 재활용이 말이나 되는 소리인지 화성에 갈 수나 있긴 한 건지 왜 이렇게까지 화성에 집착하는지, 사람들은 이해하지 못했다. 그리고 사람들은 말했다.

"이렇게 너무 먼 미래를 생각할 게 아니라 현재의 문제를 해결하는 것이 현명한 거죠." 그렇다. 인류의 미래를 위한 거라면 당장 화성에 이렇게 시간을 쏟을 게 아니라 현재 지구에 놓인 시급한 다른 문제들을 푸는 것이 훨씬 나은 길이 아닌가? 화성에 가는 것이 그렇게 중요한지 무슨 의민지 사람들은 계속해서 반문했다. "도대체 왜죠? 현재의 문제에 더 집중할 순 없나요?"

그러자 일론 머스크는 이렇게 답한다. "우주에 대한 발전을 돌이켜 보았을 때 우리는 1969년에 달에 사람을 보낼 수 있었어요. 인생은 단지 문제를 풀기 위한 것만이 아니에요. 아름다움과 영감이라고 생각해요. 아름다움과 영감의 가치는 너무 저평가되어 있어요. 인류가 태양계에 진출한다는 것은 놀랍도록 흥분되는 영감의 원천이에요. 전 절대 포기 안 할 겁니다. 제가 죽거나 병들지 않는 한 말이죠. 개인적으로 가장 동기부여 되는 부분은 사람들이 미래에 대해 기대하도록 만드는 거예요. 탐험에 대한 즐거움을 통해서요. 우리는 이유가 필요합니다. 아침에 일어날 만한 이유요. 사람들은 오해를 합니다. 기술이 저절로 발전해 나간다고요. 하지만 절대 그렇지 않아요. 오직 많은 사람이 피땀 흘려 노력했을 때 비로소 진보합니다. 사람들은 영감을 받으며 살만한 가치를 찾아야 합니다. 우주여행에 대한 기존의 시각을 완전히 바꿔서 가능한 한 많은 사람이 우주여행을 할 수 있도록 도울 겁니다. 하지만 확실히 하고 싶어요. 저는 누군가의 구세주가 되려는 게 아닙니다. 저는 단지 미래에 대해 생각하려고 하는 것이고 그저 슬퍼지지 않고자 하는 거예요."

아무도 시작하지 않으면 영영 해내지 못할 것이다. 그렇게 그는 재활용 로켓을 개발해 우주 탐험에 대한 인류의 꿈과 소망을 계속해 이어나가고자 했다. 그리고 마침내 화성 도시 계획 발표 이후 20년도 채 지나지 않은 2015년 로켓을 우주 궤도에 올리고 발사체를 완전 재활용할 수 있도록 지구로 회수하는 데 최초로 성공하고야 만다. 심지어 2018년 현존 최강이라 평가받은 로켓의 개발을 이끌고 화성을 향해 발사하는 데 최초로 성공했다. 로켓의 중심부는 다가올 10월 화성에 근접할 예정이라고 한다. 그리고 추진체는 재활용을 위해 회수되었다. 화성으로 가는 꿈에 한 발자국 다가서고 불가능해 보였던 소리가 실제가 되어가는 순간이었다.

그는 다가오는 2024년 사상 처음으로 사람을 태운 화성행 로켓을 띄우겠다고 밝혔으며 2050년까지는 백만 명의 인구를 화성에 이주시키겠다고 말했다. 여전히 허황된 소리 같겠지만 이젠 정말 어떻게 될지 모르게 되었다. 일론 머스크는 자산을 모으는 유일한 이유가 화성에 가려는 사람들을 돕기 위함이며, 그 외에는 일절 없다고도 밝혔다.

태어나자마자 죄인 취급받은 아이

성공한 사람들이라면 성공 가능성을 확신하고 이야기하지만, 성공을 전혀 경험해보지 못한 사람은 실패 가능성이 무의식에 가득 박혀 있는 상태로 말을 할 수밖에 없기 때문에 언제나 안 된다고만 한다. 인간은 무의식에 어떤 암시가 들어오느냐에 따라서 생각이 달라지고 인생이 달라질 수 있으므로 부정암시를 주는 사람을 멀리하고 긍정암시를 주는 사람과 가까이해야만 하는 것이다. 함께 성장할 수 있고 긍정적인 사고관을 가진 사람과 관계를 맺는 것은 그만큼 중요하다. 이를 위해서는 내가 먼저 긍정적 사고관을 갖춰야 한다.

실리콘밸리에서 가장 성공한 외국인 사업가라는 수식어가 붙는 여성 기업가가 있다. 김태연 회장이다. 152센티미터의 작은 거인 김태연 회장은 1946년 정월 초하루 남존여비 사상이 심한 가정에서 태어났다. 여자아이가 태어났다고 할아버지는 하늘을 바라보며 "조상님, 제가 무슨 죄를 지었습니까"하고 울부짖었고 할머니는 미역국을 솥째 마당에 엎어버렸다고 한다.

아버지는 한량이어서 술만 먹었고 할아버지 눈밖에 나서 유산도 못 받게 되자 "이게 다 네년 때문이다"라며 어린 김태연을 자주 폭행했다. 어머니는 하루에도 수십 번씩 "이게 다 너랑 나랑 죄인으로 태어나서 그러니 양잿물 먹고 같이 죽자"란 소리를 입버릇처럼 달고 살았다고 한다. 훗날 엄청난 성공을 거둔 사업가가 되었지만 태어나자마자 부모와 가족들로부터 부정암시를 듣고 엄청난 상처를 받아야만 했던 것이다.

김태연 회장이 7살 때 외갓집에 갔다가 우연히 외삼촌들이 태권도 수련하는 것을 보고 외삼촌을 졸라 태권도를 배우게 되었는데, 태권도를 통해 심신을 수련하고 자아에 눈을 뜨면서 심적으로 매우 힘들었던 시기를 잘 이겨낼 수 있었다.

태권도를 배운지 1년 정도 되었을 때 매우 중요한 인연을 만나게 되는데 이 만남으로 인해 김태연 회장은 정신적으로 차원이 다른 존재로 거듭나게 된다. 할아버지와 교분이 있었던 승려가 계셨는데 고대 무술의 대가였다고 한다. 그런 분이 어린 김태연을 물끄러미 보더니 말씀하셨다.

"이 아이의 상이 범상치 않군요. 매우 특별한 운명을 타고난 듯합니다. 장차 뭇사람들을 가르칠 큰 스승이 될 것입니다. 아이의 눈망울을 보니 진실로 배우고자 하는 열망이 읽힙니다. 이 아이를 내 제자로 거두어 가르치고 싶은데 시주님들의 생각은 어떠신지…"

그렇게 해서 김 회장은 산상에서 온 그분을 스승으로 모시고 무술뿐만 아니라 기의 세계를 깨달아 가기 시작했다고 한다. 그분의 가르침은 10여 년이 넘게 성인이 될 때까지 계속되었다. 김 회장의 외삼촌이 초보 단계를 가르쳐 준 사부였다면 이 승려는 김 회장이 고수의 경지에까지 이를 수 있도록 가르쳐준 위대한 스승이었다고 했다.

23살이 되던 1968년, 그녀는 도망치듯 혼자 미국으로 이민을 갔지만 고등학교 졸업이 학력의 전부인 그녀가 미국에서 할 수 있는 일은 많지 않았다. 그녀는 청소 일을 하면서 탈선한 미국 청소년들에게 태권도를 가르쳐주고 심신을 건강하게 하는 데 도움을 주고 싶었다. 태권도를 통해 자신이 그랬듯이 건강한 자아를 찾고 멋진 인생을 살게 도와주고 싶었던 것이다.

그래서 버몬트Vermont 고등학교를 찾아가 수많은 거절을 당하면서도 포기하지 않고 교장을 설득했고 결국 태권도 수업을 하게 되었다. 그렇게 미국 아이들에게 태권도를 가르쳤고 이때 번 돈을 밑천으로 1985년 실리콘밸리에 사무실을 열어 컴퓨터 한 대 놓고 사업을 시작했다.

태권도 사범으로 일하면서 가르친 수많은 미국 아이들은 김태연 회장의 진심 어린 사랑과 정성 덕분에 정신적으로 매우 건강하고 뛰어난 사람이 되었다. 이들 중에서는 하버드를 비롯한 명문대를 수석 졸업한 인재도 많았고, 심지어 어머니로 모시고 싶다며 양자로 들어온 사람도 있었다. 그녀는 그들의 어머니이자 사업 공동체 참모 역할을 하며 큰 기업체의 총수 자리까지 오르게 된 것이다. 현재는 자신이 지은 대저택 '스타 게이져star gazer'에 살고 있는데 자택부지의 규모가 여의도 3분의 2라고 한다.

이렇게 타지에서 혈혈단신으로 성공한 김태연 회장도 부모로부터는 엄청난 부정암시를 받고 고통스러운 어린 시절을 보냈지만 위대한 스승을 제때 만나서 정신 수준을 높일 수 있었기에 자신의 운명을 바꿀 수 있었다.

"한 소년이 불씨와도 같은 재능으로 내게 왔다"

정신적으로 힘들고 불우했던 환경 속에서도 멋지게 극복하고 성공하여 사람들에게 깊은 영감을 주는 인물은 수없이 많다. 그리스의 선박왕으로 불리는 아리스토틀 오나시스Aristotle Onassis는 가난했던 젊은 시절에 부자들이 주로 가는 사우나에서 목욕관리사로 일했다. 부자들에게 친절하고 호의적으로 대하며 그들과 가까이 지내게 되었고 부자들의 언어와 몸가짐, 마음가짐을 자연스럽게 익히게 되었다. 좋은 옷을 빼입고 부자들이 가는 고급 식당에서 식사를 하며 외형만 따라 하는 것이 아니라 그들의 내면을 배우고 교류하면서 자신을 변화시켰고 결국 최고의 선박왕이 된 것이다.

아놀드 슈워제네거는 제2차 세계대전 직후 패전국인 독일 옆 오스트리아에서 태어났다. 경제는 공황 상태였고 엄청난 빈곤이 있었을 시기다. 그는 그곳에서 벗어나고 싶었다. 그러던 어느 날 운 좋게도 학교에서 미국에 대한 다큐멘터리를 시청하게 되었고, 그 순간 그는 미국이 자신이 끝을 맺어야 할 장소라는 것을 깨달았다.

문제는 어떻게 그곳에 갈까 하는 점이었다. 당시 누구도 여행이나 다른 나라에 갈 돈이 없었다. 어느 날 우연히 보디빌딩 잡지를 보게 되었는데, 잡지 표지에는 근육질 남자가 있었다. 미스터 유니버스보디빌딩 세계 1위이자 영화 〈헤라클레스〉로 스타가 된 표지 속 남자의 이름은 레그 파크^{Reg Park}였다.

슈워제네거는 그에 대한 기사를 최대한 빠르게 읽어나가며 그가 영국에서 어떻게 성장해왔는지 조사했다. 파크는 가난했지만 매일 하루 다섯 시간 동안 트레이닝을 했다. 그렇게 노력해서 그는 결국 영국 보디빌더 1위가 되었다. 그 다음에는 세계 보디빌더 1위이자 미스터 유니버스가 되었고, 그 다음해에도, 또 그 다음해에도 3년 연속 미스터 유니버스 타이틀을 딴다. 그리고 갑자기 로마로 가서 영화 〈헤라클래스〉를 찍는다.

이 이야기를 읽은 슈워제네거는 확신하게 된다. 그리고 목표가 분명해졌다. 같은 대회에서 챔피언이 되는 것, 그리고 미국으로 가서 영화계로 들어가는 것을 자신의 목표로 정했다. 자신이 목표한 바를 먼저 이룬 레그 파크를 스승으로 삼아 슈워제네거 역시 태생적으로 만난 부정암시를 극복할 수 있었다.

1980~1990년대 헤비급 복싱계 최고 스타였던 유명한 복서 마이크 타이슨^{Mike Tyson}도 마찬가지다. 그는 1966년 6월 30일 뉴욕 브루클린에 있는 슬럼가 브라운스빌^{Brownsville}에서 태어났다. 그의 아버지인 지미 패트릭^{Jimmy Kirkpatrick}은 술과 마약에 찌들어 살았고 타이슨이 두 살 때 가정을 버렸다. 어머니인 로나 스미스^{Lorna Smith}

가 홀로 자식들을 키웠으나 모친마저 종교적 맹신에 빠져 아이들을 돌보는 데 소홀했다.

타이슨은 비둘기를 좋아하는 소심한 소년으로 여자아이한테도 맞고 다녔다고 한다. 열 살 때 도둑질한 돈 700달러로 산 비둘기를 동네 불량배가 훔쳐 목을 자르는 끔찍한 사건이 벌어지자 생애 최초로 싸움을 했고, 그 후에 흑인 갱단인 '졸리스톰퍼Zolistomper'에 가입하며 범죄의 길로 들어선다. 그렇게 폭력에 물들면서 9~12세까지 51회에 걸쳐 체포되는 대기록을 남겼다.

아무런 꿈도 희망도 없이 유치장과 소년원에서 어린 시절을 보내던 그에게 한 줄기 빛이 된 것은 무하마드 알리Muhammad Ali였다. 알리는 시간이 날 때마다 소년원을 방문했고 그런 그를 보며 타이슨은 복싱에 관심을 갖게 된다. 그렇게 복싱이란 새로운 목표를 찾았을 때 타이슨은 당시 최악의 소년범들을 모아놓은 엘름우드 교도소로 이송되었다.

그곳에서 타이슨은 아마추어 챔피언 출신인 바비 스튜어트의 사진을 보고는 자신이 그보다 더 셀 것 같다고 도발을 했고, 이 말을 전해 들은 스튜어트는 타이슨을 링 위로 불러들인다.

이때 스튜어트는 타이슨이 제대로 배우지는 못했지만 대단한 운동신경의 소유자란 것을 느끼고 깊은 인상을 받았다. 그는 자신이 알고 있는 최고의 트레이너 커스 다마토에게 연락했다. 고령의 커스 다마토는 당시 여러 챔피언을 만들어낸 일류 트레이너였는데 스튜어트의 소개로 만나게 된 타이슨이 엄청난 원석이란 것을 알아보고 자신의 남은 생을 모두 타이슨에게 쓰기로 마음먹는다. 다마토를 스승으로 모시게 되며 타이슨은 자신에게 가장 적합한 복싱을 하게 되었고 승승장구하게 되었다.

1985년 3월 6일, 타이슨은 만 18세 나이로 프로에 데뷔한다. 아마추어에서는 매번 초반에 케이오KO로 승리했던 그였지만 프로 첫 무대에서는 시합장의 웅장함과 수많은 관중의 이목으로 인해 심한 두려움을 느껴서 경기 전 눈물까지 흘렸다고 한다. 그런 타이슨을 보고 다마토는 말했다.

"두려움은 친구이자 적이다. 마치 타오르는 불과 같이⋯. 조절만 잘하면 널 따뜻하게 해주지만 그렇지 못하면 너의 모든 것을 태워버릴 것이다. 위대한 전사로 남고 싶으면 두려움을 인정하고 받아들여라. 영웅은 두려움을 정면으로 맞서지만 소인배는 도망친다."

타이슨은 상대 선수인 헥터 메르세데스를 1회 2분 만에 KO시킨다. 데뷔 무대를 시작으로 1985년 11월 1일까지 8개월 동안 타이슨은 무려 11연승11KO을 거뒀다. 그중 8경기가 단 1회 만에 KO로 끝난 승리였다.

승승장구하던 타이슨에게 위기가 찾아온다. 1985년 11월 4일 양아버지이자 정신적 지주인 다마토가 지병인 폐렴으로 77세 나이에 사망한 것이다. 커스 다마토는 타이슨을 소년원에서 처음 만나 복싱을 가르쳤으나 출소 뒤에는 그를 집에 데려가 글과 예절을 가르쳤다. 타이슨을 머리 빈 복서가 아닌 훌륭한 인간으로 키워내려고 했던 아버지 이상의 존재였던 것이다.

"한 소년이 불씨와도 같은 재능을 갖고 내게로 왔다. 내가 그 불씨에 불을 지피자 불길이 일기 시작했다. 키울수록 불은 계속 타올랐고 결국 찬란히 빛나며 활활 타오르는 아름다운 불꽃이 되었다."

그의 묘비에 새겨진 문구다. 커스 다마토와 타이슨의 관계를 알 수 있는 묘비명이다. 타이슨은 한 인터뷰에서 이렇게 회고한다.

"커스는 가셨지만 저는 그의 유지를 받들어 프로로서 계속 싸울 것입니다. 커스가 원하던 결과^{헤비급 챔피언이 되는 것}는 이루어집니다."

이후 타이슨은 1985년 11월 13일부터 1986년 9월까지 약 10개월 동안 무려 16경기를 소화했다. 거의 19일 간격으로 링에 오른 것이었고 판정승으로 이긴 두 경기를 제외하고 모두 KO 승^{1회 KO 승}^{7회}을 하게 된다.

결국 그는 스무 살의 어린 나이로 WBC 헤비급 챔피언이 되었다. 이는 헤비급 역사상 최연소라는 기록이 되었고, 그가 데뷔한 지 단 1년 8개월 16일 만에 일어난 일이었다. 타이슨은 이때 벨트를 움켜쥐고 이렇게 말했다.

"커스, 보고 있습니까? 저승에서 복싱의 신들에게 이렇게 말하십시오. 저 녀석이 내가 키우고 가르친 타이슨이다!"

이렇게 스승이란 존재는 인간이 자신의 한계를 극복하고 숨겨진 재능과 능력을 끌어내는 데 매우 중요한 역할을 하며 강한 동기의 원천이 된다.

세상을 살아가면서 누구나 부정암시를 받는다. 그리고 당신이 더 큰 존재가 되기로 결심한다면 당신을 좌절시키고 평범한 사람으로 만들려는 부정암시들을 더 많이 듣게 될 것이다. 하지만 부정암시에 집중하는 순간 끝없는 소용돌이에 빠진 것처럼 거기서 빠져나오는 것이 쉽지 않을 것이다.

대부분의 사람들이 부정암시를 하는 이유는 자신이 하지 못한 것은 다른 사람도 할 수 없을 것이라고 무의식적으로 믿고 있기 때문이다. 그러니 그것을 갖고 감정싸움을 하거나 부정적인 상대를 비난할 이유도 없다. 그냥 그들과 조금 거리를 둔 채로 그들이 불가능이라고 말했던 것이 틀렸음을 증명한 뒤에 알려주면 되는 것이다. 당신이 성취한 것을 보고 시기하거나 위화감을 느끼는 사람이라면 당신을 아끼고 응원하는 마음보다는 그저 패배주의에 빠져서 살아가는 안타까운 사람일 테니 너무 마음 쓰거나 개의치 않았으면 한다.

'몽둥이나 돌은 나의 뼈를 부러뜨리고 상처를 줄 수 있어도 말로는 결코 나에게 상처를 줄 수 없다.'

이 문장을 자주 되새겨라. 물은 위에서 아래로 흐른다. 내가 상대보다 더 높은 수준의 정신 상태를 갖추고 있다면 그들로부터 받은 암시는 내게 전혀 영향을 줄 수 없다. 언제나 자신의 정신 상태를 업그레이드하려고 노력하라. 이 말이 자신 마음속에서 격언이 되도록 만든다면 사람들을 만나서 듣게 되는 수많은 부정암시들을 의연하게 대처할 수 있는 힘이 생길 것이다. 타인들이 쉴 새 없이 쏘아대는 부정적이고 힘 빠지는 말 때문에 동요하거나 상처받지 않도록 이제부터 단단한 정신을 구축하면 된다.

노동과 운동의
차이

코끼리 목에 묶인 줄 끊기

부정적으로 생각하는 습관에서 벗어나고, 부정적 사고를 하는 사람은 멀리해야 하는 이유가 또 있다. 부정적인 사람 중에는 '학습된 무기력증'에 빠진 사람들이 많은데, 이러한 사람들과 어울리다 보면 자신도 모르게 '학습된 무기력증'에 쉽게 빠지게 된다.

학습된 무기력증이 무엇인지 보여주는 유명한 이야기가 있다. 서커스단에서는 코끼리를 어릴 적부터 조련한다. 말뚝에 밧줄을 묶어놓고 그 밧줄을 어린 코끼리 목에 둘러두면, 코끼리는 당연히 그 밧줄의 길이만큼, 제한된 반경 안에서만 이동할 수 있다. 어린 코끼리일 때는 아무리 용을 써도 땅속에 박혀 있는 말뚝을 뽑을 힘이 없기 때문에 어린 시절내내 말뚝에 묶인 채 길들여지고 무기력감을 느끼게 된다. 시간이 오래 지나서 완전한 어른 코끼리로 성장한 후에도 코끼리는 오직 그 밧줄의 반경 안에서만 움직이는 모습을 보인다.

다 자란 코끼리는 얼마나 힘이 셀까? 성인 코끼리는 코로 웬만한 아름드리나무를 뽑을 수 있다. 또한 짧은 시간 동안이라면 30킬로미터 속도로 달릴 수 있다. 어릴 적 밧줄과 말뚝은 그냥 몇 걸음만 걸어나가면 바로 끊어지거나 빠져버릴 텐데 코끼리는 그런 시도 자체를 아예 하지 않는다. 얼마나 안타깝고 슬픈 일인가? 절대로 그 상황에서 벗어날 수 없다고 마음속으로 굳게 믿고 있는 것이다. 이 것이 바로 학습된 무기력증이다. 어렸을 때 느꼈던 그 무기력감은 성인이 되어 강력한 몸과 힘을 갖춘 상태에서도 그대로 적용되어서 살짝만 힘을 줘도 맥없이 빠져나갈 말뚝에 정신을 지배받고 만다.

코끼리만 그러한 것이 아니다. 고양이는 점프력이 좋기로 유명한 동물이다. 그런데 30~40센티미터 높이에 투명한 아크릴판을 고정해두면 위로 뛸 때마다 머리를 부딪치게 된다. 그럼 이내 고양이는 아크릴판보다 낮은 높이로만 도약하는 서글픈 존재로 전락하고 만다.

인간도 마찬가지다. 도전하는 일마다 반복해서 실패한다면 그 사람은 도전 자체를 할 수 없는 사람이 될 수밖에 없다. 하지만 현실에서의 실패 경험뿐만 아니라 실패하고 일이 잘못되는 상상을 매번 하는 것만으로도 우리의 무의식은 이를 실제처럼 받아들인다. 그러면 점차 그 일을 실천할 엄두도 내지 못하게 되는 것이다.

1967년 미국의 심리학자 마틴 셀리그만Martin Seligman은 개를 통한 일련의 자극 인센티브 보상 실험이 자칫 개를 '학습된 무기력'에 빠질 수 있게 할 수 있음을 발견했다. 실험자들은 특정 주파수의 소리를 들려준 다음 전기자극을 가하는 행위를 반복하여, 소리가 들릴 때마다 개가 회피를 시도하는 학습을 하도록 유도했다. 그러나 개는 자신이 어떻게 해도 고통스러운 전기자극을 피할 수 없다고 판단하게 되었고 곧 아무리 전기자극을 주어도 피하려는 시도조차 하지 않게 되었다. 이는 실험의 목적이 무엇이든 어떤 개체가 부정적인 환경에 지속적으로 노출될 경우 '학습된 무기력'에 빠질 수 있다는 것을 보여준 것이다.

연구자들은 처음에는 전기자극을 피하던 개들이 더 이상 반응을 하지 않자 개가 일관성을 보이지 않는다고 불평했었다. 하지만 유년 시절부터 자신의 아버지가 평생을 우울증에 시달리며 고통스러워하는 것을 보았던 셀리그만은 이 현상을 목격하는 순간 단번에 개가 학습된 무기력에 빠졌음을 간파했고, 이는 그가 '사람'의 학습된 무기력과 우울증 연구에 매진하는 계기가 되었다.

그런가 하면 '개인'이 아닌 '조직'을 대상으로 한 실험도 있다. 실험자가 한 무리의 원숭이들이 있는 우리 천장에 바나나를 줄로 매달아 두었다. 바나나를 본 원숭이들이 그것을 먹으려고 줄을 타고 올라가자 실험자들은 호스로 찬물을 뿌렸다. 깜짝 놀란 원숭이들은 물세례를 받고 다시 바닥으로 떨어졌다. 원숭이는 다시 바나나를 먹으려고 여러 번 시도했지만 줄을 탈 때마다 번번이 찬물이 쏟아졌다. 그러자 곧 어떤 원숭이도 줄을 타고 오르려 하지 않았다. 그리고 그 뒤로 원숭이들은 아예 바나나를 따려는 시도를 하지 않게 되었다.

실험자는 우리 안의 원숭이 중 한 마리를 새로운 원숭이로 교체했다. 천장에 매달려 있는 바나나를 본 신참 원숭이는 눈을 반짝거리며 줄을 타고 올라가려고 했다. 그러자 안에 있던 고참 원숭이들이 버럭 화를 내며 신참 원숭이를 제지했다. 신참이 올라가서 바나나를 건드리면 자기까지 찬물을 뒤집어쓰게 될 것이기 때문이다. 이렇게 고참 원숭이들의 불같은 성화에 위축된 신참 원숭이는 더 이상 줄을 타고 오르려고 시도를 하지 않게 되었다.

실험자는 그럴 때마다 우리 안의 원숭이를 한 마리씩 교체했고, 결국 우리 안에는 직접 찬물 세례를 받은 경험을 가진 원숭이가 한 마리도 남지 않게 되었다. 그러나 여전히 어떤 원숭이도 바나나를 따 먹으려고 하지 않았다. 이제는 아무도 그 이유를 모른 채 원숭이들에게 '바나나는 따 먹으면 안 되는 대상'이 된 것이다. 이것이 그 유명한 게리 하멜Gary Hamel과 C. K. 프라할라드C. K. Prahalad 교수의 논문에 소개된 화난 원숭이 실험이다.

이것은 조직의 만성화된 부정적 태도, 학습된 무기력증을 설명하는 대표적인 실험이다. 오늘날 우리가 흔히 볼 수 있는 수많은 조직의 상황과 너무나도 닮아있다. 또한 많은 가정의 모습이기도 할 것이다. '내가 못한 것은 너도 못 할 거야.' 이런 생각들을 후대에 남기고 있는 것이다. 누군가 새로운 접근을 시도하면 무기력감에 사로잡힌 기존의 구성원들은 그 시도에 대해 제대로 생각해보지도 않고 "그렇게 해봤는데 안돼!" "소용없어"라며 안되는 이유를 수없이 늘어놓는다.

이처럼 학습된 무기력증을 겪는 이유는 무엇일까? 우리의 감정은 성장하지 않기 때문이라고 할 수 있다. 우리가 어리고 정신적으로 취약했을 때, 그때 느꼈던 상실감이나 고통, 좌절감 같은 감정은 우리가 성장한다고 완전히 사라진 것이 아니다. 무의식 속으로 깊게 가라앉아서 여전히 무의식에 남아 있다. 그래서 어릴 적 상실이나 좌절감을 경험했던 상황과 유사한 상황이 발생하면, 분명 더 많은 경험과 지식을 통해 성장한 존재임에도 불구하고 과거의 부정적 감정에 굴복하고 만다.

부정적 감정을 갖고 있는 한 무의식에선 변화가 쉽지 않고 부정적인 상상만이 계속 떠오르기 때문에 무기력증에서 빠져나올 수가 없다. 이런 부분을 극복하려면 과거의 나를 올바르게 이해하고 그 상황에서는 누구나 그럴 수밖에 없었음을 스스로 납득시켜줘야 한다.

자신을 합리화하라는 이야기가 아니다. 단지 당시에 처한 상황을 제대로 분석해보고 어떤 부분이 준비가 덜 되어서 힘든 상황에 빠지고 좌절했는지를 잘 살펴보란 말이다. 그런 분석을 통해서 정신적으로 자신을 옭매는 쓸데없는 죄책감과 위축된 마음을 놓아버릴 수 있어야 한다. 풀어 말하면, 이전 상황에서 실패한 원인이 어떤 부분의 지식이나 경험, 준비가 부족해서 발생했는지를 정확히 분석해내고, 부족한 지식을 습득하고 준비함으로써 예전의 자신과 현재의 자신이 다른 존재란 것을 크게 느낄 수 있어야 한다.

학습된 무기력증에서 벗어나기 위해서 반드시 해야 하는 일은 도서관에 가서 책을 보는 것이다. 심리학책을 볼 필요도 없다. 그냥 훌륭한 인물의 전기만 꼼꼼히 살펴봐도 그 대단한 사람들이 어릴 적에는 얼마나 평범했는지 그리고 그의 상황이 당신이 처한 상황보다 더 끔찍하고 무기력감을 주는 상황이었는지를 알게 될 것이다.

사람들은 자신보다 더 심각한 상황에서도 그것을 극복한 사람들의 이야기를 많이 알지 못한다. 나도 어릴 적에 한때 무기력증에 빠져들긴 했지만 이런 노력을 통해 우물 안의 개구리와 같은 관점을 깨고 세상을 제대로 직시하면서 현실을 바꿀 수 있는 힘을 키워나갈 수 있었다. 독서를 통해서 새로운 지식을 얻게 되면서 이전과는 분명히 다른 더욱 강하고 새로워진 존재라는 사실을 스스로 인식시키는 노력을 했다는 것이다. 어리고 약하고 아무것도 몰랐던 과거와 달리 자신이 현재 노력하고 발전하고 있는 부분을 매 순간 느끼고 자부심을 갖고 의식적인 노력을 하다 보면 학습된 무기력 상태에서 벗어날 수 있다.

스트레스, 무조건 피해야 할까?

학습된 무기력 상태에서 벗어나려면 현재 상황에 직면하고 도전해야 한다. 도전하지 않는 자는 아무것도 얻을 수 없다. 도전을 한 자들만 그 결실을 나누어 가질 뿐이다. 그런데 무엇인가 도전을 할 때 꼭 함께 붙어 다니는 짝이 있다. 바로 스트레스다.

2017년 여름, 심리수업을 열심히 들었던 제자가 찾아왔다. 성적이 우수해 한양대에 진학했고 수업 자세도 너무 열정적이라 각별하게 생각하는 제자였다. 나는 이 학생을 4년 만에 만나게 되어 매우 반가웠지만 퉁퉁하게 살이 찐 제자의 얼굴은 스무 살 때처럼 환하게 빛나고 있지 않았다. 무엇인가 근심과 불안감이 가득한 표정을 짓고 있었다.

오랜만에 만나서 대화를 나누며 제자는 이렇게 말했다. "저는 요즘 많이 두렵고 스트레스도 많습니다. 스승님과 헤어진 뒤에는 퇴보하고 있었어요." 대학에 진학하고 나니 미래에 대한 막연한 불안감 때문에 신경성 소화불량도 생겼고 두통도 잦다고 했다. 스트레스를 너무 받으니 술을 자주 마셨고 게임에 빠져서 살고 있다고 했다. 허송세월을 보내다가 문득 자신의 정신상태를 다시 붙잡아

줄 수 있는 사람은 나뿐이라는 생각이 들어 찾아온 것이다.

　내가 이전에 가르쳐준 내용들을 제자가 충분히 체화하고 내면화했더라면 대학 생활, 아니 인생 전반에 걸쳐 찾아올 스트레스를 대부분 해결할 수 있었을 것이다. 하지만 어린 나이에는 진리를 접해도 이해할 수 없는 경우가 있다. 나는 그를 위해 다시 코칭을 시작했고 다행히 총명한 제자라서 발전에 발전을 거듭하여 본인이 원하던 대기업인 SK하이닉스에 입사해 지금은 멋지고 활기찬 인생을 살고 있다.

　우리는 흔히 눈앞의 목표만 뛰어넘으면 막연한 행복이 찾아올 것처럼 여긴다. 그런데 수험생 시절을 지나 대학에 진학하고, 탄탄한 직장에 들어가 결혼을 하더라도 그때그때 새로운 스트레스는 생겨나기 마련이다. 단계에 맞게 새로운 목표를 설정하며 성장하는 과정에서 스트레스가 동반되기 때문이다. 그래서 사실상 제때 준비가 되어 있지 않은 사람들에겐 인생 전반에 걸친 일들이 큰 스트레스로 다가올 수밖에 없다.

　우리는 '상황'이 스트레스를 만드는 것이 아니라는 것을 깨달아야 한다. 어떤 상황일지라도 그 상황을 극복하고 제대로 변화시킬 수 있는 지식이 뒷받침되어 있다면 스트레스를 받지 않게 된다. 혹여 스트레스를 받더라도 잠시의 순간에만 받고 마는 것에 불과하다.

　그렇다면 스트레스는 항상 나쁜 것일까? 요동치는 심장, 가빠지는 호흡. 소화는 안 되고 손발은 차가워진다. 오늘도 어김없이 내 몸은 만병의 근원이라고 불리는 스트레스를 느낀다. 그 안 좋다는 스트레스를 매일 같이 느끼니 아마 오래 살기는 틀린 것 같다.

스트레스에 관한 현대인의 두려움을 해소하기 위해 TV와 서점에서는 스트레스 관리법에 대한 자료를 쏟아낸다. 그런데 정말 우리는 스트레스를 느낄 때마다 명상하고, 운동하고, 글을 쓰고, 책을 읽고, 오렌지 껍질을 벗기고, 아보카도를 먹고, 마사지를 받고, 모차르트 음악을 듣고, 뜨개질을 해야 할까? 정말 우리가 매일같이 느끼는 스트레스가 맹수로부터 위협을 받는다고 착각한 우리 몸의 원시적인 위험신호일까? 우리의 몸은 이 정도로 스트레스에 취약하게 설계된 것일까?

스트레스가 건강에 미치는 악영향을 연구하기 위해 미국인 3만 명을 8년간 추적하며 어떤 부류의 사람들이 조기 사망하는지를 조사했다. 조사 결과 스트레스를 많이 받았다고 대답한 사람들은 스트레스를 많이 받지 않았다고 말한 사람들에 비해 안타깝게도 사망률이 43퍼센트나 높았는데 놀라운 것은 높은 사망률이 스트레스를 받았다고 답한 사람들 중 '스트레스가 건강에 해롭다'라고 믿는 사람들에게만 해당된다는 사실이었다. 똑같이 스트레스를 많이 받았다고 대답했지만 스트레스가 건강에 해롭지 않다고 믿는 사람들은 사망률이 높아지기는커녕 오히려 스트레스를 받지 않았다고 답한 사람들보다도 사망률이 더 낮게 나타났다.

결국 사람들을 죽음으로 몰아넣은 것은 스트레스가 아닌 '스트레스가 건강을 해친다는 믿음'이었던 것이다. 피부암, 에이즈, 살인보다도 '스트레스가 건강에 나쁘다고 믿는 것'이 더욱 높은 사망률을 보였다.

스탠포드의 건강 심리학자인 켈리 맥고니걸^{Kelly McGonigal}은 이 발견을 시작으로 스트레스를 다시 연구하기 시작했고 정말 놀라운 결과를 밝혀내게 되었다. '스트레스에 대한 생각의 변화만으로 건강해질 수 있을까?' 이 질문에 대해 놀랍게도 그녀의 연구는 '그렇다'고 말한다.

호텔에서 매트리스를 들어 올리고 두꺼운 이불을 털며 매번 허리를 굽혔다 폈다 하는 하우스키퍼의 일은 육체적으로 굉장히 힘든 노동이다. 한 시간에 300칼로리를 소모하는 활동이며 이는 웨이트 트레이닝, 수중 에어로빅, 테니스에 맞먹을 강도의 노동이다. 이런 육체적 활동을 매일 하는 하우스키퍼들의 몸은 어떨까? 운동선수처럼 늘씬하고 탄탄한 몸을 갖고 있어야 하지 않을까?

스탠포드 대학의 알리아 크럼 박사는 미국 호텔에서 근무하는 하우스키퍼들을 대상으로 신체 건강 상태를 체크했는데 그들의 혈압이나 몸무게, 허리와 엉덩이의 비율 등이 움직이지 않고 앉아서만 일하는 일반 회사원과 크게 다르지 않다는 것을 발견했다. 그리고 그들에게 평소 운동을 얼마나 하느냐고 묻자, 그들은 "운동을 거의 하지 않는다"고 대답했다. 그들이 하는 일 자체가 운동과 다를 바 없었지만 말이다.

크럼 박사는 실험을 위해 하우스키핑에 소모되는 칼로리를 알려주는 포스터를 만들기로 한다. 매트리스 들어 올리기, 손수건 줍기, 무거운 카트 밀기, 청소기 돌리기 등 각각의 움직임들에 소모되는 칼로리 양을 적어서 포스터를 만들었고 7개의 호텔 중 4개의 호텔에서 일하는 하우스키퍼에게 전달했다.

크럼 박사는 4주 후 그들을 다시 찾았는데 그 결과가 정말 놀라웠다. 포스터를 전달받은 하우스키퍼들의 몸무게는 물론 체지방까지 줄어든 것이다. 일 외에 그들의 기타 운동량에는 전혀 변화가 없었는데도 말이다. 바뀐 건 오로지 '하우스키핑은 단순 노동이 아닌, 칼로리를 소모하는 운동이다'라는 인식의 변화였다.

또 다른 실험에서는 피실험자들에게 두 종류의 음료를 마시게 한 후 '배고픔 호르몬'이라고 불리는 그렐린의 수치를 측정했다. 이 배고픔 호르몬이 증가하면 신체는 배고픔을 느끼고, 이 호르몬이 줄어들면 배고픔을 느끼지 않는다. 그들에게 제공된 두 음료 중 하나에는 '그대가 누려야 할 사치: 620칼로리'라고 적혀 있었고, 다른 하나에는 '죄책감 없는 만족감: 140칼로리'라고 적혀 있었다.

실험결과는 당연해 보였다. 피실험자들의 배고픔 호르몬 수치는 620칼로리 음료를 마셨을 때 크게 줄어들었고 140칼로리 음료를 마셨을 때는 조금밖에 줄어들지 않았다. 그런데 놀라운 것은 두 음료 모두 사실 380칼로리의 동일한 음료였다는 것이다. 체내 그렐린 호르몬의 수치를 바꾼 것은 그들이 마신 음료가 아닌 '그들이 마신 음료에 대한 믿음'이었던 것이다.

그렇다면 스트레스가 해롭지 않다고 믿었던 사람들의 건강이 좋았던 이유는 뭘까? 하버드대 연구팀은 실험참가자들을 대상으로 스트레스의 긍정적인 이미지를 심어주었다. '스트레스를 받을 때 빨라지는 심장 박동은 다가올 어려움에 맞서 신체를 준비시키는 스트레스의 긍정적인 작용이고 스트레스를 받을 때 가빠지는 호흡은 산소를 뇌에 빠르게 보내 어려운 상황에서 뇌가 잘 기능할 수 있도록 해주는 스트레스의 긍정적인 효과다.' 이런 식으로 스트레스가 신체에 이롭다는 인상을 심어주었다. 그러자 정말 놀랍게도 스트레스를 받으면 수축되던 혈관이 스트레스를 느끼고도 이완한 상태로 유지되었다.

매일 칼로리를 소모하던 하우스키퍼들이 포스터를 보고 나서야 비로소 운동 효과를 누렸던 것처럼 스트레스에도 우리가 몰랐던 사실이 있다. 혈관이 이완된 상태로 유지되고 호흡과 심장 박동이 빨라지는 이 상태, 이 상태는 바로 우리의 몸이 용기를 낼 때의 상태와 같다. 이것이 바로 우리가 몰랐던 스트레스의 이면인 것이다.

"용기란 당신이 두려워하는 것을 하는 것이다. 그래서 두렵지 않다면 용기도 없는 것이다."

"Courage is doing what you're afraid to do, there can be no courage unless you're scared."

두려움을 느끼는 자만이 용기를 낼 수 있는 법이다. 그리고 두려움까지도 완전히 끌어안을 수 있는 존재가 되었을 때 차원이 다른 경지에 도달하게 된다. 가령 목숨 걸고 하는 경주인 모토GP 혹은 F1의 슈퍼스타인 발렌티노 롯시Valentino Rossi와 미하엘 슈마허Michael Schumacher 같은 이들이 바로 그런 사람이다.

빠른 속도로 질주하는 경기에서 가장 많은 사고가 나는 곳은 급코너 구간이다. 그래서 급코너 구간은 선수들에게 가장 극심한 스트레스 요소일 수밖에 없다. 급코너를 진입할 때 대부분의 선수는 그것을 위험요소로 인식하기에 당연히 심박 수가 증가하고 호흡이 가빠지고 몸이 경직하는 등의 스트레스성 신체 상태를 보인다. 하지만 최고의 선수인 발렌티노 롯시나 미하엘 슈마허의 뇌파와 근경직도 정도를 측정해보면 급코너에 진입할 때 오히려 근육이 풀리고 호흡은 길어지며 심박도 천천히 뛴다. 완전한 집중과 몰입을 통해 보통의 선수들이 스트레스 상황에서 보여주는 상태와는 완전히 다른 초월적인 상태가 되는 것이다.

이러한 상태는 결코 쉽게 획득할 수 있는 경지가 아닌 것이 분명하다. 하지만 자신의 삶에서 오직 단 하나만을 위해 온 정신을 집중하고 그것을 위해서 목숨을 거는 사람들이라면 그 경지에 도달할 수도 있을 것이다. 사실 이 정도의 정신 상태라면 해탈이나 득도의 경지와 비견해도 이견이 없을 정도로 인간적인 존경과 동경을 느끼게 한다.

스트레스의 반전은 이뿐만이 아니다. 스트레스를 받으면 코르티솔과 DHEA라는 두 호르몬이 나오는데 코르티솔이 너무 많아지면, 신체는 성장을 멈추고, 면역체계가 망가지며 우울감이 증가하지만 DHEA가 많아지면 신경 퇴화가 억제되고, 면역체계가 활성화되며, 우울감이 완화된다. 또한 DHEA는 집중력과 인지력을 강화하는 호르몬으로 뇌의 스테로이드라고 불리기도 하며 DHEA 비율이 높은 학생일수록 대학에서 학점이 높았다는 연구결과도 있다.

흥미로운 점은 이렇게 서로 반대되어 보이는 두 호르몬이 스트레스를 받을 때 같이 분비된다는 것이다. 연구원들은 피실험자들에게 스트레스를 받게 하고 이 두 호르몬을 측정해두었다. 그 후 스트레스가 몸에 이롭다는 것을 알려주는 영상을 3분간 시청하도록 하고 다시 실험참가자들에게 스트레스를 받게 한 후 두 호르몬을 측정했는데 그들의 코르티솔 분비량에는 변화가 없었지만 놀랍게도 DHEA 분비량이 전과 비교해 크게 증가한 것을 발견할 수 있었다. 스트레스가 몸에 이롭다는 것을 깨닫게 되자 정말 우리 몸이 스트레스를 받고도 건강에 이로운 방향으로 호르몬을 분비한 것이다.

그렇다면 스트레스가 건강에 좋을 수도 있다는 말일까? 우리는 어째서 스트레스의 나쁜 점만 보게 되었을까? 스트레스는 상당히 최근에 만들어진 개념이다. 스트레스의 할아버지라고 불리는 헝가리의 내분비학자 한스 셀리에Hans Selye는 1936년 소의 난소에서 추출한 호르몬을 실험 쥐에게 투여하는 실험을 했다. 그런데 이상하게도 호르몬을 투여한 쥐들에게서 궤양이 생기고 면역체계가 망가져 버리는 끔찍한 일이 일어났다. 이를 이상하게 생각한 셀리에는 각종 용액을 주사기로 주입하며 결과를 관찰했는데 콩팥에서 추출한 호르몬도, 비장에서 추출한 호르몬도 모두 실험 쥐의 건강을 크게 악화시켰다.

실험결과가 이상하다고 생각하던 셀리에는 불현듯 건강 악화의 원인이 호르몬이 아닌 '그들이 처한 상황'에 있는 것이 아닌가 하는 의심을 하기 시작했고 새로운 실험을 실행한다. 셀리에는 실험 쥐에게 쉬지 않고 운동을 시키거나 강력한 폭발음을 연속해서 들려주거나 척수를 잘라버리고 극단적인 추위와 더위에 노출되게 하는 등 끔찍한 상황을 만들어 실험 쥐가 정신적인 고통을 받도록 했다. 그러자 실험 쥐의 건강은 굉장히 악화되었고 어떠한 물질을 주입하지 않아도 정신적으로 고통만 주면 건강을 악화시킬 수 있다는 것을 발견하게 되었다. 세리에는 이것을 '스트레스'라고 불렀다.

그런데 문제는 여기에서 시작된다. 실험 쥐가 사방이 막힌 낯선 환경에서 척수가 잘려나가고 목숨을 위협하는 폭발음을 들으며 커다란 흉기가 몸을 관통하는 끔찍한 고문을 당하는 열악한 실험 상황에서 발견한 '스트레스'라는 개념을 섣불리 현대인의 일상에 적용하기 시작한 것이다. 현대인은 하루에도 몇 번씩 스트레스를 느낀다고 한다. 그런데 우리가 일상에서 느끼는 스트레스를 감히 어떻게 실험 쥐가 받은 고문과 비교할 수 있단 말인가?

그러나 이 오류는 완전히 무시된 채 셀리에의 연구는 담배회사로부터 크게 환영받았고 셀리에는 그들의 지원을 받아 연구를 계속해 나간다. 그리고 그는 미국 의회에서 담배를 피우는 것이 스트레스 관리에 도움이 된다고 증언하기도 했다. 그 덕분에 스트레스는 악명 높은 이미지를 갖게 된 것이다. 모르는 게 약이라는 자조적 표현이 이해될 것이다. 인류가 스트레스라는 것을 애초에 몰랐더라면 어떠했을까.

이제 우리는 스트레스에 관한 잘못된 선입견을 바꿔나가야 한다. 일상에서 받는 스트레스는 절대 나쁜 스트레스가 아니다. 운동의 고통은 육체를 건강하게 만들고 채소의 쓴맛은 신체의 면역력을 기른다. 이처럼 스트레스는 두뇌의 건강을 위한 운동이자, 쓰지만 몸에 좋은 영양분이기도 한 것이다.

최근 과학계에서는 스트레스의 이로운 점에 대한 재미있는 연구들이 많이 발표되고 있다. 그중 하나는 스트레스가 쥐를 똑똑하게 만든다는 연구다. 연구원들은 실험 쥐를 우리에 가두어 스트레스 호르몬을 어느 정도 치솟게 만들고 우리 밖으로 다시 풀어주었다. 그리고 2주 후 스트레스를 받은 쥐들과 안 받은 쥐들을 상대로 기억력 테스트를 진행했는데 2주 전 스트레스를 받은 쥐들이 그렇지 않은 쥐들보다 기억력이 월등히 좋아진 것을 발견할 수 있었다.

이 놀라운 결과의 원인을 계속 연구한 결과 쥐가 스트레스를 받을 때 기억력을 담당하는 해마에서 새로운 신경세포가 생성된다는 것을 알게 되었다. 스트레스를 받은 뇌가 기억 저장소에 새로운 신경세포를 만든 것이다.

또 다른 연구에서는 일정 기간 동안 강하고 짧은 스트레스를 여러 번 받으면 뇌 속에서 BDNF가 증가한다는 것을 발견했다. BDNF는 뇌 속의 뇌세포를 보호하고, 새로운 뇌세포를 생성하도록 돕는 뇌 안의 단백질이다. 그리고 스트레스를 받으면 옥시토신이라는 호르몬이 분비되는데 이 옥시토신은 스트레스로부터 심장을 보호하고 심장 세포의 재생을 돕는다. 놀랍지 않은가? 스트레스는 당연히 심장 건강에 좋지 않은 줄만 알았는데 말이다. 이 밖에도 스트레스는 뇌에서 뉴런을 서로 연결해주는 뉴로트로핀과 면역체계를 관장하는 인터류킨을 분비시킨다.

마지막으로 스트레스에 대한 선입견을 제대로 바꿔주는 재미있는 사회 실험이 있다. 연구원들은 피실험자들이 스트레스를 받게끔 여러 가지 상황을 만들었다. 모의 면접을 보게 하고, 상대방과 인내력 대결을 시키며 참가자들의 스트레스를 높였다. 그 후 신뢰 게임the trust game이라는 돈을 거래하는 게임을 하며 스트레스를 받은 참가자들의 행동이 어떻게 변화하는지 관찰했다.

결과는 정말 예상 밖이었다. 스트레스를 받으면 당연히 이기적인 마음을 가지고 자신의 몫을 더 챙기려 할 것 같지만 스트레스를 받은 피실험자들은 스트레스를 받지 않은 사람들보다 50퍼센트나 더욱 자비로운 모습을 보여준 것이다. 이들이 겪은 스트레스가 투쟁 혹은 도피 반응이었다면 그들의 자비로운 행동은 불가능했을 것이다. 그들은 서로 싸우기는커녕 서로를 도와줬다.

켈리 맥고니걸은 "스트레스를 없애려고 하지 말고, 스트레스에 대한 인식을 바꿔야 한다"고 말한다. 우리가 스트레스를 위협이라고 느낀다면 신체는 그 위협에 맞게 투쟁-도피 반응을 보일 수밖에 없을 것이다. 똑같은 운동을 해도 운동을 노동이라고 생각하면 운동의 효과를 보지 못하고 노동의 피곤함만 느끼는 것처럼 말이다. 우리는 머릿속에 있는 스트레스의 이미지를 바꿔야 한다. 근거 있는 지식을 바탕으로 기존의 낡은 생각과 신념을 바꾸는 작업을 서둘러 시작해야 하는 것이다. 제대로 된 지식이 바탕이 되어야 긍정적인 상상과 생각이 가능해지고 삶의 변화도 시작된다.

스트레스와 마찬가지로 사회에서 오남용되고 있는 단어가 하나 더 있다. 바로 트라우마다. 트라우마란 과거 경험했던 위기, 공포와 비슷한 상황이 발생했을 때 당시의 감정을 다시 느끼면서 심리적인 불안을 겪는 증상을 말한다. 이 용어도 방송 매체에서 자주 사용되다 보니 사람들이 조금만 힘든 상황이 있어도 사용하는 단어가 되었다.

"난 정말 엄청난 트라우마가 있어서 그래." 하지만 면밀하게 내막을 들여다보면 트라우마로 진단할 만큼 엄청난 사건이 아닌 경우가 훨씬 많았다. 나는 코칭을 받기 위해 찾아온 사람들에게 트라우마에 대한 잘못된 신념을 바로잡아주기 위해서 그 기준을 못을 박듯이 정립해준다. 최소한 교통사고가 나서 며칠 동안 혼수상태에 있다가 깨어나거나 가족들이 눈앞에서 죽임을 당하거나 전쟁 상황 속에서 빚어지는 참혹한 경험 정도가 되어야 트라우마란 용어를 쓰라고 하는 것이다.

약간의 심리적 상처를 곧바로 트라우마로 인식하는 사람들은 스스로 그 상처에서 벗어나는 것이 불가능하다는 안타까운 신념을 갖게 되고, 결국 절대 극복할 수 없는 상태가 되고 만다. 트라우마란 용어 자체를 어느 정도는 무시해버리는 것이 오히려 자신이 경험한 심리적 상처에서 더 의연하고 빠르게 빠져나올 수 있도록 하는 데 도움이 된다. 그리고 누군가는 남들이 트라우마라고 이야기할 만한 극도의 상황에서조차도 결국 그것을 극복하고 트라우마적 상황을 더 멋진 삶을 만드는 데 필요한 자양분으로 여기며 많은 사람들의 귀감이 되기도 한다는 것을 기억하자.

사람들은 자신의 문제를 크게 느낄 수밖에 없도록 프로그래밍이 된 존재다. 그러나 성공을 이룬 사람들은 자신이 처한 문제를 크게 느끼지 않고 작게 바라봤기에 그것으로부터 벗어날 수 있었음을 알아야 한다. 문제가 있으면 항상 해결책도 있다는 사실을 명심하고 자신에게 닥친 힘든 상황도 그런 마음으로 바라보라. 주변 사람들이 트라우마를 핑계로 힘들어하고 포기한다면 그 정의를 정확히 몰라서 스스로 트라우마 안에 자신을 가두는 경우가 훨씬 많다는 것을 알아야 하며, 트라우마에도 무너지지 않고 자신과의 싸움에서 승리한 사람만이 진정한 인생의 승자라는 것을 잊지 말아야 할 것이다.

대부분의 사람은 '스트레스'나 '트라우마' 같은 단어들을 갖고 자신이 얼마나 힘든지, 자신이 왜 성공할 수 없었는지를 합리화한다. 지식정보 사회에서 누군가는 올바른 지식으로 무장할 때 누군가는 지엽적인 정보를 일반화하여 부정적인 신념을 더욱 강하게 구축해 나가고 있는 현실을 보면 부의 빈부격차뿐만 아니라 생각과 마음의 빈부격차도 매우 크다는 것을 느낀다.

일체유심조의 깨달음

심리학자 캘리 맥고니걸이 밝혀낸 스트레스에 대한 연구 내용은 우리가 이미 알고 있었던 일체유심조一切唯心造의 깨달음과 전혀 다를 바가 없다. 어쩌면 심리학이란 그동안 인류가 쌓아온 지혜와 올바른 생각, 진리를 과학적 실험을 통해 입증하고 정리하는 과정에 지나지 않는다는 생각도 든다.

나 역시도 그동안 수많은 스트레스성 상황이 만들어져도 일체유심조, 모든 것이 내 마음으로부터 비롯되고 결정되는 것이라는 사실을 믿고 살았기에 힘든 상황에서도 항상 내가 해야 하는 것, 나아지고 있는 것에만 집중하려고 노력했다. 그 상황을 극복하는 데에만 초점을 맞추고 그것을 해결하는 데 완전히 몰입하다 보니 잠시나마 나에게 스트레스 요인이었던 아버지의 빚도, 사업의 운영도, 인간관계의 갈등도, 삶에서 마주하게 되는 수많은 상황들도 모두 다 극복할 수 있었고, 스트레스란 단어 자체가 나에겐 아무 의미없는 단어가 되어 버렸다. 고故 정주영 회장이 말씀하신 것처럼 전쟁 상황이 아니라면 사람은 정신만 차리면 모든 것을 극복할 수 있다고 생각한다.

스트레스를 받는다는 것은 스트레스 상황에 놓였다는 것이고 스트레스 상황이란 것은 어떤 문제가 잘 안 풀리는 것이다. 그럼 왜 문제가 잘 안 풀릴까? 푸는 법을 제대로 숙지하지 않았기 때문이다. 왜 푸는 법을 숙지하지 못했을까? 나보다 먼저 그 문제들을 해결한 분들의 지혜로움을 배우지 않아서이거나 그런 분들이 쓰신 귀한 책을 제대로 읽지 않고 내면화시키지 못해서다. 스트레스 상황을 확실하게 벗어나기 위해서 알아야 하는 지혜와 지식을 활용하지 못하고 있으니 뫼비우스의 띠처럼 같은 상황 안에서 허우적거릴 수밖에 없다.

그럼 왜 자신에게 도움을 줄 수 있는 분들을 찾아가거나, 귀한 책들을 읽지 않았을까? 스트레스를 풀 의지도 없고, 해결책을 찾기 위해 필요한 지식과 지혜를 얻을 생각도 하지 못했으며, 도움을 줄 수 있는 사람을 찾아 나서지도 못할 만큼의 배짱도 없는 사람이라서 그런 것은 아닌가? 결국 스트레스가 많다는 것은 쉽게 말해서 스트레스를 풀 의지도 없고 어리석어 스승도 못 찾고 게을러서 책도 안 읽는 자라고 자인하는 것과 같은 것이다.

이렇게 생각하다 보면 누구나 나처럼 스트레스를 절대 인정하지 않는 정신을 갖추게 된다. 인간은 어리석고 단순한 존재가 아니다. 문제가 생기면 해결책을 찾아왔다. 스트레스를 줬던 상황에서 벗어날 수 있는 지혜로움을 갖추면 스트레스 상황은 사실상 나를 진정으로 성장시킨 고마운 상황이란 것을 알게 된다. 그럼에도 불구하고 하루 종일 스트레스란 말을 입에 달고 살면서도 스트레스의 근원을 뿌리째 뽑을 생각은 하지 않고 계속 상황을 덮어두기만 하고 괴로워하는 사람들이 많다.

앞으로 스트레스란 말을 들으면 여러분의 머릿속에서도 나처럼 '꿩'이라는 새가 떠오르면 좋겠다. 꿩은 닭목 꿩과의 동물로 닭과 달리 날 수 있지만 몸이 무거우며 날개 또한 몸집에 비해 그리 크지 않다. 이 때문에 앉아 있는 상태에서 나는데 꽤 시간이 걸리며 먼 거리를 날지 못하고 짧게 비행한다. 그래서 옛 어른들이 겨울철 논밭의 볍씨를 먹으러 내려온 꿩을 뒤에서 접근해 손으로 잡기도 했다.

웃기는 것은 이 꿩이라는 녀석이 잡히지 않으려고 도망을 치다가 잡힐 것 같은 급한 상황이 닥치면 자신의 머리를 수풀 혹은 눈밭에 처박는다는 것이다. 자신이 눈을 감고 아무것도 보지 않으면 적도 자신을 못 볼 것이라 생각하는 것이다. 그래서 '새 대가리'라는 말이 나왔다.

사람으로 태어나서 자신에게 닥친 스트레스 상황에서 그것을 정면으로 돌파하려는 시도는 하지 않고 펑처럼 눈을 감아버리면 되겠는가. 이제 당신의 스트레스가 무엇이든지 그냥 덮어두고 키우지 말고 그 근원을 뽑아 버릴 수 있기 바란다.

'No pain, no gain'이라는 영어 속담이 있다. 고통 없이는 성취도 없다는 뜻이다. 그렇다. 우리는 고통 속에서 성장할 수 있다. 그러니 목표에 빠르게 도달하고 싶다면 더욱 큰 고통과 스트레스 속으로 전력을 다해 뛰어가야 한다. 힘들면 힘들수록 '내가 성장하고 있구나'라며 즐겨야 한다. 여러분의 진정한 잠재력은 스트레스 상황 속에서 깨어난다.

고스펙자가
저소득층이 되는 이유

공부해도 가난하게 사는 '에듀푸어'

어떻게 하면 부자가 될 수 있을까? 이 질문에 대한 가장 흔한 답변은 다음과 같다. "열심히 살아야 합니다." 그럼 어떻게 살아야 열심히 사는 것일까? 여기 한 사람이 있다. 그는 학창 시절 전교 1등을 놓치지 않았다. 명문대에 입학해 우수한 스펙으로 학위를 딴 그는 직장에서도 성실했다. 승진했고, 월급이 올랐으며, 그 돈으로 재테크를 했다. 주변에서는 말한다. "너는 참 열심히 사는구나."

그런데 잠깐 생각해보자. 단순하게 '열심히' 그리고 '성실히' 사는 것만으로 부자가 된 사람이 있는가? 큰 부족함 없이 평탄하게 사는 사람은 있지만 부자라고 불릴 만한 사람은 없다. 열심히 사는 것이 왜 부유함으로 연결되지 않는가. 우리는 이 점에 대해 유심히 생각해 볼 필요가 있다.

에듀푸어라는 말이 있다. '에듀케이션 푸어education poor, 교육 빈곤'의 준말로 교육비 때문에 가난해지는 사람들을 일컫는다. 교육이란 무엇인가? 미래의 삶을 위한 투자다. 부동산이나 금융상품의 가치가 높아지기를 기대하며 투자하는 것처럼 사람의 가치가 높아지기를 기대하며 돈을 쏟아붓는 투자의 일종이다. 제대로 된 투자라면 교육을 지속하고 돈을 많이 지불할수록 결과물이 나오고 가치가 높아지며 결과적으로는 부를 이룰 수 있어야 한다. 그런데 교육비로 많은 돈을 썼지만 교육을 통해 삶의 가치가 올라가고 부를 이루기는 커녕 투자한 비용만큼도 회수하지 못하거나 충분한 돈을 벌지 못하는 사람들이 있다.

애초에 자신이 무엇을 위해서 공부하는지도 깨닫지 못한 상태에서 공부하고 있기 때문에 이런 안타까운 상황이 벌어지는 것이다. 맹목적으로 대학에 진학하고 대학원을 가고 어학연수를 다녀오고 학원을 다니고 수많은 자격증을 따는데 엄청난 돈을 쓴다. 그렇게라도 하지 않으면 불안하기 때문이다.

얼마 전에 대학생들이 스펙을 쌓는데 1인당 평균 5,000만 원 정도를 쓴다는 기사를 본 적이 있는데, 이렇게 큰돈을 투자해서 취업이라도 잘하면 다행이지만 제대로 직업도 갖지 못하고 경제활동을 못한다면 얼마나 손해가 큰 투자인가. 취업준비생들에게 스펙이 무엇이냐고 물어보니 대부분 학점, 토익, 출신대학, 자격증, 어학 능력 등이라고 대답했다. 많은 사람들이 중요한 본질을 보지 못하고 지엽적인 부분에만 열을 올리고 돈을 퍼붓고 있는 것이다. 진정한 스펙이라면 타인에게 영향력을 행사하는 능력을 갖추고 그것을 증명하는 경험과 과정을 밟아 나갔어야 한다. 이것이 바탕이 된 상태에서 지엽적인 스펙들도 의미가 있는 것이지 타인에게 작은 부분이라도 영향력을 행사해보지 못하고 그 가치를 돈으로 환산하여 작은 돈이라도 벌어보지 못한 사람은 스펙이 전혀 없는 것과 마찬가지이다. 제대로 스펙을 쌓으려면 돈을 주고 얻는 것이 아니라 오히려 자신이 돈을 받으면서 만들어 가야 한다. 이러한 본질을 전혀 모르고 사는 사람들은 열심히 '밑 빠진 독에 물 붓기' 하며 에듀푸어로 전락할 수밖에 없는 것이다.

돈을 번다는 것은 다른 사람에게 돈과 맞바꿀 만한 가치를 제공한다는 것을 의미한다. 많은 돈을 벌기 위해서는 타인에게 가치 있는 것이 무엇인지를 먼저 확실하게 파악해야 한다. 이때 필요한 것은 학위나 토익 점수가 아니라 인간에 대한 이해다. 내 앞에 있는 저 사람은 누구인가. 그의 무의식은 어떤 것을 원하는가. 그는 인생에서 무엇을 중요한 가치로 여기고, 어떠한 상태를 추구하고 있는가. 상대의 마음을 읽어야 그에게 가치 있는 것을 제공할 수 있다. 돈을 벌기 위해서는 인간에 관한 근본적인 지식이 필요한 것이다.

오랜 시간 공부하고 많은 돈과 노력을 들여서 박사학위까지 취득하고도 기본 생활비 정도의 소득밖에 받지 못하는 사람들도 적지 않다. 자신이 공부한 것에 비해 적은 소득을 받고 있다고 생각하는 사람들은 아마 이렇게 말할 것이다. 어쩔 수 없는 일이라고, 세상 구조가 그렇다고. 하지만 진짜 원인은 지식의 부족함 때문이다. 학문적 지식은 높을지라도 현실에서 활용할 수 있는 실전 지식은 제대로 갖추지 못한 것이다. 이 사실을 인정하지 못한다면 계속 에듀푸어로 머물 수밖에 없다.

푼돈으로 재테크를 시작하기 전에

재테크도 마찬가지다. 재테크란 돈을 굴리는 방법이다. 사실 자본이 없는 사람은 재테크를 할 수 없다. 재테크는 부자가 되기 위해 하는 것이 아니라, 어느 정도 종잣돈을 모으고 난 후에 돈을 더 잘 불리고 운용하기 위해 하는 것이어야 한다. 아직 충분한 종잣돈을 모으지 못한 평범한 사람이 해야 할 일은 재財, 재물테크가 아니라 재才, 재주테크다. 돈을 굴리는 것과 재주를 활용하는 것 중 어느 쪽이 더 빠르게 수익을 올리는지 비교해보자.

재테크를 시작하려면 가장 먼저 해야 하는 일이 종잣돈 만들기다. 허리띠를 졸라매고 가계부도 꼼꼼히 기록한다. 그런데 절약에는 한계가 있다. 조사에 따르면 대한민국 직장인 평균 연봉은 2018

년 기준 3,634만 원이고 평균 월급은 300만 원이었다. 평균의 개념에는 맹점이 존재하기 때문에 우리나라 근로자를 연봉으로 줄 세워 정중앙에 있는 사람^{중위소득}을 분석해보니 연봉은 2,864만 원이었고 진짜 평균 월급은 239만 원이었다. 이 정도의 소득을 버는 사람은 과연 얼마나 많은 돈을 저축할 수 있을까? 분명히 큰 액수는 아닐 것이다. 내가 부자가 된 것은 28살부터 억대 소득을 올렸기 때문에 가능했다. 많이 벌어서 부자가 된 것이지 단순히 재테크를 해서 부자가 된 것이 아니다.

그런데 대부분의 사람들은 많이 벌어서 부자가 되려 하기보다는 적은 돈을 갖고 재테크에 성공해서 부자가 될 생각에만 빠져 있는 것 같다. 요즘 전문가라는 사람들이 너도나도 주식 관련 이야기를 하고 재테크에 대한 충분한 지식과 정보 없이 단편적인 정보에만 의존해서 빚을 내서 주식투자를 하는 사람들을 보면 매우 걱정스럽고 회의적인 생각이 든다. 정말 그렇게 적은 돈으로 투자해서 부자가 된 사람이 많을까? 별로 없을 거라고 생각한다. 주식으로 돈을 벌었다는 사람들은 재력이 일정 수준 이상 갖추어져 있는 상태에서 여윳돈으로 주식투자를 했거나, 주식에 대한 충분한 지식과 꾸준한 관심과 노력 등이 뒷받침되었기 때문에 큰돈을 벌었을 것이다. 그러나 돈이 충분하지 않고 생활비를 쪼개거나 빚을 져서 투자를 하는 사람은 심리적으로 위축되고 불안한 상태에서 투자를 할 수밖에 없는 구조적 한계를 가지고 있기 때문에 올바른 투자를 하는 것이 결코 쉽지 않다.

주식투자는 운 좋게 몇 번을 투자해서 재미를 보았다고 해도 매번 성공할 수는 없다. 주식으로 큰돈을 벌기 위해서는 투자할 기업의 가치를 분석하고 여러 가지 상황과 필요한 정보를 수집하고 파악하는데 많은 시간과 에너지를 쏟아부어야 가능한 일인데, 이 자체가 무의미하거나 나쁜 일은 아니지만 계속해서 변동되는 주가와 통제할 수 없는 다양한 외부상황을 계속 주시하다 보면 자신의 감정과 삶 전반에 영향을 받을 수밖에 없다. 이러한 상황이 오랫동안 지속되면 나 자신으로부터의 통제권이 상실된 듯한 느낌을 받게 되고 예측 불가능한 외부상황에 지나치게 집착하게 되면서 심리적으로 불안과 긴장 상태가 높아지게 된다.

인간은 근본적으로 자신이 통제감을 갖고 주도적으로 결정하고 행동하는 것을 즐기고 추구하는 존재이다. 나 역시도 스스로가 외부 상황을 통제하고 변화시키면서 성장했다. 자신이 주도적으로 이끌면서 돈을 벌 수 있는 확실한 방법이 있는데 왜 불확실하고 예측할 수 없는 외부요인에만 목을 매는가. 자신만의 재주 혹은 지식, 기술, 능력, 장점을 만들고 확실하게 활용하면 돈은 모이기 시작한다. 재물로 하는 재테크는 재물이 없으면 시작할 수 없지만, 재주로 하는 재테크는 인간이면 누구나 할 수 있지 않은가. 처음부터 재주를 타고 나는 사람은 없다. 재주를 만들고 키우고 활용해서 큰돈을 만들어내는 진정한 재테크를 시작해야 한다.

나도 대학생 때 돈은 전혀 없었지만 도서관을 이용하면서 나만의 재주를 만들고 크게 키워낼 수 있었다. 내가 필요로 했던 재주를 이미 갖추신 분들의 책을 읽으며 재주를 키워나갔고, 점차 나만의 차별화된 재주를 형성시켜서 돈을 벌기 시작했다.

대부분은 도서관에서 책을 읽고 연구하며 시간을 보냈지만 초반에 재주를 키우기 위해 했던 투자 중에 하나는 1997년 스물한 살 때, 당시로는 큰돈인 130만 원과외, 전단지 돌리기, 막노동 등을 통해 모았다을 만들어서 당시 유명했던 최면전문가 김영국 씨를 만났던 것이다. 그분에게 130만 원을 내고 10시간 교육을 받으면서 최면에 대한 교육내용뿐만 아니라 최면학을 어떻게 활용해서 돈을 벌고 있는지를 면밀하게 분석할 수 있었고, 그분이 하는 교육에서 불필요한 부분들을 제거하고 나만의 차별화된 지식을 첨가하여 효과적으로 도움을 줄 수 있는 5시간의 교육과정을 만들었다.

그런 후에 천리안, 하이텔, 나우누리 등의 PC통신과거의 인터넷을 말한다에 광고 글을 올려서 상품을 홍보했고 전화가 오면 고객에게 어떤 정신적 도움을 줄 수 있는지 상세히 설명하고 강력하게 어필했다. 교육 장소가 없었던 나는 "댁으로 제가 찾아가는 서비스를 합니다"라고 말하며 오히려 장소가 없는 점을 장점으로 설명했고 회당 20만 원을 받으며 필요한 사람들에게 최면 코칭을 하면서 불과 3~4개월 만에 1,500만 원 가량의 큰 수익을 얻었다. 주말에는 5명씩 그룹으로 신청자를 받아서 서울 성내동 연립주택외할아버지, 외할머니가 사셨던 장소의 허름한 방에서 어른들께 지도를 해 드리고 하루에 100만 원을 번 날도 있었다.

그렇게 당시 실전을 통해서 얻어진 경험과 지식들, 이후에 꾸준한 연구를 통해 깨닫게 된 소중한 지식을 활용해서 20대 후반엔 국내 최초로 학원업계에 심리수업을 계발하여 정착시키며 억대 소득자가 된 것이다. 결국 내게 투자한 130만 원의 시드머니가 수백 배, 수천 배, 수만 배로 늘어난 것이다.

나는 영화배우 실베스터 스탤론Sylvester Stallone을 좋아한다. 그의 작품 〈록키〉와 〈람보〉시리즈는 모두 보았는데, 특히 〈록키〉는 정말 좋아해서 여러 번을 보았다. 1946년생인 그는 젊은 시절 가난한 삶을 살았지만 마음속에는 꿈이 있었다. 우연히 무하마드 알리의 경기를 보면서 영감을 받은 그는 어려움 속에서도 불굴의 의지로 복서가 되는 시나리오를 3일 만에 완전히 몰입하여 완성하였고 영화제작자들을 직접 찾아다니면서 시나리오를 보여주었다.

영화제작자는 시나리오가 마음에 든다면서 그에게 팔라고 했지만 스텔론은 자신이 주인공을 맡아야 한다는 조건을 내걸었다. 신출내기를 주인공으로 발탁하는 것은 관례상 없었던 일이었지만 그의 확고한 의지와 주장을 꺾을 수 없어서 결국 제안을 받아들였고 출연료 없이 영화를 먼저 촬영하고 영화가 흥행하면 출연료를 받기로 하였다. 이렇게 1976년 혜성같이 등장한 〈록키〉라는 영화는 49회 미국 아카데미 시상식 작품상, 감독상, 편집상, 29회 미국 감독

조합상 영화부문 감독상, 34회 골든 글로브 시상식 작품상-드라마, 2회 LA비평가 협회상 작품상 등을 수상했고 그도 세계 최고의 유명배우로 거듭나게 된다.

난 자신에게 투자하는 것이 최고의 투자라고 믿는 사람이다. 돈이 전혀 없는 상황에서도 스탤론은 시나리오를 쓰고 그 시나리오 판매비를 자신이 주인공 배역을 맡는 조건으로 재투자한 것이다. 이렇게 기회가 왔을 때 자신의 모든 것을 투자할 수 있는 마음 자세와 준비가 된 사람은 많지 않다. 자신의 모든 것을 쏟아부을 수 있는 사람만이 타인에게 자신의 확실한 가치를 증명할 수 있고 또 다른 기회도 얻게 된다.

자신의 재능과 가치를 높이는 것에 모든 것을 걸고 투자하는 것이 진정한 부를 이루는 가장 빠른 길이라는 것을 명심하길 바란다. 재주로 하는 재테크는 수익률의 한계가 없어서 자신이 노력하고 성장하는 만큼 얼마든지 더 큰 가치와 새로운 수익구조를 만들고 소득을 크게 높일 수 있다는 점도 매우 큰 장점이다.

종잣돈도 필요 없고, 수익률의 한계도 없고, 외부 요인과 상관없이 자신의 의지와 선택만으로 운용할 수 있다는 것. 이것이 바로 우리가 돈을 덜 쓰고 절약하고 긁어모은 적은 돈으로 아장아장 재테크하는 것보다 자신에게 투자하고 가치를 높여서 재주를 종잣돈 삼아 큰돈을 버는 재테크를 해야 하는 이유다. 사람이 돈을 만든다는 것을 잊지 말아야 한다.

대통령의 사주를 타고난
청소부

대통령의 사주와 청소부의 사주

어떤 사람은 성공하고 행복하게 살고 어떤 사람은 매번 실패하고 불행하게 살아간다. 이런 차이는 왜 생기는 것일까? 운명적으로 타고 나는 걸까? 아니면 내가 만든 걸까?

만약 확실하게 답을 하지 못한다면 자신도 모르게 운명론을 받아들이고 수동적인 삶을 살고 있는지도 모른다. 그리고 이렇게 무의식적으로 받아들인 신념은 나의 생각과 행동 전반에 강력한 영향을 미쳐서 결국 나의 삶을 그러한 방향으로 이끌어간다.

가난한 사람의 특징 중 하나는 운명론과 사주팔자를 신봉한다는 점이다. 사주나 운명론을 지나치게 믿다 보면 자신의 인생을 결정하는 주체가 본인이 아니라 스스로 통제할 수 없는 외부요인이라는 착각에 빠지게 되고, 논리적으로 사고하고 주체적으로 기능하는 것이 불가능한 사람이 되어버린다. 그런데 안타깝게도 이러한 신념 체계는 몇 대를 걸쳐 내려오며 가족 관계 내에서 영향을 받고 형성된 무의식적 믿음인지라 자신 스스로가 인지하기도 힘들고 쉽게 깨지지도 않는다.

자신의 삶은 이미 태어날 때부터 결정되어 있다고 생각하는 사람들에게 소개하고 싶은 다큐멘터리가 있다. 故 김영삼 대통령의 사주에 관한 흥미로운 내용이었다. 제작팀은 김영삼 대통령과 같은 날 같은 시간에 태어난, 그러니까 완전히 동일한 사주를 가지고 태어난 사람을 찾았다. 사주라는 것이 진짜라면 그 사람은 적어도 국무총리 혹은 지방 군수쯤은 되어 있어야 할 것이지만 그분은 안타깝게도 평범한 청소부로 살다가 중년의 이른 나이에 생을 마감했다.

한편 김영삼 대통령은 자신이 학창 시절 앉았던 책상마다 '나는 대통령이다'라는 문장을 새기고 매일 반복해서 읽고 생각했다고 한다. 하나의 목표를 세우고 계속 그 목표에 생각을 집중하고 행동을 지속하는 것은 목표를 달성하고 성공을 이루는데 매우 중요한 핵심 조건이며, 이 과정에서 응축된 생각의 힘, 즉 신념은 사주팔자마저도 바꿔놓을 수 있을 만큼 강력한 힘을 갖는다.

난 지금까지 복권 한 장도 사본 적이 없고 앞으로도 살 생각이 전혀 없다. 돈을 더 벌고 싶다면 20대부터 늘 그래왔듯이 내가 가진 지식과 가치를 필요로 하는 사람들을 찾아가 그들을 위한 차별화된 양질의 서비스를 제공하고 도움을 주어 그들의 삶의 질을 높이고 감동을 주며 정당하고 당당하게 돈을 벌 것이다. 인간에 대한 충분한 이해와 세상에 대한 본질적인 법칙을 깨닫고, 돈의 속성과 경제개념을 이해하게 되면 절대 요행을 바라거나 불로소득을 추구하지 않고 정말 가치 있는 것에만 집중하게 된다. 재미로 복권 한 장 사는 게 뭐 어떠냐 생각할 수도 있겠지만 희박한 확률에 나를 맡기고 당첨을 바라고 있는 그 자체가 나를 무시하고 자신의 능력을 믿지 못하는 존재로 느껴져서 전혀 즐겁지 않을 것 같다. 또한 요행을 바라거나 운에 나를 맡기는 것은 목숨만큼 소중하게 생각하는 세상의 중요한 법칙을 부정하는 것이기 때문에 언제나 경계하고 있다. 이러한 신념과 지식 덕분에 나는 더욱 주체적이고 도전적이며 강해질 수 있었고, 나의 운명을 개척할 수 있었다.

나조차 나를 믿지 못한다면

자신을 믿어라. 모든 자기계발서에서 나오는 말이겠지만, 성공하려면 자기 자신을 믿는 것이 반드시 필요하다. 한번 생각해보자. 당신은 자기 자신을 믿는가? 믿고 있다면 그 근거가 무엇인지 대답해보라. 주변 사람들과 가족들은 당신을 얼마나 믿는가? 당신의 동료와 상사는 당신을 믿는가? 당신의 고객들은 당신을 믿는가? 자신이 아무리 자신을 믿는다고 해도 주변 사람들이 믿지 못한다고 한다면 분명 문제가 있는 것이다. 자신을 믿는다는 것은 자신의 생각과 행동을 자신이 통제할 수 있다는 것을 의미한다.

우리는 어린 시절부터 자신을 믿어야 한다는 이야기를 듣고 성장한다. 하지만 어떻게 해야 자신을 믿을 수 있는 것인지에 대해서는 대부분이 제대로 배우지 못했다. 진짜로 자신을 믿는 사람들은 선대에 먼저 잘 기능해온 분들의 생각이나 신념, 지혜로움을 먼저 믿었기 때문에 그것을 자신의 삶에 적용시키면서 비로소 자신도 믿을 수 있는 사람이 될 수 있었던 것이다. 가난한 자는 실제 보여주고 증명한 사람의 말보다 자신의 생각을 더 믿는다. 이것은 자신을 믿는 것이 아니다.

정말 자신을 믿을 수 있으려면, 첫째로 나의 정신이 10퍼센트의 의식과 90퍼센트의 무의식으로 이루어져 있다는 사실을 알아야 한다. 그래서 무의식을 항상 염두에 둔 상태로 생각하고 계획을 세우고 행동해야 한다. 자신이 결심하고 마음먹은 것이 있다면 계속해서 그것을 생각하고 무의식에 완전히 안착시킬 수 있도록 의식적으로 노력해야 하는 것이다. 둘째, 내가 살고 있는 세상이 어떻게 기능하고 돌아가고 있는지를 주의 깊게 계속 살펴야 한다. 이 세상의 중심에는 언제나 인간이 있기 때문에, 지능이 높고 고차원적인 사고와 기능을 하는 인간이라는 존재에 대한 이해가 반드시 필요하다.

인간은 늘 무엇인가에 집중하고 몰입하는 것을 좋아하며 매 순간 집중된 상태를 추구하고 유지할 수밖에 없는 존재이다. 사람들을 집중시키고 몰입시킬 수 있다면 그들은 당신에 대한 비판의식과 거부감을 놓아버리면서 자연스럽게 당신을 믿게 되는 것이다. 즉 자신의 분야의 지식이나 기술, 능력 등으로 '고도의 집중과 몰입상태'를 만들어 주는 사람을 사람들은 신뢰하고 인정한다. 따라서 자신을 믿는다는 것은 인간의 이런 특성을 항상 인식하면서 자신만의 분야로 하여금 타인을 집중시키고 몰입시키기 위한 행동을 계속 이어나가는 사람만이 가능한 것이다. 세상은 이런 능력을 갖춘 자를 좋아한다. 자신을 믿기 전에 법칙진리을 먼저 믿고 실천하다보면 성공 경험이 쌓이면서 자신을 믿을 수 있게 되고, 점차 남들도 그 사람을 믿어주는 것이다.

지금 설레는 일을 하고 있는가

자신을 믿고 진리와 법칙을 믿게 되면 자연스럽게 확신감 있고 열정적인 삶을 살게 된다. 열정을 뜻하는 영단어 'enthusiasm'는 라틴어의 'en전치사 in'과 'theos신'가 더해져 만들어졌다. 직역하자면 '신 안에 있다' 혹은 '신이 되다'라는 의미다. 열정이란 말은 이렇게 엄청난 의미를 담고 있다. 부디 많은 사람들이 이 단어의 무게와 깊이를 제대로 느낄 수 있기 바란다. 한 인간이 죽을 힘을 다한 노력 끝에 신이 아니라면 감히 만들어 낼 수 없을 정도의 경지로 고도의 집중과 몰입 상태를 만들어 내었다면 비로소 열정이란 말이 어울리게 될 것이다. 우리는 각 분야에서 열정을 다해 노력한 최고의 존재들을 보면서 경이로움을 느낀다. 사람이지만 마치 신의 경지에 도달할 듯한 사람들에게 매료된다. 열정을 갖추고 '신 안에 있는' 모습을 보여주는 사람들 덕분에 우리는 새삼 신의 존재를 느끼게 된다.

사람들에게 신을 느끼게끔 만들어주는 경지. 한 번 사는 인생 당신도 열정을 발휘하며 어떤 분야에서 신을 느끼게 만들어 주는 존재로 살고 싶지 않은가? 나도 그렇게 살고 싶었다. 한 분야에서 만큼은 신과 같은 경지를 보여주는 사람이 되고 싶었고 언제나 나는 신 안에 있다는 말을 되뇌면서 그 단어에 수준에 맞게 내가 행동하는지를 살피려고 노력했다. 열정을 다해 강의를 끝내면 많은 수강생분들이 찬사를 보내주신다. 시간이 순식간에 흘렀고 감동에 벅차 몸이 전율하는 것을 느꼈다고 해주시는 분들도 많다. 그런 이야기를 듣는 순간 나 역시 매우 가슴이 벅차고 행복해진다. 영생할 수는 없는 존재이지만 신조차도 부럽지 않은 최상의 나를 느낄 수 있는 순간이다. 그런 순간들을 경험하면 할수록 더 많은 순간에 신과 같은 경지에 도달하고 싶어져서 더욱 열정적으로 살게 되는 것이다. 그뿐만 아니라, 음식을 먹은 손님에게 찬사를 받는 요리사, 올림픽에서 경이로운 퍼포먼스를 선보이며 감탄을 자아내게 하는 운동선수, 공연장에서 사람들을 하나로 만들며 눈물이 흘러나오도록 만드는 가수 등은 모두 열정적인 삶을 증명하는 멋진 예시이다.

열정을 발휘하지 못하면 아무도 나에게 관심을 가지지 않는다. 아니, 정확히 말하자면 관심을 가질 이유가 전혀 없다. 돈을 버는 것도 마찬가지다. 상품이나 서비스를 열정적으로 파는 모습을 보이지 않는데 누가 관심을 가지고 왜 사주겠는가. 반면 정말로 열정을 갖고 무엇인가를 파는 모습을 볼 때면 당장 필요한 물품이 아닐지라도 사람들은 호기심과 관심을 기울일 것이다. 흡사 신의 경지에 오른듯한 그 열정에 전염되고 매료되어 버린다. 정말 열정적으로 살기 위해서는 먼저 열정적으로 살아간 사람들을 연구해야 한다. 마치 신과 같은 느낌으로 사람들을 매료시킨 사람들을 잘 분석해내면서 그들이 어느 정도의 정성과 시간을 쏟아붓고 노력해서 그 경지에 이르게 되었는지를 파악할 수 있어야 한다. 엄청난 경지와 성취를 보여주는 사람들도 분명 인간임은 분명한 사실이기 때문에 그 경지를 가치 있게 생각하고 그 경지에 도달하기 위한 각오가 분명하다면 누구나 열정적인 삶을 살아갈 수 있을 것이다.

〈행복을 찾아서〉라는 영화가 있다. 실화를 기반으로 한 이 영화의 실제 주인공인 크리스 가드너 Chris Gardner는 6살에 아버지를 잃고, 배고프고 어려운 어린시절을 보냈다. 의료기기를 파는 세일즈맨으로 살면서 고군분투하고 노력했지만 결국 지친 아내는 떠나고 집과 자동차는 가압류를 당했다. 그는 두 살배기 아들을 데리고 지하철 화장실에서 잠을 청하는 신세가 되었다.

　이렇게 힘든 삶을 살던 가드너가 몇 년 만에 억만장자가 되면서 인생 역전에 성공한다. 도대체 그 사이에 무슨 일이 있었던 것일까? 그는 어느 날 거대한 투자회사 앞에 주차되어 있는 고가의 스포츠카를 타고 가는 사람에게 다가가서 "어떻게 이런 차를 탈 수 있는가?"라고 물었고 주식중개인으로 성공하게 되면 고급차를 탈 수 있다는 말을 듣고 주식중개인이라는 직업에 대한 희망을 갖게 되었다. 가드너는 낮이면 아들을 보육원에 맡긴 후 단벌 정장을 입고 주식투자 강의에 몰래 들어가서 비법을 훔쳐 배웠고, 회사 앞에서 CEO를 기다리고 있다가 택시를 합승하자고 제안해 택시 안에서 좋은 인상을 남겨서 면접의 기회를 얻어낸다. 회사에서는 6개월간의 인턴 기간 중 오직 1등 한 사람만을 정직원으로 채용하기로 조건을 걸었는데 누구보다 열심히 일한 그는 많은 성과를 내고 1등을 해서 정규직원이 된다. 영화 제목처럼 행복을 스스로 찾아내고 획득한 것이다.

　실존 인물인 크리스 가드너는 마침내 주식중개인으로 성공해서 억만장자가 된다. 가드너의 경우에서도 확인이 되듯이 내 수중에 당장 돈이 없어도 진정한 열정이 있다면 큰돈을 벌 수 있고 부자가 될 수 있다. 어차피 돈은 세상에 충분히 있다. 정말 엄청난 돈이 있다. 돈이란 큰 생각을 가지고 제대로 된 노력과 행동을 한 사람들을 언제나 기다리고 있는 것이다.

큰돈을 만지고 있는 사람들로부터 기회를 얻고 또 그들이 지키고 있던 법칙들을 제대로 잘 활용하게 되면 돈은 법칙대로 따라올 수밖에 없다. 생각이 모든 것을 가능하게 한다는 말을 언제나 정신에 각인하고 살아야만 한다. 긍정적이고 의미 있는 생각을 구축하는 데 온 힘을 다해 집중해야 하는 것이다.

출근길 지하철에 오른 사람들을 살펴보면 우울한 얼굴로 스마트폰을 들여다보거나, 멍한 표정을 짓고 앉아 있거나, 피곤한 기색으로 졸고 있는 사람들이 많다. 두 살 아들과 화장실에서 잠을 자고 일하곤 했던 크리스 가드너는 열악한 환경에서도 어떻게 평범한 직장인보다도 열정적으로 배우고 일할 수 있었을까? 이 질문에 그는 이렇게 답한다. "너무 하고 싶어서 다시 해가 뜰 때까지 기다리기 힘든 일을 찾은 것이 제 성공의 비결입니다."

아직 자신이 열정을 쏟을 대상을 찾지 못했다면 스스로 질문을 던져라. 단지 '하고 싶은 일'이 무엇인지 묻지 말고 '가슴을 뜨겁게 만드는 일'이 무엇인지 물어라. 가슴이 뜨거워지는 일을 찾으면 그것으로 남들의 가슴까지 뜨겁게 만들도록 노력하면 된다. 남들의 가슴을 뛰게 하는 경지에 이르면 더 이상 돈은 문제가 되지 않는다는 사실도 곧 깨닫게 될 것이다.

혹여 처음부터 재미있고 가슴 뛰는 일만 찾으려는 사람이 있을까 싶어서 첨언하자면, 무슨 일이든 열정적인 자세로 제대로 배우고 노력하다 보면 점점 더 잘하게 되고 능통하게 되면서 재미가 붙기 시작한다. 한 가지 분야에서만은 누구보다 큰 자부심을 가지고 능통한 실력을 갖추다 보면 점차 타인들의 인정과 찬사도 받게 되고 이러한 꾸준한 노력의 과정에서 가슴이 뛰고 벅찬 환희를 느끼게 되는 것이다. 일의 종류를 따지기 전에 자신에게 당면한 일들을 그 누구보다 능통하게 잘 해내려고 하는 마음가짐과 자세로 임해야 한다. 그것이 열정적인 삶을 살아간 사람들의 공통된 마음가짐이고 성공의 비결이다.

실제 대규모 강연 영상
〈대구 1,200명을 감동시킨 부자의 지혜 6가지〉

2장

발견

Discovery

자신에 대한
확신을 얻는 방법

인류사 최고의 사건

인류사에서 가장 놀라운 사건을 꼽으라면 무엇을 고르겠는가. 불을 다루게 된 일? 농경에 접어든 일? 모두 맞는 말이지만 나는 문자, 종이, 인쇄술을 발명한 것을 최고의 사건으로 꼽고 싶다. 인류의 놀라운 도약은 문자와 책에 의해 시작되었다고 해도 과언이 아니다. 문자는 인간을 원시 시대에서 벗어나 문명 세계로 도약시킨 위대한 발명품이었다.

기원전 5만 년경 전 뼈에 규칙적인 간격을 두고 조각을 새긴 것에서 시작된 인류 최초의 '문자'는 당시만 해도 단순히 기억을 보조하는 수단이었으나, 의사소통을 위해 문자를 발전시키며 점차 깊이 있는 정보를 전달할 수 있게 되었다.

이러한 정보는 '종이'의 발명을 통해 쉽게 전파되기 시작했다. 과거에는 뛰어난 지혜를 가진 사람이 죽으면 그의 지식도 사장되었지만, 이제는 종이에 그의 지식이 축적되어 후손에게까지 전해질 수 있게 된 것이다. 선대의 정보를 습득한 후손들은 더욱 효율적으로 세상을 살아갈 수 있었고 이로 인해 '권력 계층'이 만들어지게 되었다.

한편 '인쇄술'의 발명은 일부 계층에게만 주어졌던 '지식'이라는 힘을 만인에게 쥐어주는 역할을 했다. 평생 자신은 억압과 괄시 속에서 살아야 하는 존재라고 생각하며 삶을 체념하고 살았던 평민과 노비들이 책 속의 지식과 진리를 접하면서 생각의 틀을 깨고 변화할 수 있게 되었다. 책을 통해 생각이 깨어나고 각성하게 된 사람들은 인간다운 삶을 위해 행동하기 시작했고 중세시대 시민혁명과 사회 계몽운동으로 이어지며 세상이 변화되었다. 이렇게 우리가 사는 세상은 책을 통해서 엄청난 변화를 거듭해왔던 것이다.

책은 그것을 읽는 사람들의 생각을 바꾸고 개발시키면서 세상을 변화시킨다. 하지만 변화의 중심에는 언제나 책이 있었다는 사실을 모르는 사람들은 여전히 책을 가까이하지 않고 그 중요성조차 모르고 있다. 지금은 기술의 발달로 우리가 늘 가지고 다니는 스마트폰으로도 책을 보고 양질의 시청각 자료와 강의도 들을 수 있게 되었지만, 스마트폰을 통해 제대로 자기계발을 하는 사람은 소수에 불과할 것이다. 나 역시 스마트폰은 생활의 편리함을 위한 보조도구로 사용할 뿐, 주로 책을 통해서 지식과 정보를 습득하고 정신을 성장시켜 왔다. 책을 통해서 지식과 지혜의 가치를 깊이 음미하고 내정신에 그 생각이 스며들게 노력해야 하는데, 스마트폰에서 단순하게 즐길 거리만 찾거나 영상을 통해 지식을 쉽게 얻어가고 싶은 사람들이 점점 늘어나는 것 같아서 우려가 된다. 사람들 손에 책 대신 스마트폰이 자리할수록 빈부격차는 커질 것이다. 책이야말로 훌륭한 문제 해결 방법을 제시해주고, 뛰어난 지혜와 지식을 전해 주며, 이 모든 것을 활용하여 결국 큰돈을 벌게 해주는 스승이기 때문이다.

아는 것이 힘이다

독서란 도대체 무엇인가? 일정 수준의 성공을 이룬 사람들이라면 누구나 예외 없이 책에서 그 성공의 근원이 되는 생각과 행동, 기술들을 배운 것이라 할 수 있다.

강의장에서 한 강사가 멋지게 강의를 하고, 사람들이 그 사람의 박학다식함에 빠져들었다고 하자. "와, 저 사람은 어떻게 저런 것을 잘 알까? 정말 감탄스럽고 놀랍네." 이렇게 이야기를 한 사람이면 그 강사에게 완전히 매료된 것이다.

이렇게 타인에게 큰 영향력을 행사할 수 있다는 것은 강렬한 느낌과 영감을 주었다는 것인데, 강사의 이야기에 엄청나게 집중되고 몰입되는 근본적 이유는 무엇일까? 바로 그 강사가 말하는 내용의 출처를 사람들이 모르고 있기 때문이다. 강사가 하는 이야기들의 출처를 알고 있는 사람들은 그렇지 않은 사람보다 깊이 빠져들지 않는다. 그냥 속으로 '저 사람도 그 책을 보고 공부했구나' 이런 생각을 할 뿐이다. 아는 것이 힘이라는 말은 정말로 맞는 말인 것이다.

실제로 당신이 내면화된 지식을 갖추고 사람들에게 설명하고 활용할 때엔 크든 작든 그 성과가 있을 것이다. 지식의 활용으로부터 얻는 희열감은 생각보다 엄청나서 점점 그것에 중독되고 계속 추구하게 되며 결국 자발적으로 책을 가까이하고 싶게 만든다.

내게 필요한 분야의 책이라면 어떤 책이든 다양하게 많이 보는 것이 좋지만, 매일 쏟아져 나오는 책 중에서는 실제로 영향력을 끼치거나 자신이 증명해보지 않았음에도 말만으로 그럴싸하게 포장하여 유명해진 경우도 많아서 책을 고를 때는 중요한 기준을 가지고 선택해야 한다_{각 분야의 성취가 증명된 실전 강자들의 책을 추천한다}. 자신의 분야에서 멋진 영향력을 행사했던 사람들의 책을 보면서, 그들의 지식과 지혜를 습득하고 내면화하여 직접 실전에서 활용하는 단계까지 도달하게 되는데, 이 과정에서 그들과 비슷한 결과를 만들어내면서 나 역시도 마찬가지의 영향력을 행사하는 사람이 되는 것이다.

이는 마치 이어달리기를 할 때 바톤 터치를 하듯이 책을 통해서 얻은 지식을 활용하여 지속적으로 영향력을 이어나가는 과정으로 볼 수 있다. 책을 통해서 지식의 가치와 활용법을 바톤으로 이어받은 사람이 다른 사람들에게 그 지식을 전달하고 영향력을 행사하고 있는 것이다.

성공하기 위해서는 나보다 먼저 성공한 분들의 도움을 받고 협력을 얻어내는 것이 절대적으로 필요하다. 그런데 인간의 관계라는 게 일방적일 수는 없기에 서로에게 도움이 되어야만 좋은 관계가 지속될 수 있다. 도움을 받는 입장이라면 최소한의 인간적 매력이 있거나 상대방에게 도움이 될 수 있는 작은 지식이라도 갖춰야 한다. 충분한 지식도 경험도 매력도 없다면, 나중에라도 도움이 될 사람이라는 기대감 정도라도 줄 수 있어야 한다.

이러한 점을 충족시켜 줄 수 있는 최고의 방법은 단연코 독서다. 독서를 통해 훌륭한 지식이나 생각을 내 생각처럼 말할 수 있는 상태에서 성공한 분들을 찾아가 도움이나 만남을 요청해야 기회를 얻을 수 있다.

독서를 해도 소용이 없었다고 말하는 사람들은 아마 독서를 왜 해야 하는지 정확히 모르고 했기 때문일 것이다. 독서를 통해 얻은 지식은 타인에게 설명하거나 활용하여 영향력을 미칠 수 있을 때 비로소 가치를 인정받게 된다. 지식을 행동으로 연결시키지 못한 사람들은 독서라는 행위 자체가 무의미한 취미생활 정도로 밖에는 느껴지지 않을 것이다. 독서를 하고 그것을 활용하는 행동을 하는 사람이라면 돈은 당연히 따라온다. 이것은 당연한 이치이다.

독서란 정말 무엇인가? 유명인들이 독서에 관해서 이야기한 것을 정리해봤다.

- 남의 책을 많이 읽어라. 남이 고생한 것을 가지고 쉽게 자기 발전을 이룰 수 있다. _소크라테스Socrates
- 좋은 책을 읽는 것은 과거의 뛰어난 사람들과 대화를 나누는 것과 같다. _르네 데카르트René Descartes
- 인생은 매우 짧고 그중에서 조용한 시간은 얼마 안 되므로 그 시간을 가치 없는 책을 읽는 데 낭비하지 말아야 한다. _존 러스킨John Ruskin
- 얼마나 많은 사람이 책 한 권을 읽음으로써 인생에 새로운 전기를 맞이했던가. _헨리 소로Henry Thoreau
- 오늘의 나를 있게 한 것은 우리 마을 도서관이었다. 하버드 졸업장보다 소중한 것은 독서 습관이다. _빌 게이츠Bill Gates
- 당신은 결코 독서보다 더 좋은 방법을 찾을 수 없을 것이다. _워런 버핏Warren Buffett

당신이 반드시 알아야 할 기술

아마도 성공한 사람이라면 누구나 독서에 대한 철학 하나쯤은 가지고 있을 것이다. 나 역시도 헨리 소로의 말처럼 책을 통해서 나의 주어진 삶을 변화시킨 사람으로서 책의 소중함을 너무나 잘 알고 있다.

위에 나온 유명인들이 독서에 관해서 남긴 말은 모두 맞는 말이다. 하지만 내가 그동안 깨닫고 정리한 독서철학을 많은 사람들이 마음에 꼭 새겨줬으면 좋겠다.

'독서는 재화 창출의 기술이다.'

누가 독서를 이야기하거나 독서란 소리를 여러분이 들을 때마다 이 '재화 창출의 기술'이란 말이 그 즉시 머릿속에서 저절로 떠오르길 바란다.

다시 한번 강조하지만 독서는 재화 창출의 기술이다. 이것을 마음 깊이 깨닫고 살아가는 사람은 독서를 안 할 수 없고 독서하는 행위 자체가 심리적인 든든함과 행복을 주는 매우 가치 있는 일이 된다. 반면에 독서가 재화 창출의 기술이란 점을 명심하지 않은 사람들은 독서의 진정한 힘을 깨닫지 못하고 책을 멀리하는 삶을 살수밖에 없다. 자본주의 사회에서 돈을 빼고 행복과 성공을 논할 수는 없을 것이다. 따라서 독서 역시 재화 창출의 기술이라는 측면으로 머릿속에 각인 되어야 더욱 현실성 있게 활용할 수 있게 된다.

점차 책을 읽는 사람들이 줄어들고 있다. 책 말고도 폰이나 PC로할 수 있는 게 너무나 많기 때문이다. 근데 이게 모든 이유일까? 그렇지 않다. 진정한 이유는 이것이다. 독서가 재화 창출의 중요한 기술이라는 것을 알려주거나 보여준 사람이 없었기 때문이다.

　나도 한때 집안의 빚 때문에 우울했던 적이 있었지만 책에서 지식을 얻어 문제를 해결한 분들이 무수히 많이 존재했단 것을 깨닫고 충격을 받으며 그들의 발전 과정을 흡수하고 모방할 수 있었다. 나는 다행스럽게도 독서가 재화 창출의 기술이란 것을 일찍부터 깨달았고 나의 삶에서 그것을 증명해왔기 때문에 사람들의 인정을 받으며 이 자리까지 올 수 있었다. 대입학원계에 최초로 심리수업을 계발하고 도입하여 20대 때 억대 소득을 달성하고, 월 억대의 상담 교육비를 받는 심리전문가로 성공할 수 있었던 모든 이유가 바로 독서가 재화 창출의 기술이라는 것을 완전히 깨달았기 때문이다. 나의 성취와 증거들은 다른 사람들에게 좋은 영감과 신선한 충격을 줬고, 나와 같은 신념을 공유하게 된 사람들은 다른 유해요소나 방해요소에 굴하지 않고 독서를 비롯하여 내가 지금까지 해왔던 노력과 행동들을 그대로 실천하면서 나날이 성장해갔다.

　이러한 과정에서 책 속에서 만난 스승을 능가하고 싶다는 건전하고 바른 생각을 갖추게 되는데, 스승을 능가하는 것이 말처럼 간단하고 쉬운 것이 아니란 사실을 이내 깨닫게 되면서 스승을 따라 열정적인 독서의 세계에 빠져든다. 이 시기에 독서에 완전히 심취할 수 있는 이유는 스승처럼 지혜와 지식을 활용하면 문제를 해결하고 돈도 엄청나게 벌고 행복하게 살 수 있게 된다는 것을 확신하고 있기 때문이다.

이때 하는 독서는 그냥 막연한 독서가 아니다. 독서를 통해 적극적으로 재화 창출을 하려는 목적의식이 있는 독서를 하는 것이다. 지식을 제대로 활용하기 위한 목적의식을 가지고 독서를 하면 다른 사람에게 실제로 영향력을 끼칠 수 있는 가치 있는 지식을 습득할 수 있게 된다. 독서를 하고 거기서 그치는 것이 아니라 처음부터 실전을 목표로 읽었기에 실전으로 이어지는 행동까지 나오게 만드는 것이다. 이러한 독서의 진정한 맛을 아는 사람들은 독서가 습관이 되고 생활화될 수밖에 없다. 독서가 완전히 삶의 일부분이 되는 것이다.

자, 이제 독서가 무엇이라고 생각하는가? 주저 없이 재화 창출의 기술이라고 이야기할 수 있어야 한다. 그리고 독서가 당신의 삶에서도 그렇게 활용되도록 스스로 증명하면 된다.

꼴찌, 세계 최고의 의사가 되다

벤 카슨Ben Carson은 디트로이트 빈민가 출신의 세계적인 신경학자이자 세계최초로 샴쌍둥이 분리에 성공하여 '신의 손'이란 칭송을 받는 외과의사다. 그러나 그의 어린 시절은 불우하고 어두웠다. 빈민가에서 태어났고 홀어머니 밑에서 자랐다. 또 흑인이란 이유로 친구들로부터 따돌림을 받았던 탓에 나쁜 친구들과 어울려 싸움질만 하는 불량소년이었다. 학교 성적도 당연히 엉망이어서 초등학교 때 항상 꼴찌만 하던 학습부진아였다. 하루는 그의 성공 비결을 묻는 기자들에게 이렇게 답했다. "이 모든 것은 나의 어머니 쇼나 카슨 덕분입니다."

1960년대에는 인종차별이 심해 흑인이 대학이나 성공을 꿈꾼다는 것은 상상할 수 없는 시절이었다. 어느 날 학교에서 벤 카슨의 형 커티스를 대학진학반 대신 취업반으로 보내려 하자 그의 어머니는 학교에 찾아가 아들을 대학에 보낼 것이라 선언한다. 그 과정에서 벤 카슨은 흑인도 대학에 갈 수 있다는 생각을 품게 되었다고 했다.

그의 어머니는 초등학교 3학년이 최종학력이었지만 자녀에게 자신감을 심어주는 방법을 알고 있었다. 아들이 매일 책을 읽도록 했고 매주 읽은 책의 줄거리를 한쪽 분량으로 써오라고 시켰다. 그래서 어린 카슨은 매일 도서관에 가서 몇 시간씩 책을 읽었고, 매주 어머니에게 책의 줄거리를 제출했다. 매일 책을 읽는 습관은 어린 카슨의 눈을 뜨게 만들었다. 카슨은 가난했지만 자수성가한 백만장자들의 이야기를 읽으며 꿈을 키워 나갔고, 어머니는 성공한 사람들에 대해 이야기하면서 그들이 할 수 있는 것은 무엇이든 '너도 할 수 있다'라는 이야기를 자주 해주었다. 벤 카슨은 예일대를 졸업하고 서른세 살에 흑인 최초로 존스홉킨스대 소아외과 과장이 되었고, 현재는 트럼프 행정부에서 주택도시개발부 장관으로 일하고 있다.

그런데 재미있는 사실은 카슨의 어머니가 문맹이었다는 점이다. 카슨은 오랜 세월이 지난 후에야 그 사실을 알게 되었다고 한다. 카순이 매주 써오는 줄거리를 어머니는 읽을 수 없었지만, 자식에게 책을 읽는 습관만 심어준다면 자녀를 성공시킬 수 있다는 것을 직관적으로 알고 있었던 것이다.

마이크로소프트의 공동창업자인 세계 최고의 부자 빌 게이츠도 자신을 성공하게 한 가장 큰 원동력이 책이었음을 공공연하게 말했다. 그는 1년 중에 독서주간을 따로 정해두고 서재에 틀어박혀 책만 읽는 시간을 보내기도 했는데, 그의 저택 안에는 640제곱미터 면적의 개인 도서관이 있을 만큼 책을 좋아했다. 빌 게이츠는 만약 내게 초능력이 주어진다면 지금보다 책을 수십 배 빨리 읽는 능력이면 좋겠다고 말할 정도였다.

이렇게 독서는 그 가치를 감히 가늠할 수 없을 정도로 중요하다. 그런데 우리는 왜 책을 가까이 할 수 없었을까? 사실 그 이유는 공부를 못하는 학생이 공부를 열심히 하지 않는 이유와 같다. 공부가 즐겁지 않기 때문이다. 그들에게 공부는 성적을 향상시켜주는 과정이 아니라 그저 괴로운 고문이다. 공부해봤자 아무것도 바뀌지 않는다면 당연히 재미를 느낄 수 없다. 독서도 마찬가지다. 독서는 재화 창출의 기술이다. 그런데 대다수 사람은 이 사실을 모르고 있으니 독서에서 즐거움을 찾지 못한다.

요즘 같은 풍요로운 시대에는 '정신 분산거리'가 너무나 많다. TV, 스포츠, 연예인, 게임, 유튜브, 여러 매체들을 통한 잡스러운 정보와 넘치는 자극 요소들. 이렇게나 다양한 '정신 분산거리' 속에서 책을 읽는 시간은 상대적으로 줄어들 수밖에 없다. 이렇게 선택지가 많은 상황에서도 흔들림 없이 책을 읽으려면 독서가 무엇인지, 독서가 자신의 삶에 어떤 영향을 주는지, 독서가 얼마나 중요한지에 대해서 정확히 느낄 수 있어야지만 가능해진다.

내가 스물한 살 때 사람들에게 최면 요법을 가르쳐주고 벌었던 1,500만 원을 시작으로, 스물여덟 살에 심리수업을 만들어서 매년 억대 소득을 벌고, 현재는 한국 최고의 심리컨설턴트가 된 것도 사실 모두 책으로부터 비롯된 것이라 할 수 있다. 책이 없었으면 난 어떻게 되었을까 생각하면 아찔한 느낌마저 든다. 책이 없는 세상은 정말 소름 끼칠 만큼 암울하고 희망이란 전혀 보이지 않는 지옥과 같은 곳이리라.

책 안에 크고 멋진 집이 있고 금은보화가 있으며 아름다운 인연이 있는 법이다. 이 모두가 책에서 얻어진다. 그렇다고 기약 없이 계속 책만 읽으면 답이 없다. 책으로 얻은 가르침을 실행해야 한다. 책속에서 얻는 귀한 교훈을 실제로 적용해야 재화 창출이라는 실익을 거둘 수 있다. 그렇다면 이제 '실행 단계'에 대해 알아보도록 하자.

나는 재능이
부족하다고 생각한다면

직업의 종류를 따지는 사람은 돈을 벌 수 없다

직업에는 귀천이 없다는 말이 있다. 여기서 귀천이란 귀한 사람
과 천한 사람을 일컫는 말로 신분 제도가 있던 옛날 방식의 표현법
이다. 겉으로는 귀천이 없다고 말하지만, 여전히 마음 한구석으로
는 나의 자녀나 가족이 의사나 변호사와 같이 사회적으로 인정받는
전문직이기를 바라는 마음을 갖는 사람들이 더 많은 것 같다.

시대가 달라지면서 지금은 많은 사람들이 선망했던 의사 변호사
같은 전문직도 똑같이 힘든 시대가 되었다. 전문직이 되어도 그 안
에서 꼭 필요한 자질과 실력을 제대로 갖추지 못하면 큰 경제적 자

유는 누릴 수 없게 된 것이다.

이렇게 세상이 바뀌었음에도 불구하고 아직도 자신이 돈을 많이 못 번 이유가 좋은 직업을 갖지 못했기 때문이라고 생각하는 사람들이 많다. 과연 정말로 좋은 직업은 무엇인가?

어떤 직업이 좋은지 따지는 것은 어떤 무술이 세상에서 가장 강력한 무술인지 궁금해하는 어린아이와 같은 수준의 질문이라고 생각한다. 어떤 무술이든 그것을 배운 자의 노력과 실전 응용능력 같은 것이 승부를 가르는 변수가 되는 것이지 단순하게 특정 무술이 무조건 가장 강하다고 주장할 수는 없는 것이다.

마찬가지로 어떤 직업이든지 그것을 하는 자의 근면함과 성실함, 진실성, 그가 갖춘 차별화된 전문지식, 호감도 등에 따라 잘하고 못하는 사람으로 나뉘게 되는 것뿐이다. 혹자는 정말 무슨 일을 하든 성공하고 부자가 될 수 있느냐고 물을 것이다. 물론 부자가 되기 위해서 피해야 할 일들은 분명히 존재한다.

부자가 되기 위해서 피해야 할 일들에 대해 간단히 설명하자면, 그 일을 할 때 아무리 차별화된 뛰어난 퍼포먼스를 보여줄지라도 그 대가로 받을 수 있는 돈이 이미 한정되어 있는 경우에 해당되는 일을 말한다. 예를 들면 택배기사의 경우 상품을 중간에서 고객에게 건네주는 일을 하는데 이때 고객들에게 친절을 다하고 심지어 물건의 특징까지 설명해 주었다고 할지라도 고객으로부터 배송비 이상의 돈을 받아낼 수는 없을 것이다. 또, 편의점에서 아무리 친절하게 고객을 응대할지라도 시간당 받기로 되어 있던 돈 이상의 수익을 얻어낼 수는 없을 것이다. 결론적으로 말하자면 내가 피하라고 말하는 일들은 부자가 되고 싶은 사람들이라면 남다른 노력을 하면서 아무리 열정적으로 일을 하더라도 그 일 자체에서 '고도의 집중과 몰입상태'를 만들어 낼 수 없는 구조적 한계를 지닌 일들을 말하는 것이다. 이런 부분을 곰곰이 생각하면서 각 직업들을 분석해본다면 이 말의 의미를 느낄 수 있을 것이다. 그러니 꼭 피해야 하는 몇 가지 일들을 제외하고는 그 일을 어떻게 남다르게 수행하느냐의 차이에서 성패가 결정된다.

차별화는 재화 창출을 위해 정말 중요하다. 어머니께서 TV 방송을 보시고 부산의 한 택시 기사님 이야기를 해주신 적이 있는데, 연세가 꽤 있으신데도 택시운전으로 월 1,000만 원 이상을 버는 분이었다. 그는 일본인들을 대상으로 영업을 하시는데, 일본어를 할 줄 알고 매우 친절하며 호텔예약부터 사소한 편의까지도 섬세하게 챙기며 승객들을 매료시켰다. 틈틈이 한국과 일본의 역사 공부도 해서 일본인 관광객들에게 유익한 정보를 제공하고 여행의 즐거움을 높일 수 있도록 도왔으며, 여행이 끝난 뒤에도 자신의 서비스를 이용한 기존 고객들에게 명절 때마다 감사의 마음을 담은 손편지를 써서 보냈다.

택시 기사님의 진심과 정성에 감동한 고객들은 그들의 가족과 주변 지인들에게 기사님을 소개했고 일본 고객들이 줄을 이어 예약을 했다. 이때는 인터넷 마케팅도 없었던 시기인데 자신의 일에서 차별화를 갖고 진정한 고객 감동을 실천하면서 마케팅에도 성공한 것이다.

택시 운전을 하더라도 남과 다른 정신과 남과 다른 방법으로 차별화한다면 소득도 훨씬 늘고 보람도 느끼면서 성공할 수 있다. 어떤 일을 하더라도 혼신의 힘을 다하여 노력하고 생각하다 보면 남다른 문제 해결책을 찾아내게 되고 결국 차원이 다른 '차별화'를 이루게 되는 것이다. 좋은 학벌이란 이러한 실전적 지식과 정성보다 결코 대단할 수 없고, 좋은 직업이란 어떤 분야의 일이든 차별화된 노력을 경주하며 행하고 있는 모든 일을 의미한다. 일의 종류나 직업이 무엇인지는 중요하지 않다. 내가 하는 일로 타인에게 감동과 영감을 줄 수 있고 나를 인정하는 사람들이 늘어나서 돈도 잘 벌게 된다면 이것이 최고의 직업이 되는 것이다. 자신이 하는 일을 부디 최고의 직업으로 만들 수 있는 사람들이 많아지면 좋겠다.

'알고 있다'는 착각

김승호 회장은 사장을 가르치는 멘토의 역할을 하는 것으로 유명한 사업가다. 나도 몇 번 뵌 적 있는데, 이분을 처음으로 알게 된 건 《김밥 파는 CEO》라는 책에서였다. 미국 전역에서 김밥 체인점을 운영하는 JFE라는 기업의 중국계 사장을 찾아가 협상하는 장면을 기술한 내용을 읽다 보면 정말 감탄이 나온다.

이때 당시 김승호 회장은 사업에 여러 차례 시행착오를 거듭하던 시기라서 수중에 돈이 거의 없었다. JFE 사장에게 전화를 걸어 회사를 인수하고 싶다고 하자 "돈이 얼마나 있나? 없으면 전화도 하지 마라"란 말을 듣고 직접 그 사장을 만나러 뉴욕으로 날아갔다. 그 사장은 김밥매장을 수백 개나 가지고 있지만 매장당 평균 매출이 한 달에 1,000달러도 안 되던 상황이었다.

중국계 사장은 "내 사업의 어떤 부분을 보고 이렇게 찾아왔느냐?"라고 물었다. 김 회장은 "한 매장당 1만 달러 이상씩 매출을 올리면 되지 않을까요? 그럼 요리사에게도 충분한 급여를 줄 수 있고 매장 제공한 회사에 큰소리도 치면서 우리도 돈을 많이 벌 거 아닙니까"라고 답했다. 어이가 없어 하는 중국계 사장과 김 회장은 대화를 이어나갔다.

"돈은 얼마나 있소?"

"금액을 불러보시죠."

"내 비즈니스 전체를 말하는 거요?"

"그렇습니다. 나는 당신이 이 사업에서 완전히 빠지시길 바랍니다."

"지금 당장 계약한다면 캐나다 매장을 제외한 9개 주 전체 매장을 다 넘기는 조건으로 180만 달러를 요구하겠소. 그러나 다음에 인수하겠다면 전체 1년분 매출을 요구합니다. 보아하니 돈도 없는 듯한데 무슨 배짱으로 내 회사를 사겠다는 거요?"

"맞습니다. 지금은 내게 돈이 없습니다. 그러나 솔직히 말해 나는 당신보다 이 사업을 더 잘 운영할 자신은 있습니다. 내게 두 달 기간을 주십시오. 그리고 휴스턴에 있는 매장 다섯 개만 빌리겠습니다. 나는 그 매장 모두 두 달 안에 1만 달러 이상의 실적을 내는 매장으로 만들 겁니다. 그때 다시 이 사업의 거래에 대해 이야기하도록 하죠."

결국 김승호 회장은 이렇게 다섯 개 매장 운영권을 얻어낸 뒤에 기존의 비효율적인 공간을 바꾸어버렸다. 김밥을 효과적으로 진열해서 고객들이 요리하는 과정과 신선한 재료를 제대로 볼 수 있도록 한다면 고객은 김밥이라는 음식을 신뢰하고 호감을 갖게 될 것이며 자연스럽게 매출이 급상승할 것을 느끼고 그리한 것이다.

한 달도 지나지 않아 모든 매장 매출이 1만 달러를 훌쩍 넘어서자 중국계 사장이 먼저 만나자며 연락을 해왔다. "당신한테 사업체를 팔 테니 얼마 줄 수 있냐"는 질문에 "2,300달러 드릴 수 있다"고 하니 중국계 사장은 "농담하시오?"라고 반문했다. 김승호 회장은 "농담이 아니라 당장은 그것밖에 드릴 수 없지만 이미 당신에게 갚아야 할 돈은 이미 당신 사업체 안에 있다. 당신이 처음 제시한 180만 달러는 한 푼도 깎지 않고 드리겠다"고 답했다. 김승호 회장은 신뢰를 얻었고 협상을 통해서 모든 매장을 새로운 방식으로 운영하면서 가맹 점주들에게 분양금과 가맹비를 받고 매출을 늘려나가며 약속한 시일 내에 중국계 사장에게 모든 돈을 다 지불하고 회사를 완전히 인수했다. 400만 달러 가치의 회사를 협상을 통해 거의 무일푼으로 인수하고 그 회사를 몇 배의 매출을 올리는 회사로 바꿔놓은 것이다.

그는 어떻게 이런 기적 같은 성공을 거둘 수 있었을까? 해답은 자명하다. 그는 성공에 필요한 과정에 관한 지식을 갖추고 있었기 때문이다. 절대로 단지 원하는 것을 100번씩 100일 동안 반복해서 썼기 때문이 아니다. 그리고 그런 지식을 가질 수 있었던 이유는 이미 그가 원하는 성공과 비슷한 성공을 먼저 증명한 사람들에게 배웠거나 책을 통해 지식을 습득했기 때문에 가능한 것이었고, 그 내면화된 지식을 실제로 필요로 하는 사람들에게 찾아가 그들에게 통할 수 있도록 심리적으로 잘 설득하고 결과를 확실히 증명해내었기 때문이다.

그런데 우리 중 대다수는 이런 실전적인 공부를 멀리한다. 책을 읽지도 않고 부족한 지식을 보충하려고도 하지 않는다. 대학 졸업장이 흔해졌지만 자신의 전공을 다른 사람들 앞에서 설명해보라고 하면 많은 사람이 겨우 수십 분도 제대로 말하지 못할 것이다. 대한민국의 많은 사람들은 자기계발에 빠져 있다. 학교를 졸업한 후에도 영어와 각종 자격증에 돈을 쏟아붓는다. 그런데도 제대로 된 지식이 갖추어지지 않아 항시 불안감에 시달린다.

고학력의 청년들이 공무원시험을 유일한 해결책으로 느끼게 된 것도 이와 연관되어 있다. 자신의 지식과 능력에 대한 확신이 없으니 남들이 모두 안정되었다고 말하는 직업에 '올인'하는 것이다. 공무원시험을 비하하자는 것이 절대 아니다. 단지 재능 한 번 펼치지 못한 젊은이들이 오로지 먹고사는 것만 목표로 살아가는 모습이 안타까울 뿐이다. 이런 안타까운 현실을 바꾸려면 어떻게 해야 할까? 이제부터라도 지식의 힘을 철저하게 믿어야 한다.

많은 사람이 '나 정도면 꽤 많은 것을 알고 있고 지식 수준이 높은 편이다'라고 믿고 있지만 안타깝게도 착각이다. 학창 시절 시험을 본 후에 "다 아는 문제인데 틀렸어!"라며 아쉬워했던 기억이 있는가? 그렇다면 당신은 그 문제를 제대로 알았던 것이 아니다. 지식이란 것은 반드시 두 가지로 나누어 생각해야 한다. '남에게 설명할 수 있는 지식'과 '어디서 들어본 것처럼 친숙해서 안다고 착각하게 되는 지식'이다.

둘 중 어떤 것이 진정 알고 있는 것일까? 둘 중 어떤 것이 돈을 벌 수 있게 하고, 사람들이 나를 인정하게 만들어줄까? 당연히 '남에게 설명할 수 있는 지식'이다. 친숙한 느낌에 빠져 '나는 다 알고 있다'는 착각 속에서 허우적거리다가는 추월당하게 된다. 누구에게 추월당하는가? 바로 자신의 무지를 인정하고 제대로 배우려는 이들이다. 그럼 '나는 알고 있다'는 착각은 왜 생기는 것일까? 이 질문의 답을 구하기 위해서는 우선 메타인지에 대해 설명해야 한다.

인간 고유의 능력, 메타인지

인공지능[AI]이 놀라운 속도로 발전하며 다양한 분야에서 인간을 앞서고 있지만, 다행히도 인간만이 가지고 있는 고유의 능력이 한 가지 있다. 바로 '메타인지'다. 메타인지는 고차원의 인지로서 자신의 생각을 바라보고 있는 상위의 생각을 말한다. 비유하자면 내 생각을 바라보고 있는 눈이라고 할 수 있겠다.

메타인지는 두뇌의 효율성을 높이기 위해 진화된 두뇌 능력의 일부로써 외부 정보나 상황에 대해서 '안다'와 '모른다'를 판단하는 중요한 역할을 수행하는데, 판단의 기준이 '얼마나 친숙하고 익숙한가'에 따라 결정하기 때문에 판단 결과의 정확성에 있어서 심각한 오류 가능성을 가지고 있다.

메타인지와 학습 능력의 상관관계에 대한 심리학 연구가 있다. 이 연구는 메타인지의 정교함에 따라 학업성취도가 큰 영향을 받을 수 있음을 밝혀내면서 메타인지의 중요성에 대해 다시 한번 증명했다. 연구자들은 성적을 기준으로 전국 상위 0.1퍼센트의 고등학생들을 대상으로 실험을 진행하였다. 이들에게 몇 분의 시간을 주고 영어단어를 외우게 하고 잠시 후 책을 덮고 지금까지 외운 단어 중 몇 개나 기억할 수 있는지를 답하도록 했다.

결과는 어떠했을까? 최상위권 집단에 속해 있는 이들은 자신이 외울 수 있다고 예측한 단어의 수와 실제로 외우고 있는 단어 수가 정확히 일치했다. 여러 번 실험을 반복해도 오차가 거의 없었다.

하지만 성적이 하위권인 학생들에게 동일한 조건으로 실험을 하자 자신이 외울 수 있다고 예측한 단어 수와 실제로 외우고 있는 단어 수의 차이가 크게 다르게 나타났다. 즉, 자신이 무엇을 알고 무엇을 모르는지를 정확히 구분할 수 있는 능력인 메타인지의 정교함에 따라서 학습 능력과 학업 성취도가 완전히 달라진 것이다. 이런 결과가 나타난 이유는 '모른다'라는 판단을 정확하게 한 경우에만 인간은 '알기 위한 노력', 즉 학습 동기를 가지고 제대로 된 노력을 실행하기 때문이다. 이미 '안다'고 판단한 정보에 대해서는 더 이상 제대로 알려는 노력을 하지 않는다.

그동안 지능지수^{IQ}나 감성지수^{EQ} 같은 지표로 상위권 학생과 하위권 학생의 다른 점을 규명하려는 시도가 여러 번 있었지만 어떤 실험에서도 확연한 차이가 보이지 않았다. 하지만 메타인지 개념으로 비교해보면 두 그룹의 차이가 극명하게 드러난다.

아는 것 같은데 모르는 함정

메타인지는 공부뿐만 아니라 일상의 많은 순간에서 올바른 판단을 하고 노력을 지속하게 하는 데 중요한 역할을 한다. 성공한 사람들은 메타인지가 정교하다. 모든 직업군과 모든 영역에서 크게 성공한 사람들은 자신의 영역에서만큼은 확실하게 아는 지식으로 탄탄하게 구축되어 있기 때문이다.

그들은 자신이 무엇을 알고 모르는지를 정확히 인지하고 있다. 그들이 알고 있다고 하는 것은 타인에게 제대로 설명할 수 있는 지식을 뜻하며, 자신이 모르는 지식에 대해서는 알기 위한 노력과 시도를 절대 게을리하지 않는다. 성공하려면 이 점을 명심해야 한다. 제대로 설명한다는 것은 상대 입장에서 매우 알아듣기 쉽게 설명한다는 것이다. 자신의 분야에서 확신을 가지고 설명을 잘할 수 있는 사람이라면 상대방을 집중하게 만들고 설득하기 매우 쉬워지기 때문에 많은 사람이 당신을 인정하고 좋아하게 될 수밖에 없다.

그러나 대부분의 사람들은 아는 것 같은 지식, 친숙함이 느껴지는 지식의 함정에 빠져서 더 자세히 제대로 알기 위한 노력을 게을리한다. 그러나 분명히 명심해야 할 점은 아는 것 같은 느낌의 지식, 친숙함이 느껴지는 지식은 절대로 진짜 아는 지식이 아니라는 사실이다. 자신이 업으로 삼는 분야에서만큼은 전문가답게 더 정확히 설명할 수 있을 정도로 제대로 알도록 노력해야 한다. 제대로 알게되면 자연스럽게 많은 사람에게 지식을 설명하려고 노력하고 행동하게 되며, 그럼 반드시 그 사람은 자신이 목표하는 것들 혹은 자신의 업과 관련된 지식이나 기술, 제품, 서비스에 대해 차별화된 성취를 이루어 낼 수밖에 없다.

메타인지 능력을 기르려면 지식과 경험의 습득 과정이 꾸준히 이루어져야 한다. 특히 자신의 분야에서 최고의 경지를 증명하는 사람들에게 끊임없이 배우고 피드백을 받으면서 지식을 더욱 정교하게 가다듬는 노력을 해야만 한다. 또한 배운 것을 그때그때 바로 타인들에게 설명해보고 온전한 지식으로 자리 잡았는지 확인해보아야 한다. 이러한 실전경험이 많은 사람이 결국 설명을 더 잘할 수밖에 없고 차별화된 나만의 지식과 무기를 갖게 되는 것이다.

선천적 재능이란 아무것도 아니다

나는 재능이 없다고, 능력이 부족하다고 핑계 삼는 사람을 위해 꼭 당부하고 싶은 말이 있다. '농구 황제 마이클 조던Michael Jordan은 태어났을 때부터 천부적인 재능을 갖고 태어나서 농구의 황제가 되었을 것'이라고 생각하는 사람들에게 재능과 노력에 대한 올바른 관점을 심어주고자 하는 것이다.

조던은 노스캐롤라이나North Carolina 주에 있는 고등학교를 다녔는데 1학년 때는 학교 농구팀에 선발되지 못했다. 당시 조던은 키가 180센티미터에 불과했고 학교 대표 선수로 뽑히기에 실력이 부족했다. 설상가상으로 조던의 동급생이 학교 대표로 선발되었는데, 그는 조던보다 키가 크고 실력도 훨씬 뛰어났다. 조던은 이때의 실패가 너무나 치욕스러웠던 나머지 대표팀에서 탈락한 그날, 방문을 걸어 잠그고 혼자 오랜 시간 울었다.

이후 조던은 누구보다 일찍 코트에 나가서 연습하고 가장 늦게 코트를 떠나는 사람이 되었다. 이 시절의 강도 높은 훈련 덕분에 향후 조던은 스포츠계를 통틀어 가장 열성적인 훈련 태도를 가진 선수가 되었다. 조던은 "그때 감독이 나를 탈락시킨 게 모든 것의 시작이었습니다. 그로 인해 내 마음속에 어떤 가치가 심어졌어요. 그 경험은 나의 내면을 깊게 들여다보는 교훈이 되었습니다"라고 말했다.

만약 감독이 조던을 그때 대표팀에서 탈락시키지 않았다면 어떤 일이 벌어졌을까? 아마도 그가 고등학교 1학년 때 대표 선수로 선발되었다면, 어쩌면 우리는 역사상 가장 위대한 농구 선수를 만나지 못했을 수도 있을 것이다. 비약이 심하다고 생각하는 사람들도 있을 것이다. 당시 마이클 조던이 탈락했을 때 학교 대표팀 선수로 선발되었던 고등학교 1학년생의 이름을 아는 사람이 있을까? 그의 이름은 하비스트 르로이 스미스Harvest LeRoy Smith다. 농구계에서 이 선수의 이름을 기억하는 이는 드물 것이다.

조던은 종종 호텔에 투숙할 때 그 호텔에 자신이 있다는 것을 알지 못하게 하려고 본명 대신 일부로 가명을 썼었다. 그때 조던이 썼던 가명은 '르로이 스미스'였다. 조던은 어릴 적 실패의 교훈을 항상 가슴속에 새기고 살았던 것이다.

사람들은 대부분 실패하지 않기 위해 성공해야만 한다고 믿는다. 하지만 진실은 정반대다. 오히려 성공하는 사람이 실패한 경험이 많다. 사람이라면 누구나 실패할 수 있다. 단 성공은 그 실패로부터 무엇을 배우고 얻었으며 실패 이후에 어떻게 반응했느냐에 따라 결정된다.

재능은 과대평가되었다. 실패 경험을 마음 깊이 새기고 옳은 방법으로 제대로 노력하면 누구나 최고가 될 수 있다. 포기하지 않고 끝까지 노력한다면 결국 목표한 바는 이루어진다. 선천적으로 타고난 능력이 뛰어나야만 성공한다는 믿음은 성공을 이루는 과정에 도움이 되지 않는다. 재능은 생각보다 매우 과대평가된 부분이 있다는 것을 분명히 알아야 한다.

세상에
나를 알려라

성공의 길은 성공한 사람 곁에서 열린다

정교한 메타인지를 통해 설명할 수 있는 전문 지식을 갖추었다고 하자. 그럼 이제 무엇을 해야 하는가? 타인에게 그 지식을 설명하고 설득하는 행동을 최대한 빨리 시작해야 한다. 당신이 갖춘 지식혹은 기술, 제품, 서비스가 될 수도 있다의 가치를 알아보고 그것을 필요로 하는 구매자를 찾아 나서야 한다. 구매자는 누가 되면 좋을까? 이왕이면 경제적 지불 능력이 우수한 사람들을 상대로 판매하면 같은 노력을 하더라도 더 큰 성과와 수입을 얻을 수 있다.

자신보다 사회적 경제적 지위가 높고 성공한 사람들을 대상으로 설득하고 기회를 얻어내야 좀 더 빠르게 성공에 도달할 수 있는 것이다. 하지만 많은 사람들은 자신보다 우위에 있는 사람을 만나는 것 자체를 부담스러워하거나 두려워한다. 심리적으로 위축되어 행동으로 옮기지 못하는 것이다. 이 모든 원인은 자신의 지식이나 기술, 제품이나 서비스에 대해 자신감과 확신이 없기 때문이고 타인에게 제대로 설명할 수 없는 얕은 수준의 지식을 가진 상태이기 때문이다. 하지만 지식의 힘을 아는 사람들은 오히려 성공한 사람들에게 설명하는 것을 훨씬 편하게 여기고 선호한다. 왜냐면 큰 성공을 이룬 사람들은 일반적으로 메타인지적 측면도 뛰어나기 때문에 내가 지식을 잘 설명한다면 그것을 더 빠르고 쉽게 이해할 수 있기 때문이다. 성공한 사람들은 지식을 믿고 적극 활용하는 사람이므로 확실한 비교 우위의 지식만 알려주면 빠르게 나를 인정하고 받아들인다. 그것이 자신에게 유리하고 도움이 된다는 것을 이해할 수 있는 배경지식이 있기 때문이다.

실제로도 나는 이런 경험을 엄청 많이 했고 더욱 강한 확신을 갖게 되었다. 20대 초반에 최면학에 심취하여 최면요법을 지도하면서 경제활동을 처음 시작했을 때 최면코칭을 위해 만난 고객들은 나보다 연세도 많고 경제적 성취와 사회적 지위를 갖고 계신 분들도 많았다. 그분들은 내 나이가 어리다고 무시하기는 커녕 (이해하기 쉽게 설명하고 제대로 교육해 드리면) 젊은 사람이 전문성과 대단한 통찰력을 갖고 있다고 칭찬을 해주시며 기쁜 마음으로 교육료를 지불하셨다. 당시 사회 경험은 많지 않았지만 성공한 분들을 대하면서 지식의 가치를 믿고 활용하며 자신의 분야에서 성취를 이루어 낸 사람들일수록 내가 설명해드린 지식을 더욱 가치 있게 여기고 인정하고 있다는 사실을 본능적으로 깨달았다. 이러한 반복적인 경험들을 통해서 능력 있고 연세가 많은 어른들에 대한 막연한 두려움과 공포심을 일찍부터 없애버릴 수 있었던 것 같다.

사람들은 부자가 되고 싶어 하지만 부자가 무엇인지에 관한 정확한 개념 정립은 되어 있지 않은 경우가 많다. 부자란 무엇인지 어떤 사람을 의미하는지 물어보았을 때 확신과 소신 있게 대답하는 사람들이 별로 없다. 단지 돈이 얼마나 있느냐로 판단하는 것이 전부다. 나는 부자란 인간에 대한 이해와 세상의 본질을 깨우치고 행동하는 존재로서 많은 양의 돈이 자연스럽게 따라올 수밖에 없는 사람이라고 생각한다. 여기서 본질을 깨우쳤다는 것이 정말 중요하다. 세상의 본질을 깨우쳤기 때문에 돈을 쫓지 않고 돈이 자연스럽게 그에게 가는 것이다. 살면서 추구해야 하는 모든 중요한 가치들행복, 자유, 평화, 기쁨, 희열을 남들보다 훨씬 더 많이 느끼며 살아가는 사람이 부자라고 생각한다. 즉, 나에게 부자란 자신의 삶을 살면서 세상의 이치를 충분히 깨닫고 활용하며 충만한 삶을 살기 위해 필요한 모든 것들을 정신의 힘으로 얻어낼 수 있는 존재를 의미한다. 나는 그런 부자가 되고 싶었고 그래서 세상의 이치를 알려고 공부했고 노력해서 부자가 되었다.

부자가 되고 싶다면 부자들을 만나야 한다. 부자를 만나보면 확실히 남과 다른 생각과 마인드를 갖고 세상의 이치를 실천하면서 업에 매진하고 있기 때문에 돈을 많이 번다는 사실을 알게 된다. 언제나 기본에 충실한 삶을 살고 있다는 말이다. 사람들에게 친절하고 밝게 웃고 공명정대하고 상대방의 입장에서 생각하며 남들에게 도움을 주려는 마음이 크다는 것을 알 수 있을 것이며, 이런 기본적인 마인드와 관점이 잘 갖추어진 사람만이 건강하게 돈을 잘 벌 수 있다.

반면 부자들을 폄하하고 안 좋게 바라보는 사람들도 많다. 그런 사람들은 사실 진정한 부자를 만나본 적이 없는 사람들이다. 그래서 부자들을 오해하고 시기하며 질투한다. 자신의 노력 없이 부를 물려받았거나 투기를 했거나 그저 운이 좋아서 큰돈을 벌게 된 극히 일부의 부자들만을 기준으로 일반화하고 부자에 대한 잘못된 편견을 갖고 있는 것이다. 정말 부자가 되고 싶다면 진정한 부자를 한 번이라도 제대로 만나보는 기회를 가져야 한다. 실제로 올바른 방법으로 부자가 되어 건강하고 충만한 삶을 살고 있는 진짜 부자를 만나면 자신이 갖고 있던 편협한 생각을 깨는 데 큰 도움이 될 것이다.

부자들은 부자들끼리 어울린다. 그래서 부자 한 명만 제대로 알고 관계를 맺으면 그들의 그룹과 연결되고 관계의 선순환을 이루게 된다. 사실 이 부분도 젊을 때부터 경험적으로 깨달았던 부분인데, 부자의 인품과 가치관을 갖춘 분들은 실제로 나와의 교육 이후에 그 가치를 더 깊게 인정하고 주변 지인들에게 적극적으로 알렸다. 한 명의 부자고객을 완전히 감동할 수 있게 만들면 그분이 다른 부자 지인들에게 날 소개해서 부자고객들이 더 늘어날 수 있었다.

공자 말씀인 '근자열 원자래近者說 遠者來, 가까이 있는 사람을 기쁘게 하면, 멀리 있는 사람이 찾아오게 된다'는 너무나 중요한 진리다. 가까운 사람을 완전히 감동시킬 수 있다면 감동받은 사람들이 멀리 있는 사람들에게까지 나를 알려서 멀리 있는 사람들도 기꺼이 나를 찾아온다. 한 명의 부자를 감동시킬 수 있다면 더 많은 부자고객들이 생겨나게 되는 것이다. 20대 시절부터 억대 소득을 얻을 수 있었던 이유는 심리수업을 제안했을 때 받아주신 원장님들이 부자들이었기에 가능했던 일이었다. 내 수업에 감동한 부자 학원장님들이 나를 또 다른 부자 원장님들에게 소개해주셨고 자연스럽게 사업은 확장되었다.

부자를 상대로 하면 좋은 점이 또 있다. 부자들은 돈에 대한 가치를 단지 기본 생존을 유지하는 수단으로 여기지 않는다. 이미 생존에 필요한 돈이 충분하고 여유도 있어서 축적된 돈은 자신이 추구하는 가치나 경험에 얼마든지 쓸 수 있다는 생각을 하고 있다.

그럼에도 불구하고 돈을 쓸 준비가 된 부자들에게 제대로 돈을 쓸 기회를 만들어 주지 못하는 사람들이 문제인 것이다. 무엇이든 간에 돈이 아깝지 않을 정도의 가치를 느끼게 해주면 그들은 기쁜 마음으로 기꺼이 돈을 지불한다. 고가의 제품, 서비스, 지식, 기술일지라도 금액보다 더 큰 가치와 감동을 만들어주고 완전히 고도의 집중과 몰입상태를 경험하게 해주면 부자들은 기꺼이 돈을 지불하면서 행복해 한다. 나는 이런 부분들을 명심하고 살아가는 사람이라서 부자들을 만나고 그들을 행복하게 해주는 것에 집중하다 보니까 돈을 많이 벌 수 있었다. 내가 신경 써야 하는 부분은 오직 내가 그들에게 제공하는 서비스의 질적인 차이와 깊이일 뿐이다.

예를 하나 들어보겠다. 사랑스러운 네 살짜리 아들이 있는데 자녀에게 좋은 것은 다 해주고 싶은 부모 마음이야 모두 똑같겠지만 물질적으로 지나친 풍요로움을 주면 오히려 심리적으로 의존적이고 부정적인 영향을 줄 수 있다는 것을 잘 알고 있기 때문에 꼭 필요한 것 외에는 사주지 않고 적당선을 지키고 있다. 아들은 3살 무렵부터 아파트 내 어린이집을 다녔는데 원장님도 선생님도 좋은 분들이었고 아이도 친구들과 보내는 시간을 즐거워했다. 그런데 4살이 되고 시간이 조금 흐르자 어느 순간부터 어린이집에 가는 것을 싫어하고 지루해하는 눈치였다. 어느 날 아들에게 물어보니 어린이집에 있으면 재미가 없다는 것이다. 그 어린이집이 문제가 있다는 것은 아니다. 선생님들은 기본적인 양육과 돌봄은 아주 잘 해주셨지만, 또래보다 언어와 신체 발달이 빠르고, 감성 표현이 풍부했던 아이는 매일 반복되는 놀이와 특별한 자극이 주어지지 않는 환경, 아파트형의 좁은 공간이 지루하고 심심하고 흥미가 없어졌던 것이다. 즉 어린이집에서는 여러 가지 이유로 네 살 아이에게 충분한 집중과 몰입상태를 만들어 주지 못했기 때문에 아이가 등원을 꺼리게 된 것이다.

　그래서 아내와 함께 양질의 놀이 프로그램이 있는 유치원을 알아
보게 되었고 시설과 프로그램도 만족스럽고 교육철학도 우리 부부
와 잘 맞는 곳을 찾게 되어 얼마 전부터 새로운 유치원을 다니고 있
다. 물론 비용은 훨씬 비쌌지만, 아이에게 건강한 방식으로 집중과
몰입을 할 수 있는 놀이와 교육의 환경이 주어지는 것이 매우 중요
하다고 생각하기 때문에 만족스러운 마음으로 가치에 대한 대가를
지불하는 것이다. 무엇보다도 아이가 정말 즐거워하고 주말이 되면
유치원에 또 가고 싶다는 이야기를 할 때마다 참 잘한 결정이라는
생각이 든다. 역시 사람은 남녀노소 불문하고 집중을 추구하고 느
끼며 성장하는 존재라는 것을 어린아이를 통해 또 한 번 확인했다.
이처럼 나뿐만이 아니라 부자들은 값이 얼마나 싼지 비싼지가 중요
한 것이 아니라 자신에게 얼마나 가치 있는 것을 제공하느냐, 그래
서 자신을 더 행복하게 할 수 있느냐에 대한 정신적인 가치를 매우
중요하게 생각한다. 그래서 부자들을 상대할 때가 훨씬 마음이 편
한 것이다. 확실하게 차별화되고 비교 우위에 있는 경쟁력 있는 서
비스를 제공하면 가치에 걸맞은 돈을 기꺼이 지불하고, 심지어 이
러한 가치를 제공해 주는 이에게 감사한 마음까지 갖는 사람들이기
때문이다.

　또 부자를 상대할 때 정말 좋은 점은 그들은 외부 경제 상황에
따라 큰 영향을 받지 않는다는 것이다. 최근 코로나19 사태로 인

하여 전 세계는 유례없는 공황상태를 맞이했고, 특히 경제부문은 직격탄을 맞으며 많은 사람들이 매우 힘든 상황을 겪었다. 하지만 모든 사람이 힘든 것은 아니었다.

지난 10월 7일 세계은행은 코로나19 사태로 인한 전 세계 빈곤 문제를 다룬 보고서에서 약 8,800만~1억 1,400만 명이 추가로 극빈층이 됐다고 밝혔다. 극빈층은 하루 1.9달러약 2,200원, 연간 700달러약 81만 원로 생활하는 사람들을 지칭하는데, 이로써 전 세계 극빈층은 최대 7억 2,900만 명으로 세계 인구의 9.4퍼센트에 달하게 됐다.

반면 순자산이 3,000만 달러약 350억 원 이상인 '슈퍼갑부'들은 코로나19로 인한 자산손실을 빠르게 회복한 것으로 나타났다. 부유층 자산 조사업체 '웰스-X'의 보고서에 따르면, 지난해 말 대비8월 말 기준 슈퍼갑부의 부의 총량은 9퍼센트가량 감소했지만, 코로나19로 인한 경기 불확실성이 극에 달했던 3월 말에 비하면 슈퍼갑부의 부는 불과 5개월 만에 약 27퍼센트나 급증했다.

위 보고서를 통해 다양한 위기 상황에서도 모든 사람이 힘든 것은 아니라는 사실을 알 수 있다. 힘든 사람은 더 힘들어지지만, 위기 상황에서 문제를 잘 해결하고 전화위복하거나 새로운 기회를 통해 더욱 부자가 되는 사람들도 분명 존재하는 것이다. 기본에 충실하고 업의 본질에 집중하여 최선의 노력을 하는 사람과 집단은 어떤 상황에서라도 흔들리지 않는다. 나 역시 코로나19 사태 이후에도 방역지침과 거리두기를 철저하게 지키며 활발히 강의 활동을 지속하고 있으며, 거리두기 2.5단계 기간 이외에는 한주도 쉬지 않고 교육과 상담을 진행했다. 틈틈이 저서를 집필하고 온라인 강연을 통해 사업영역을 확장해 나갔으며, 코로나19가 한창인 상황 속에서도 규모를 늘려서 강남으로 본사를 이전했다. 어떤 상황이 와도 전혀 흔들림 없이 내가 해야 하는 일에만 집중하면서 계속 성장하고 있는 것이다. 인간에 대한 온전한 이해와 세상에 대한 통찰을 얻게 되면 외부 상황이나 변화에도 전혀 흔들리지 않을 수 있게 되며, 성장하고 성공할 수밖에 없는 공식과 법칙을 알고 있기 때문에 가능한 일이었다.

부자들은 이러한 원리를 이미 꿰뚫고 있기 때문에 부자가 되었다. 경기가 위축되었을 때 그들은 더욱 큰 기회를 잡고 새롭게 도약한다. 그래서 부자를 가까이하고 그들에게 도움을 주는 사람이 된다면 자신 역시도 외부 상황과 상관없이 경제활동을 지속해 나갈 수 있고 리스크를 줄일 수 있게 된다. 넋 놓고 상황만을 탓할 것이 아니다. 어떤 상황에서도 더 현명하고 올바른 방법을 반드시 찾을 수 있고, 모든 상황에서 적용되는 법칙이 존재한다는 것을 믿어라. 여전히 감이 오지 않는다면 부자들을 만나면서 그들만의 공통점과 특징을 찾는 노력부터 시작 해야 한다.

기다리지 말고 기회를 만들어라

당신의 지식을 누구에게 팔아야 할지 좀 더 명확해졌다. 그렇다면 그들에게 팔 기회는 어떻게 잡아야 할까? 사람들은 언젠가는 자신에게도 기회가 찾아오리라고 생각하지만 특별한 노력 없이 주어지는 기회는 대부분 대단치 않은 기회일 가능성이 높다. 대단한 기회는 가만히 있는 사람에게 절대 주어지지 않는다. 심지어 아무리 완벽한 준비가 된 사람이라 할지라도 말이다.

세상에서 제일 좋은 대학은 어디일까? 하버드? 예일? 서울대? 아니다. '들이대'다. 이렇게 말하면 대부분은 가벼운 농담이라 여기고 웃어넘긴다. 그런데 곰곰이 생각해보라고 하면 모두 "맞는 말이다"라며 인정한다. 들이대지 못하는 사람이라면 아무리 좋은 대학을 졸업하고 대단한 능력을 갖추고 있다 하더라도 실제로 큰 기회를 얻고 성취를 이루어내는 것이 어렵기는 마찬가지다.

유명한 명품 화장품 회사의 창립자인 에스테 로더도 자신이 직접 만든 화장품, 향수 등을 갖고 백화점 입점 담당자들에게 거의 매일 수개월 동안 들이댔다. 가수 싸이도 미국에서 대학을 졸업하고 한국에 와서 가수가 되려고 작사 작곡을 해서 기획사에 보냈다. 수없이 보내고 또 보내도 모두 거절당하자 직접 KBS 방송국에 안으로 들어와서 방송국 복도에서 춤을 추었고 우연히 한 PD의 눈에 띄어 가수로 데뷔하게 된 것이다. 수없이 많은 사람들이 자신의 목표를 달성하고 황금 같은 기회를 얻을 수 있었던 일련의 과정들을 면밀히 살펴보면 흥미롭게도 대부분 들이대 정신이 담겨 있다. 결국 들이대지 못하면 절대로 부자가 될 수 없다. 당신이 아직 부자가 아니라면 '들이대'를 제대로 실천해본 적 없는 사람이기 때문이라는 사실을 인정하기 바란다.

대부분의 사람들은 들이대는 사람들은 성격이 매우 외향적이거나 용기가 있는 사람이라고 생각하는 경향이 있다. 하지만 아무리 외향적이고 용기가 있어도 실력이 없다면 백 번을 들이댄들 통하지 않는다. 멋모르고 들이댔다가 거절만 당하고 오히려 더욱 위축되어서 소극적인 사람으로 변하기 쉽다.

사실 나는 굉장히 내성적인 사람이다. 그러나 무의식과 잠재력에 관한 지식과 확신은 누구보다 강했고 내가 가진 강점을 가장 필요로 할 것이라고 판단되는 학원과 회사에 약속도 없이 찾아가 기회를 달라고 말했다. 내가 이토록 자신만만할 수 있었던 이유는 타인에게 분명한 도움을 줄 수 있다는 확신과 내가 가진 지식에 대한 신뢰 덕분이었다. 즉, 자기 스스로 자신의 가치를 충분히 느끼고 확신할 수 있을 때, 사람은 들이댈 용기가 생긴다.

지금까지 '들이댄다'고 표현한 이 행위를 조금 더 익숙한 단어로 바꾸면 '세일즈'가 된다. 자본주의 사회에서는 누구나 예외 없이 무언가를 팔아야 생존할 수 있다. 세일즈는 인생의 절대법칙인 셈이다. 영업사원이 상품을 판매하는 것만이 세일즈가 아니라, 내가 가진 지식, 기술, 능력, 상품, 서비스 등 삶의 전반에서 필요한 모든 것을 세일즈의 개념으로 이해하고 활용할 수 있어야 한다. 당신은 왜 지금까지 자신을 세일즈하지 않았는가? 수줍은 성격을 탓하고 있었는가? 아니면 스스로를 세일즈 대상으로 보지 않았는가? 세일즈에 대한 태도가 변하는 순간 당신의 남은 인생도 분명 달라질 수 있다.

 〈LPGA 김세영 프로를 우승시킨 코칭법〉

3장

믿음

Belief

감정에 흔들리지 않으면
목표도 흔들리지 않는다

에밀 쿠에의 자기암시

  사람은 평균적으로 1시간에 2,000가지 정도의 생각을 한다고 한다. 의식적으로 하는 생각 이외에도 문득 떠오르거나 스쳐 지나가는 무의식적 생각들까지 합치면 하루 동안 엄청난 양의 생각에 빠져서 살고 있는 것이다. 예로부터 우리 선대들이 "오만가지 생각에 빠져 있구나"라고 하셨던 말씀이 사실 맞는 표현인 셈이다. 하루에 오만가지 생각을 하는 정신 구조를 가진 특성상 그 생각들을 일일이 통제할 수 있는 사람은 없다. 그러나 분명한 사실은 의식과 무의식 속에 뒤섞인 엄청난 양의 생각들을 조금이라도 더 잘 통제하는 사람이 자신의 정신의 주인이 되고 타인에게도 제대로 된 영향력을 행사하게 된다는 것이다. 이렇게 하루하루의 생각들을 최대한 자신이 원하는 방향으로 통제하고 점차 의미 있는 생각들이 누적되다 보면 큰일을 할 수 있게 된다.

"나는 날마다, 모든 면에서, 점점 더 좋아지고 있다"라는 효과적인 암시 문장을 만들어서 널리 알려지게 된 에밀 쿠에Emile Coué는 프랑스의 약사이자 심리치료사로 무의식과 암시의 본성을 탐구했다. 에밀 쿠에의 《자기암시》가 처음 발간된 시기가 1922년인데 당시에는 심리학에 대한 연구와 이론에 대한 정립이 충분히 이루어지기 전이어서 비웃음과 익살맞은 비평으로 프랑스 의학계에서 조롱당할 수밖에 없었다. 그러나 이후 심리학이 발달하고 전 세계에서 무의식의 본성을 일깨운 수많은 지지자와 실험자들로부터 큰 반향을 일으키면서 그가 만든 암시 요법은 지금까지 세계 곳곳의 많은 사람들이 이용하고 있고 매우 긍정적인 효과들이 보고되고 있다.

우연한 계기로 젊은 시절 이른바 '위약효과'라 불리는 플라시보효과placebo effect를 확인하게 된 경험과 의사인 리에보의 '암시에 대한 연구'에 감응을 받아 평생을 이웃을 질병과 고통으로부터 해방시키고자 하는 열망 속에서 소박하고 헌신적인 삶을 살았던 그는 1926년 66세의 나이로 사망할 때까지 환자 개개인의 치료와 발전을 위하여 모든 가능성을 열어두고 방법을 찾아내고자 힘썼다. 에밀 쿠에의 암시 요법은 그의 부인에 의해 1954년까지 계속 전파되었고 지금까지 유럽 각지와 미국 등지에서 여러 형태로 정리되어 활용되고 있다.

에밀 쿠에는 정신분석학의 창시자인 지그문트 프로이트Sigmund Freud와 동시대 사람이다. 길지 않은 심리학의 역사로 볼 때 쿠에의 사상과 치료 요법은 그다지 많이 알려진 바가 없지만, 그는 학자라기보다는 평생을 자신의 진료소에서 환자를 돌본 치료사였고, 자신의 간단하지만 강력한 요법의 원칙을 설파하기 위해 삶의 마지막까지 세계 곳곳을 다니며 강연하기를 마다하지 않았던 인물이다. 그가 활동한 당시에 유럽은 물론 미국까지 그의 사상과 요법이 상당한 주목을 받았는데, 당시로는 설명하기 힘든 수많은 치료 사례를 낳으면서 학계와 종교계로부터 질시의 눈총을 받기도 했다.

그는 처음 만나는 환자, 그리고 모든 시술의 시작과 끝에 항상 자기암시요법의 절대 원칙을 반복해서 환자들에게 각인시켰다. 그 절대 원칙은 다음과 같다.

1. 상상과 의지가 충돌하면 반드시 상상이 승리한다.
2. 자신과 주변을 다스리는 모든 힘의 원천은 내 안에 있다.
3. 날마다 자신이 좋아지고 발전하고 있음을 소리 내서 되뇌라.

쿠에는 평생을 일선에서 환자들을 돌보는 데 열중하며 살았다. 그리고 모든 환자에게 치유와 행복의 원천은 자신 안에 있음을 끊임없이 강조했다. 내가 처한 상황이 어떠한지가 중요한 것이 아니라, 내가 이 상황을 어떻게 느끼고 바라보고 있는지가 중요하다는 것을 사람들에게 알리고 싶었던 것이다. 그는 환자를 대하면서 모든 것은 오직 마음이 지어내는 것이라는 '일체유심조'의 원리를 깨닫고 누구나 이 원리를 알고 실천할 수 있도록 부단한 노력을 했던 사람이다.

나는 쿠에의 암시 문구를 되뇌면서 개인적으로도 큰 효과를 봤지만 2004년부터 수많은 제자들에게 자기암시의 효과를 알리고 실천하도록 독려하였고 이를 실천한 학생들이 심인성 증상^{마음을 근원으로 한 병}, 두통, 가위눌림, 신경성 소화불량, 시험공포증 등에서 빠르게 벗어나는 것을 수없이 확인해왔다. 물론 무의식에 관한 지식을 이해할 수 있도록 지도하고 집중력을 높이는 전반의 교육과 훈련이 병행되었기 때문에 가능한 일이었지만, 자기암시를 제대로 실천한 학생들이 더 빠르게 좋아진 것은 분명한 사실이다.

그래서 자기암시는 실제로 해본 사람들만이 그 효과를 알 수 있다. '과연 정말로 효과가 있을까?' 하는 의심이 든다면 이미 수많은 사람들이 실제로 실천하고 효과를 경험한 엄청난 무의식의 힘을 부인하고 있는 셈이다. 이는 마치 꼭 먹어야 하는 중요한 약을 먹으면서도 '이 약 가짜 아니야? 효과가 있을까?'라고 의심하며 제대로 챙겨 먹지 않는 것과도 같다. 이런 사람은 절대로 약효를 확인할 수도 없고 호전이 되기도 어려울 것이다.

나는 자기암시를 생활 속에서 적극적으로 사용하곤 하는데 예를 들면 일이 많아서 잠을 충분히 자지 못한 날에는 아침에 깨어나자마자 "와, 너무 많이 잤다. 컨디션이 좋아서 날아갈 것 같아" 하는 식으로 소리를 지른다. 그러다 보면 잠을 잘 잔 것 같은 느낌도 들고 새로운 활력이 생겨난다.

인간의 정신은 육체를 통제하는 힘이 매우 크다. 이러한 행위는 일종의 자기 최면인데, 스스로 두뇌를 속이는 것이다. 우리의 두뇌는 현실과 상상을 구별하지 못하는 경우가 많다. 눈을 감고 좋아하는 음식을 떠올리면 입에 침이 고이게 된다. 두뇌가 실제와 상상의 구별할 수 없다는 것을 활용하면 더 큰 힘과 에너지를 끌어낼 수 있는 것이다. 누구나 피곤한 아침, 힘들어 죽겠다고 중얼거려봤자 기운만 빠지고 기분만 가라앉는다. 에밀 쿠에의 자기암시를 적극적으로 활용해서 활력 넘치는 최상의 컨디션으로 하루하루를 멋지게 만들어라. 아마도 몸에 좋은 보약을 따로 챙겨 먹는 것보다도 여러 가지로 더 큰 효과가 있을 것이다.

감정에 휘둘리지 않기 위해 필요한 것

건강한 멘탈 관리를 위해서 제일 기초적이면서 중요한 것이 감정을 통제하는 것이다. 인간은 하루에 5만 가지 생각을 하는 존재다. 생각이 많기 때문에 내가 느끼고 있는 감정 상태와 동일 연장선상에 있는 생각들이 나도 모르게 무의식에서 생성된다. 주된 감정이 불안, 공포, 분노, 짜증 등의 부정적 감정이라면 당연히 자신의 무의식의 주된 생각도 부정적인 방향으로 흘러갈 수밖에 없다.

감정을 통제하지 못하는 사람들은 성공할 수가 없다. 성공한 사람들은 모두 남들보다 감정을 통제할 수 있는 능력이 우수한 사람들인 것이다. 감정을 제대로 통제한다는 것은 외부의 상황에 심리적으로 동요되지 않고 영향을 최소화하는 사람만이 가능하다. 어떤 상황에도 흔들리지 않을 수 있는 근본적인 이유는 자신이 원한다면 그 상황마저도 바꿀 수 있다는 것을 굳게 믿고 있기 때문이다. 상황을 통제하고 변화시키기 위해서 자신이 어떤 부분에 집중하고 무엇을 해야 하는지를 명확하게 볼 수 있는 사람들은 감정을 안정적인 상태로 계속 유지할 수 있다.

코로나19를 예로 들어보자. 처음에 코로나19가 발병했을 때 중국 우한이 통제도 제대로 되지 않고 사망률이 얼마나 되는지 증상은 어떤지 등에 대한 정확한 정보가 없는 상태에서 확진자가 늘어나고 이렇다더라, 저렇다더라 하는 '카더라 통신'이 계속 흘러나올 때 대부분의 사람은 공포심에 떨며 감정 통제가 잘되지 않았다. 하지만 점차 시간이 흐르고 바이러스에 대한 확실한 정보들이 제공되고 방역을 위해 필요한 지침들을 공유하게 되면서, 가령 마스크를 하면 감염률을 많이 낮출 수 있고 면역력을 높이고 위생관리를 철저하게 하는 등의 과학적으로 증명된 지식에 기반을 둔 올바른 생활 습관을 갖추게 되면서 점차 코로나19에 대한 막연한 불안감을 줄여나가게 된 것이다. 이처럼 인간은 어떤 상황이든 그 상황에 대한 정확한 정보를 갖고 해당 문제를 해결할 수 있는 지식을 갖추게 되면 불안감은 최소화된다. 명심하라. 감정 통제를 못 하고 근심에 빠지게 되는 것은, 무엇을 근거로 결정을 내려야 할지 충분히 알지 못한 상태로 성급하게 결정을 내리려고 했기 때문이란 것을 말이다.

코로나 사태로 인해 모든 사람들이 힘들어졌다고 생각하는 사람들이 있겠지만, 모두가 그런 것은 아니다. 모두가 변화를 맞이한 것은 맞지만 모두가 힘든 상황을 마주하게 된 것은 아니라는 것이다. 코로나19 발병 이전부터 자신의 업에 대한 확실한 지식을 갖추고 이 세상과 인간에 대한 깊은 이해와 올바른 지식을 갖추고 있었던 사람들이라면 코로나19로 인한 영향을 크게 받지 않는다. 한편으로는 코로나19로 인해서 다른 경쟁자들이 감정적으로 동요하고 제대로 행동하지 못할 때 새로운 전략을 세우고 시기적절한 행동을 하면서 더 큰 발전을 이루고 경쟁자들과의 격차를 크게 벌릴 수도 있는 것이다.

코로나19 발병 이후 '언택드 시대'가 왔다고 하는데 이 개념은 부분적으로 해당한다는 사실을 유념하길 바란다정말 '완벽한' 언택트가 되면 인류라는 종족은 번식할 수 없을 것 아닌가. 필요에 따라 혹은 업의 특성에 따라

언택트가 더욱 활성화되는 부분도 있을 수 있겠지만, 인간의 심리적 특성상 완전한 언택트를 지향하는 것은 불가능하다. 그럼에도 불구하고 돌이킬 수 없는 엄청난 변화가 일어난 것처럼 언택트라는 단어에 집착하다 보면 심리적으로 더욱 고립되고 내가 통제할 수 없는 느낌이 들어서 감정 상태는 더욱 불안정해질 수밖에 없다. 차라리 개인위생이 더욱 철저해지는 '위생 마스크 시대'라고 생각하는 것이 정신 건강에 더 좋을 것이다. 건강과 위생관리에 더욱 신경 쓰고 마스크 잘 쓰고 원래대로 언제나 변치 않는 세상의 법칙과 인간의 속성대로 자신의 할 일을 안정된 감정 상태로 해나가면 된다.

자기감정을 제어하는 사람은 어려운 목표 앞에서도 흔들리지 않는다. 감정이 제대로 통제된다는 것은 어떤 상황에 굴하지 않고 그 상황을 변화시킬 수 있는 방법과 지식을 알고 있거나 믿고 있을 때만 가능하다. 나 역시 한때는 남들이 어렵다고 말하는 일이나 목표 앞에서 위축되고 감정적으로 불안정했던 적이 있었다. 그러나 지식을 탐구하고 깊게 믿고 확신한 이후로는 안정된 감정을 유지할 수 있었다. 그래서 다른 사람들이 아무리 어렵다고 말해도 방법을 제대로 모르는 사람들이 자신의 한계 안에서 판단하고 말하고 있는 것임을 유념하면서 흔들림 없이 계속 공부할 수 있었고 증명해낸 사람들을 쫓아서 연구하고 실천하며 극복해냈다.

생각해보면 남들이 쉽다고 말하는 것은 누구나 별다른 노력 없이 얻어낼 수 있는 것에 불과하다. 그런 일로는 다른 사람에게 영감을 줄 수도 없고 감동을 줄 수도 없을 뿐만 아니라 나에게도 큰 이익이나 만족감이 주어지지 않는다. 그래서 지식을 믿고 활용하는 사람이 된 이후에는 사람들이 쉽다고 이야기하는 것엔 관심 자체를 두지 않게 되었다. 남들에게도 쉬운 일은 아무리 해봤자 사람들을 깊이 집중시키고 몰입시킬 수 없고 따라서 큰돈을 벌거나 인정을 받기도 어려운 일이기 때문이다.

그런데 남들이 보기에 어려운 일을 해낸다면? 그 과정을 지켜보는 이들은 당신의 성취에 같이 열광하고 빠져들게 된다. 어려운 일을 해내면 사람들을 최면시킬 수 있다. 남들이 어렵다고 말하는 것은 그것을 해결할 수 있는 방법도 찾기 전에 불가능하다고 먼저 상상해버린 사람들의 한계일 뿐이라는 것을 알아야 한다. 하지만 자신만큼은 그 해결방법을 아는 사람들이 쓴 책으로 공부하고 해결한 분들께 직접 물어보고 배움의 자세를 갖춘 사람이니까 당연히 해낼 수 있는 일이라고 스스로 자신을 먼저 믿으면 된다. 그리고 조만간 그렇게 성공할 수밖에 없는 일련의 행동을 하고 결과물로 증명을 해서 자연스럽게 타인들에게 제시하면서 그들에게도 올바른 법칙을 따라서 하면 별로 어려운 일이 아니란 것을 알려주면 되는 것이다. 이 과정은 정말 보람되고 즐거운 희열과 환희가 넘치는 순간들이다.

또한 한 번 정한 목표는 달성할 때까지 절대로 변경하거나 수정해버리면 안 된다. 대부분의 사람들은 목표 날짜가 다가오면 초조하고 불안한 감정에 빠져들면서 목표 자체를 조정하거나 바꾸어버린다. 그럼 그 목표는 생명력을 잃고 동력도 사라져 버리고 만다.

이해를 돕기 위해 예시를 들어 설명하겠다. 비행기에 탑승하면 ETA etimated time of arrival란 단어를 본 적이 있을 것이다. ETA는 도착 예정 시간을 의미하는 것으로, 대체적으로는 잘 지켜진다. 대부분의 경우 비행기는 정해진 항로를 따라 비행하기 때문에 수월하게 도착하지만, 가끔은 이상기후나 특별한 사유에 의해서 항로를 지킬 수 없는 경우도 종종 발생한다. 이때는 다른 항로로 운항할 수밖에 없는데 정해진 항로로 비행하지 못하였음에도 불구하고 대체적으로 비행기는 원래 예정된 시간에 도착한다. 단 몇 분 정도의 오차범위로 말이다.

그 이유는 무엇일까? 정답은 매우 간단하다. 목표가 너무나 분명했기 때문이다. 목표가 너무나 명확하고 분명하기 때문에 이상기후 등 예측할 수 없는 다양한 변수가 발생하더라도 그 상황을 해결하고 극복해 낼 수 있는 전략들을 계속해서 수립하고 실행할 수 있었다. 목표를 위해서 최단 거리를 다시 계산하고, 새로운 경로와 전략을 탐색하고, 필요하면 최대 출력을 올려서 가는 등의 적절한 방법을 찾아서 실행했기 때문에 여러 가지 상황에도 불구하고 도착 예정 시간에 도착할 수 있었던 것이다.

무조건 정해진 시간에 목적지에 도착한다는 각오와 할 수 있다는 신념과 의지를 가지고 어떠한 감정적 동요나 흔들림 없이 최적의 전략을 짜고 실행하면서 결국 정시에 목적지에 도착해야 한다. 너무나 당연한 이치를 이야기한 것 같지만, 이 과정을 자신의 삶에서 그대로 적용하여 예측할 수 없는 다양한 외부 변수 속에서도 끝까지 흔들림 없이 목표를 이루어내는 사람은 많지 않다. 점점 목표한 날짜가 다가올수록 집중력은 떨어지고 변명거리만 찾고 있거나 목표를 계속 수정하는 우를 범하다 보면, 결국 모든 계획이 흐지부지되고 대단한 성취를 이루는 것은 매우 힘들어진다.

목표를 세웠으면 절대로 중간에 수정하지 말고 마지막 순간까지 최선을 다해서 목표를 이루기 위한 노력만을 해야 한다. 그렇게 하는 사람만이 시간이 촉박해질수록 보통 사람과 다른 방법을 찾고 현명한 전략을 짜서 실천하게 된다. 그중에 하나는 바로 거인을 찾아 나서는 것이다. 상황을 바꿀 수 있는 크게 성공한 분을 찾아가 도움을 요청하거나 배우는 행동을 함으로써 시간적인 한계를 극복하는 용기와 추진력을 발휘한다. 목표를 세울 때는 반드시 무엇을 언제까지 이루겠다는 것을 분명히 결심하고 건들지 마라. 그래야지만 내재된 잠재능력이 나올 수 있고 진정한 변화가 생기기 시작한다.

시간이 지나도
굳은 의지를 유지하는 사람들

접근동기와 회피동기

어느 날 신이 당신 앞에 나타나 묻는다. 천부적 재능, 부유한 가정환경, 뛰어난 스승 중 한 가지를 가질 수 있는 기회를 줄 테니 하나를 선택하라고 한다. 당신은 성공을 위해 무엇을 택하겠는가. 나의 대답은 스승이다. 강력한 깨달음을 줄 스승과의 만남은 무엇과도 바꿀 수 없는 축복이다. 나를 고도의 집중과 몰입 상태로 만들고 지식을 통한 깨달음이 무의식에 내면화되도록 도와서 나의 성장과 성공에 큰 도움을 준 사람. 그가 바로 나의 스승이다.

지금까지 수많은 분들이 나의 스승이 누구인가를 질문하고 궁금해했었다. 그때 정말 멋지게 내 스승님은 '누구'라고 특정해서 말하고 싶었지만 실은 나의 가슴 깊은 곳에 영향을 주신 스승님들은 대부분이 이미 잘 알려진 우리나라의 영웅들이다. 이순신 장군, 광개토대왕, 을지문덕, 양만춘 장군 같은 분들 말이다. 그리고 근현대에 현존하셨던 분들 중에서는 박태준 회장님, 최계월 회장님, 정주영 회장님, 최배달 님 정도가 있다. 물론 동시대 인물 중에서도 자신의 한계를 깨고 걸출한 업적을 이루어내신 분들이라면 깊은 존경심을 갖고 언제나 스승님이라 생각하며 배우려고 노력한다.

나의 업인 심리학과 정신 영역에 대한 연구 분야에서는 스승님이라고 할 수 있는 분을 콕 집어서 지목하기는 쉽지 않지만, 심리 이론의 정립과 과학적 실험, 삶의 경험 등을 통해서 깊은 영감과 통찰에 도움을 주신 지그문트 프로이트, 에밀 쿠에, 밀턴 에릭슨Milton H. Erickson, 빅터 프랭클Viktor Frankl, 알프레드 아들러Alfred Adler, 나폴레온 힐Napoleon Hill, 데일 카네기Dale Carnegie, 칼 융Carl Jung, 이동식 박사님 등이 내 업의 분야에서 스승님과 같은 분들이라 할 수 있겠다.

분야를 막론하고 자신의 분야에서 사람들을 고도의 집중과 몰입 상태로 만들어내신 분들은 모두 나에게 스승님이다. 참고로 내 핸드폰 배경 사진에 있는 스승님은 최배달 님인데, 극진공수도를 창시한 분으로 전 세계를 돌며 강자들과 실제의 대결을 통해 자신의 강함을 증명하신 분이다.

"실전이 없으면 증명이 없고, 증명이 없으면 신용이 없고, 신용이 없으면 존경받을 수 없다." 난 최배달 님이 했던 이 말씀을 항상 가슴에 새겨놓고 산다. 이분은 20대에 1년이 넘는 기간 동안 두 차례에 걸친 산중수련을 하셨다. 24살 1차 산중수련을 마치고 전 일본 공수도 대회에서 우승했고 일본 전역을 돌면서 실전을 통해서 진정한 강함을 증명했다.

최배달 님에게 많은 영향력을 받은 나는 스승님을 흉내라도 내듯 20대에 이분의 산중수련처럼 외부와 잠시 단절하고 지식을 깊이 탐구하고 연마하는 것에만 온전히 집중했다. 28살엔 연마해 온 심리 지식을 큰 학원장님들께 설명하고 설득해서 심리수업도 만들어냈다. 이렇게 제자답게 지식을 갖고 실전을 치뤄내며 치열하게 살아가고 있는 것이다. 내가 존경하는 모든 스승님들은 실전 강자들이다. 그중에서도 최배달 님은 목숨을 걸고 한평생 실전 격투를 통해서 강함을 증명하신 분이어서 그 점을 계속 본받으려고 노력하고 있다. 아직까지도 스승님들을 떠올리면 가슴이 뜨거워진다.

한 사람의 인생을 완전히 변화시키고 엄청난 영향력을 주는 존재가 스승이라는 것을 경험을 통해 확실히 느낀 사람으로서 스승의 필요성에 대해 몇 가지 덧붙여 보겠다. 스승이 필요한 첫 번째 이유는 동기부여 때문이다. 동기에는 접근동기와 회피동기가 있다. 접근동기는 원하는 것, 지향점에 가까워지려는 마음이고, 회피동기는 원하지 않는 것, 피하고 싶은 상태나 대상으로부터 멀어지고 싶은 마음이다. 두 동기 중 무엇이 더 강할까. 그건 상황에 따라 달라진다. 일반적으로 회피동기는 시간이 흐름에 따라 그 강도가 약해지기 때문에 비교적 단기간에 달성해야 하는 과업에 적합한 동기 형태이고, 접근동기는 시간이 흘러가더라도 그 강도가 유지되기 때문에 장기간의 작업 시간을 요하는 과업에 더 적합한 동기 형태라고 할 수 있다.

마음속에 닮고 싶은 스승님이 존재하는 사람들은 지향점을 가지고 있기 때문에 강력한 접근동기를 갖게 되고 자신의 목표를 달성하는데 훨씬 유리하다. 그래서 자신이 원하는 것을 이루기 위해서 오랜 시간에 걸쳐 인내하고 노력하는 것이 가능해진다. 사람이라면 누구에게나 잠재된 능력이 존재한다. 또한 누구나 성공하고 싶어하는 열망도 가지고 있다. 그렇지만 성공에 대한 열망을 계속해서 유지하는 것은 심리적으로 커다란 자극과 충분한 동기를 주는 스승님이 있는 사람들만 가능한 것이다.

사람은 앞서 말했듯이, 무의식적으로 가능하다는 것을 믿고 인정하는 것에 대해서만 실제로 이루어낼 수 있는 힘을 발휘하게 된다. 무엇인가를 어렵다고 마음으로 규정짓는 순간 무의식에서는 안 된다는 상상을 하게 되고, 결국 그것을 절대 이룰 수 없는 생각과 행동만을 하게 될 것이며 결과적으로 이루지 못하게 된다.

사춘기 시절 좋아했던 사극 드라마 중에 악한의 칼에 부모님은 억울하게 죽임을 당하고 어린 주인공은 고생하다가 산속에서 기연으로 무술고수인 스승님을 만나게 되는 이야기가 있었다. 이 아이는 스승님의 제자가 되어서 엄청난 가르침을 받고 절치부심해서 절대 이길 수 없을 것만 같았던 강력한 원수를 물리친다.

누군가는 이런 스토리라인이 너무 뻔하고 진부하다고 말할지 모르겠지만, 이러한 상황은 생각보다 우리 주변에서 자주 일어난다. 어릴 적 마음이 약했던, 그러나 마음 한편에서는 누구보다 강해지기를 바랐던 나는 강한 자가 되기 위해서 막연하게나마 반드시 스승님을 만나야만 한다고 생각했었던 것 같다.

20대 초반 시절 아버지가 사기를 당해 갑작스럽게 2억의 빚을 지셨을 때 '억'이라는 돈의 단위의 무게가 그 시절의 나에게는 너무나 크게 느껴졌고, 100만 원도 벌어본 적 없던 나에게 빚을 갚아드린다는 것은 머릿속에서 감히 상상하기도 어려운 것이었다. 그러나 그런 상황에서 나에게 할 수 있다는 희망을 준 존재들은 나보다도 훨씬 심각한 경제적 상황 속에서도 포기하지 않고 엄청난 능력을 발휘해서 경제적 어려움에서 벗어난 존재들이셨다.

TYK그룹 총수 김태연 회장님처럼 아무런 자본도 없이 자신의 재능을 발휘해서 사업을 크게 일으킨 분들, 혹은 엄청난 세일즈 능력을 발휘해서 억대 소득을 달성해낸 사람들로부터 난 희망을 찾을 수 있었다. 또한 정주영 회장님같이 악조건 속에서도 강력한 정신력과 추진력으로 기업을 키우고 나라의 성장과 발전에까지 기여한 존재들을 마음속 깊이 받아들이면서 내 상황 정도는 당연히 극복할 수 있는 것이라 믿게 되었다. 주저앉고 싶을 때마다 스승님들을 계속 생각하고 그들의 가치 있는 신념을 되새기면서 끝없이 힘을 낼 수 있었다. 이처럼 스승님이라 생각하는 강력한 존재들을 마음에 담고 매 순간 떠올리다 보면 그들을 최대한 닮고 싶고 그들처럼 멋지게 살고 싶은 마음이 계속해서 자라나고 커질 수밖에 없다. 마치 크고 빛나는 태양이 뜨겁게 내리쬘수록 그림자는 더욱 선명해지고 짙어지는 것처럼 말이다.

스승님들처럼 살고 싶다는 접근 동기가 점점 강력해질수록 나를 스스로 통제하는 힘도 강력해졌다. 20대 어느 순간부터 또래들의 모임이나 술자리 등에 전혀 참석하지 않았다. 그런 자리를 회피하려고 노력한 것이 아니다. 내가 존경하는 스승님들처럼 멋지게 살고 싶은 강한 접근 동기는 내가 자연스럽게 '산중수련^{오직 원하}는 것을 이루기 위한 목표를 갖고 최선을 다해서 수년간 하는 수련. 나의 경우 도서관수련이었지만'에만 완전히 빠져버릴 수밖에 없도록 정신을 집중시킨 것이다. 이렇게 자발적인 동기화 상태에서 목표를 갖고 열심히 노력하기 위해서는 무의식 깊숙이 영향을 주는 스승님이란 강력한 접근동기가 있어야만 가능하다.

우리가 스승을 만나야 하는 두 번째 이유가 있다. 최고의 스승만이 충분한 지식과 경험을 바탕으로 제대로 지도하고 교육할 수 있기 때문에 분야 최고에게 교육을 받아야 정교한 훈련법을 터득하게 되고 올바른 피드백을 받을 수 있다. 반면에 최고가 아닌 사람들은 자신이 경험하지 못한 부분들을 추측해서 이야기할 수밖에 없기 때문에 자신이 하지 못했던 부분에 대해서는 제자들에게 제대로 피드백을 해주거나 올바른 방법을 가르쳐 주는 것이 불가능해진다. 그럼 배우는 입장에서는 지도자의 단편적인 지식과 경험 안의 한계치 내에서만 지도받게 되므로 시행착오도 많이 겪게 되고 한계도 여러 번 경험하게 될 수밖에 없다. 그리고 이러한 과정에서 단지 자신의 재능이나 노력이 부족하기 때문에 성공하지 못했다는 성급한 일반화의 오류를 범하게 될지도 모른다.

세 번째 이유는 최고의 스승에게 배운다는 것 자체가 배우는 사람에게 심리적으로 안정감과 확신을 주는 데 매우 도움이 되기 때문이다. 최고에게 배우는 것이니까 제대로 배운다면 자신도 최고가 될 수밖에 없다는 확신을 갖게 되고 자연스럽게 잘 되는 상상이 무의식에서 더 강하게 생성되는 것이다. 이런 마음가짐으로 노력하면 당연히 결과도 더 좋을 수밖에 없다. 세상 모든 분야에서 사실상 최고가 되려면 남들이 보통 상상할 수 없고 감당할 수 없는 고된 훈련과 노력을 지속적으로 해야만 가능하다. 그 고된 과정을 최고의 스승이 곁에서 든든하게 지지해주고 조언해주며 지켜봐준다면 당연히 힘들고 고된 시간을 더 잘 견뎌낼 수 있게 된다. 또한 존경하는 스승을 믿는 만큼 자신에게도 확신을 갖고 적극적으로 배우게 되면서 실력도 일취월장할 수 있다.

자, 이해를 돕기 위해 실제 사례를 들어보겠다. 1932년 LA 올림픽 도마 경기에서 금메달을 딴 사람은 펠레 이슈트반^{Pelle Istvan}이다.

그의 올림픽 경기 장면을 2012년 런던올림픽에서 금메달을 딴 양학선 선수의 경기 장면과 비교해보면 어떨까. 영상을 보면 펠레 이슈트반은 매우 단조로운 움직임을 보여주고 있다. 반면에 양학선 선수는 공중에서 세 바퀴[1,080도]를 비틀어서 돈 후 정면으로 내리는 기술을 보여준다. 이 기술은 2012년 2월 국제체조연맹으로부터 기술개발자의 이름을 따 '양학선'이라는 이름의 최고난이도 신기술로 공식등재되었다. 체조에 대해 잘 모르는 사람이 봐도 한눈에 알 수 있을 만큼 양학선 선수가 압도적으로 뛰어난 움직임을 보인다.

이슈트반은 당대 최고의 재능과 노력으로 세계 1위에 오른 사람이었다. 그런데도 이렇게까지 두 선수 간의 실력이 확연하게 차이나는 이유는 무엇일까? 지난 80년 동안 인류의 육체가 놀랍게 진화했기 때문은 아닐 것이다. 이런 차이가 나타나는 결정적 이유는 훈련의 정교함에서 비롯된다. 양학선 선수의 감독과 코치들은 도마경기에서 필요한 모든 동작과 그 특성들 하나하나를 철저하게 분석하고 양학선이 그것을 제대로 잘 이행하는지를 계속 확인하고 피드백하고 면밀히 지도하는 과정을 통해 효과적이고 정교한 훈련을 지속해 왔던 것이다. 또한 양학선은 세계 최고 선수답게 항상 최선의 자세로 훈련에 임하고 자신의 한계에 끊임없이 도전하면서 최고의 경지에 오르게 되었다. 시간이 흐를수록 인간은 더 많은 지식과 경험을 축적하게 되는데 이것을 알고 있는 한 분야 최고의 스승에게 배울 수 있다면 자신도 최고가 될 가능성이 높아지는 것은 당연한 결과다.

무엇이든 혼자 해내려고 하는 것이 능사는 아니다. 가능한 한 뛰어난 스승에게 정말 제대로 진력을 다해서 배워야 한다. 이것을 전문 용어로 의식적인 훈련^{deliberate practice}이라고 한다. 의식적인 훈련이란 법칙 없이 그저 열심히만 하는 연습과 구분하기 위한 용어로, 한 가지에 온전히 집중하면서 자신의 한계를 뛰어넘어 목적을 달성하기 위한 정교하고 의미 있는 훈련을 의미한다. 의식적인 훈련은 세밀하게 설계된 훈련방법으로 자신의 한계에 계속 부딪히며 실력을 개선하는 것을 목적으로 한다. 이런 의식적인 훈련 과정 없이는 아무리 열심히 노력해도 양학선과 같은 최고의 선수는 절대로 될 수 없다. 최고의 스승을 찾게 된다면 같은 양의 시간과 노력을 들여도 훨씬 효과적인 훈련 과정과 빠른 성취를 경험할 수 있고 고되고 지루한 순간들조차도 강한 인내심으로 충분히 이겨낼 수 있을 것이다.

세상은 느끼는 자의 것이다

스승은 내 곁에 있는 동시대 인물일 수도 있지만, 아닐 수도 있다. 난 책의 영향을 많이 받았던 사람이라서 그런지 동시대의 스승보다 과거 시대의 이미 돌아가신 스승이 더 많다. 정신적으로 각성하기 전까진 대단한 스승들을 직접 찾아다닐 용기가 부족했기에 오직 도서관에서 더 쉽게 접할 수 있는 과거의 위인들을 스승님으로 생각하면서 배울 수밖에 없었던 것 같다. 그러면 누군가는 현대 사회는 빠른 속도로 급변하고 있어서 예전 사람들의 지혜와 경험을 배우는 것은 시대착오적인 발상이고 현재 왕성히 활동하는 강자를 스승으로 생각하고 배우는 게 낫다고 할 수도 있겠다.

일부는 맞는 말이다. 과거의 것들을 억지로 견강부회하듯이 끌어와서 현대 사회에 적용하는 것은 나도 별로 좋아하지 않는다. 옛것으로부터 배운다는 온고지신의 자세도 좋으나 시대가 바뀜에 따라서 과거에 옳았던 법칙이나 이론이 새로운 세상에서는 더 이상 적용이 되지 않는 경우도 있다. 이런 경우에는 현대판 강자의 생각과 기술을 배우고 따르는 것이 백번 옳다.

다만 내가 말하고자 하는 핵심은 시대를 초월한 본질적인 문제에 대한 해결책을 찾아내고, 어떤 분야에서도 관통할 수 있는 통찰과 영감을 주신 존재들에게 배울 점이 분명 존재한다는 것이다. 아주 먼 과거나 현재 그리고 앞으로 다가올 미래에서도 인간이 겪게 되는 문제들은 대동소이하다. 시대와 환경만 달라질 뿐 사람들이 고민하고 걱정하는 것들이 거의 비슷비슷하다는 말이다. 따라서 과거 시대의 사람들이라고 해도 인간으로서 숙명처럼 다가오는 고민과 어려움을 잘 극복한 분들의 삶을 찬찬히 살펴보면 심리적인 관점에서도 삶을 대하는 태도에 대해서도 배울 점이 너무나 많다. 삶의 시작부터 끝까지 멋지게 사신 분들의 인생역정을 전체적으로 파악해내면 내 삶에서 그분들의 공功은 취하고 과過는 피할 수 있는 지혜로움을 갖추게 된다.

지식정보 사회, 자본주의 사회에서는 지식의 힘을 믿고 제대로 활용만 한다면 누구든지 멋진 삶을 살 수 있다. 하지만 과거에는 여러 가지 사회적 제약도 많았고 지식과 정보를 얻는 것이 쉽지 않았으며 신분의 한계 때문에 지식을 활용하는 것도 매우 어려운 환경이었다. 그럼에도 불구하고 시대마다 뛰어난 생각과 탐구 정신으로 깨달음을 얻고 모든 시대적 한계를 뛰어넘어 자신뿐만 아니라 나라의 발전에도 보탬이 되고자 애쓰셨던 그분들의 심정을 감히 헤아리다 보면 깊은 울림과 존경심에 가슴이 뜨거워진다. 현시대는 자신이 성장하고 성공하기 위해서 공부하고 훈련하고 도전을 하는 것에 목숨을 걸어야 하거나 사회적 제약이 있는 것도 아니지 않은가. 그저 자신이 성공하기로 마음먹고, 성공하기 위한 생각과 행동들을 선택하기만 하면 된다.

성공하기로 마음을 단단히 먹었다면 선대의 스승님들께 제대로 배우기 위하여 그분들과 정신적 대화를 나눠야 한다. 무의식에 관한 지식을 갖추고 한 사람의 인생을 깊게 들여다보려는 노력을 하다 보면 그 존재를 더욱 제대로 느낄 수 있게 되는데, 언제부턴가 실제로 살아계시지 않은 위인들도 마치 실제 만난 것 같은 느낌이 들 정도로 깊게 느낄 수 있게 되었다. 그분들과 깊은 정신적 대화를 나누기 위한 가장 효과적인 방법은 독서다. 그분이 직접 남기신 삶의 정수가 녹아든 책들, 혹은 그에 대해 다룬 책들을 여러 번 거듭해서 읽는다. 이 과정을 통해 스승으로 삼은 이들이 사고하는 방식과 마인드를 내면화할 수 있다.

지금 우리는 각 분야의 대단한 스승님들을 도서관에서 얼마든지 만날 수 있는 세상에 살고 있다. 도서관에는 분야별로 위대한 스승님이 되어줄 분들의 책이 많이 있지만 문제는 같은 책을 읽어도 각자가 느끼고 얻는 바가 매우 다르기 때문에 그 효과는 큰 차이가 있을 수 있다는 점이다. 같은 책을 보더라도 심리학적 관점에서 한 인간을 면밀히 이해하고 핵심과 본질을 파악할 수 있는 힘이 다르므로 느낌과 감동이 완전히 다를 수밖에 없다. 그래서 세상은 느끼는 자의 것이다. 자신이 느끼는 만큼 보이고 깨닫고 달라진다. 굳이 누군가를 찾아가지 않고 도서관에만 가도 위대한 스승님들을 많이 만날 수 있지만 느끼는 자만 스승님들을 온전히 무의식 속으로까지 받아들일 수 있고 위대한 분들의 정신과 행동을 닮아가는 노력을 하게 되니 단순히 책을 읽는 것만으로는 충분하지 않은 것이다.

세상은 느끼는 자의 것이란 것을 깨닫고 난 후부터 어떤 일을 하든 어떤 상황 속에 있든 그 속에 담겨 있는 의미와 가치를 과연 크게 느끼고 있는가를 반문하며 살고 있다. 독서를 할 때도 책 속에 담겨 있는 위대한 진리와 가치를 적극적으로 느끼려고 했고 그런 습관은 위대한 분들의 내면을 아주 깊게 느낄 수 있도록 만들어 주었다. 이 과정에서 엄청난 힘과 용기를 얻을 수 있었으며 지금까지 남들과 다르게 살고 행동하고 성취할 수 있었던 근원적인 힘 중의 하나로 작동했던 것이라 믿는다.

내성적인 성격과 주변의 부정암시를 많이 받으면서 우울하고 의기소침했던 청년에 불과했던 내가 20대 때부터 새로운 길을 만들어내면서 남다른 실행력과 성취를 이루어 낼 수 있었던 결정적 이유는 영웅들을 가슴 깊이 느낄 수 있었기 때문이다. 대단한 일을 기획하고 실천할 때는 언제나 가슴속 깊이 새겨져 있는 스승님과 영웅들을 떠올리거나 마치 내가 그분으로 빙의한 것과 같은 느낌으로 완전히 몰입하여 나 자신을 초월한 것 같은 힘을 얻는다.

내가 가장 존경하는 마음속 첫 번째 영웅은 이순신 장군님이시다 유튜브에 '이순신 박세니'를 검색해서 34분짜리 영상을 꼭 한번 보아주시면 좋겠다. 깊은 영감을 주시는 수많은 영웅들이 계시겠지만 그중에서도 이순신 장군을 제대로 알고 가슴 속 깊이 느끼고 담을 수 있다면 독자분들도 어마어마한 힘을 낼 수 있으리라 믿는다. 이순신 장군을 가슴 깊이 느끼면서 알게 된 사실들을 몇 가지 나누고자 한다.

우리나라 국민 중에서 이순신 장군을 존경하지 않는 사람은 없겠지만 이순신 장군이 마지막 해전에서 스스로 목숨을 끊으셨다는 사실을 알고 있었던 사람들은 별로 없는 것 같다. 가슴 깊이 느끼지 못하면 제대로 존경할 수도 없는 것이다. 이순신 장군님은 노량진 해전에서 자살하셨다. 이런 이야기를 하면 사람들은 보통 처음 들어보는 듯한 표정을 한다. 장군은 조총을 맞고 전사하셨다는 뻔한 이야기를 하면서 말이다. 물론 그것은 사실이지만 노량진 해전에서 스스로 목숨을 끊기로 결정하신 것이란 의미를 이야기하는 것이다. 심리학적 관점에서 그분의 삶과 상황을 살펴볼 수 있게 되자 이순신 장군님이 전사하신 것이 자살과 같은 맥락이란 것을 느끼게 되었다.

영화 〈명량〉을 보면 시작부터 장군이 모진 고문을 당하시는 모습이 나온다. 조정의 간신배들이 그의 공적을 시기하고 질투해서 모함하고 결국 선조가 장군을 죽이려고까지 한 것이다. 후에 원균이 수군통제사가 되어 처참하게 패배한 뒤 단지 12척의 배만 남자 당황한 선조는 다시 이순신을 수군통제사로 복직시켰다. 명량 대첩 직후에 명나라 수군 제독 진린이 황제에게 쓴 편지에는 이순신을 황제 폐하의 신하로 삼으시라는 내용이 담겨 있다. 이순신의 공적을 시기 질투하는 선조와 대신들이 마지막 전투가 끝나는 즉시 이순신을 처형할 것이 분명하니 황제에게 이순신 장군의 목숨을 구명해달라고 간청하는 내용이 편지의 주된 골자였다.

< 명나라 수군 도독 진린이 황제에게 보낸 편지 >

황제 폐하 이곳 조선에서 전란이 끝나면 조선의 왕에게 명을 내리시어 조선국 통제사 이순신을 요동으로 오라 하게 하소서. 신료이 본 이순

신은 그 지략이 매우 뛰어날 뿐만 아니라 그 성품과 또한 장수로 지녀야 할 품덕을 고루 지닌 바 만일 조선수군통제사 이순신을 황제 폐하께서 귀히 여기신다면 우리 명明국의 화근인 저 오랑캐훗날 청나라를 견제할 수 있을 뿐 아니라, 저 오랑캐의 땅 모두를 우리의 명明국으로 귀속시킬 수 있을 것이옵니다.

혹여 황제 폐하께서 통제사 이순신의 장수됨을 걱정하신다면 신臣이 간청하옵건대 통제사 이순신은 전란이 일어나고 수년간 수십 차례의 전투에서 단 한 번도 패하지 않았음에도 조선의 국왕은 통제사 이순신을 업신여기며 또한 조정대신들 또한 이순신의 공적에 질투하여 수없이 이간질과 모함을 하였으며, 급기야는 통제사의 충의를 의심하여 결국에는 조선수군통제사 지위를 빼앗아 백의종군에 임하게 하였나이다. 허나 통제사 이순신은 그러한 모함과 멸시에도 굴하지 않고 국왕에게 충의를 보였으니 이 어찌 장수가 지녀야 할 가장 큰 덕목이라 하지 않을 수 있겠나이까.

조선 국왕은 원균에게 조선통제사 지위권을 주었으나 그 원균이 자만심으로 인하여 수백 척에 달한 함대를 전멸케 하였고 단 10여 척만이 남았으메 당황한 조선 국왕은 이순신을 다시 불러 조선수군통제사에게 봉했으나, 이순신은 단 한 번의 불평 없이 충의를 보여 10여 척의 함대로 수백 척의 왜선을 통쾌하게도 격파하였나이다. 허나 조선의 국왕과 조정 대신들은 아직도 잘못을 깨닫지 못하고 또다시 통제사 이순신을 업신여기고 있나이다. 만일 전란이 끝이 난다면 통제사 이순신의 그 목숨은 바로 풍전등화가 될 것이 뻔하며, 조정 대신들과 국왕은 반드시 통제사 이순신을 해하려고 할 것입니다.

황제 폐하 바라옵건대 통제사 이순신의 목숨을 구명해주소서.

황제 폐하 바라옵건대 통제사 이순신의 목숨을 구명해주소서.

통제사 이순신을 황제 폐하의 신하로 두소서. 황제 폐하께서 통제사 이순신에게 덕을 베푸신다면 통제사 이순신 분명히 목숨이 다하는 날까지 황제 폐하께 충忠을 다할 것이옵니다. 부디 통제사 이순신을 거두시어 저 북쪽의 오랑캐를 견제케 하소서.

명나라 수군 제독 진린도 느꼈던 상황을 이순신 장군님 본인이 모르셨을까? 그럴 리 없다. 자신이 노량진 해전에서 승리한 뒤에 능지처참 될 것을 아셨던 것이다. 어떻게 자신이 곧 죽게 될 것을 뻔히 알면서도 백성과 나라를 위해 마지막 순간까지 자신의 모든 지략과 능력을 쏟아붓고 의연히 마지막을 선택하는 삶을 살 수 있었을까.

《난중일기》에 기록하셨듯이 전시 상황에서는 잠자리에 들 때도 갑옷을 입고 주무시고 모든 장수들에게 항상 준비됨이 중요하다는 것을 강조하시고 몸소 실천하셨던 분이다. 그런데 이분이 마지막 노량진 해전에서는 전투 중간에 갑옷과 투구를 벗어 던지시고 맨 앞으로 나가 진두지휘하며 뱃전에서 보란 듯이 북을 치셨다. 당시에는 레이더 같은 장비가 없었기 때문에 대장선은 전체 지휘를 위하여 주로 최후방에서 싸우는 것이 당연한 병법이었는데 병법의 신과 같은 분이 왜 그 순간에는 병법을 깨고 갑옷과 투구를 벗으신 채 굳이 노출된 뱃전에서 직접 북을 치셨을까? 전쟁이 막바지에 이르고 우리의 승리가 확실해지자 스스로 죽음을 선택하신 것이다.

조총으로 사람을 죽이려면 탄환이 80~90미터 미만의 거리에서 급소에 맞아야 한다. 근데 장군을 쏜 조총의 탄환은 왼쪽 가슴을 통과해서 등을 뚫고 나와 나무 벽에 박혔다. 이것을 물리적으로 설명하면 20~30미터 미만의 거리에서 쏜 조총 탄환에 맞았을 때 일어날 수 있는 일이다. 장군은 아마도 자신을 쏜 왜놈의 조총에 심지가 타들어 가는 것까지 보셨을 것이다. 불멸의 영웅이 54세 나이로 자결하신 것이다.

일반적으로 인간은 죽기 직전에 자신의 공적이나 업적에 관해서 이야기하는 존재다. 영국의 넬슨Nelson 제독은 "이제 나의 할 일을 다 하였노라"라는 말을 남기며 전사했다. 그러나 불후의 업적을 남기신 이순신 장군은 "나의 죽음을 적들에게 알리지 마라"라고 하셨다. 평생 그러하셨지만 죽음을 맞는 그 순간까지도 자신의 공적을 치하하는 말씀은 전혀 없이 오직 마지막이 될 전투를 잘 마무리하도록 독려하시며 돌아가셨다. 인간의 프로파일로는 해석 불가능한 행동을 하신 것이며 이런 말씀은 마음의 준비도 없이 갑작스럽게 가슴에 총을 맞고 죽어가는 사람이 할 수 있는 이야기가 절대 아니다. 이미 노량진 전투가 자신의 마지막 싸움이 될 것을 아시고 마지막 전투에서 자신의 소명을 끝내고자 영웅으로서 자결하기로 쓸쓸한 결심을 하신 것이기에 이미 준비해 두셨던 유언과 같은 말씀을 하셨던 것이다 이 점은 나만 느끼는 것이 아니라 과거부터 많은 분들이 느끼고 알고 있었던 사실이다.

　이순신의 부하였고 후에 삼도 수군통제사가 된 유형柳珩은 이순신 장군이 평소에 "자고로 대장이 자기의 공로를 인정받으려 한다면 생명을 보전하기 어렵다. 따라서 나는 적이 퇴각하는 날에 죽어 유감될 일을 없애겠다"라는 말을 하셨다고 했다. 명나라 수군제독 진린의 추모글을 보면 "추억하건대 평시에 사람을 대해 이르되 '나라를 욕되게 한 사람이라 오직 한 번 죽는 것만 남았노라' 하시더니 강토를 이미 찾았고 큰 원수마저 갚았거늘 무엇 때문에 오히려 평소의 맹세를 실천해야 하셨을까"라고 되어 있다. 또한 숙종 때 대제학을 역임한 이민서의 글에는 "의병장 김덕령이 옥사하자 제장과 모든 사람들은 스스로 목숨을 보전할 수 없다고 생각했다. 곽재우는 군직을 떠나 생식을 하며 당화를 피했고, 순신은 싸움이 한창일 때 스스로 갑옷과 투구를 벗고 적탄에 맞아 죽었다"고 했다. 숙종 때 영의정을 지낸 이여의 글에도 "세상 사람들이 말하기를 이순신은 얼마든지 죽음을 면할 수 있었으나 스스로 큰 공이 용납되기 어려움을 알고 드디어 싸움터에 이르러서 그 몸을 죽였다고 했다. 장군의 죽음은 미리 결정된 것이다. 그가 처한 상황은 역시 이런 말에 가깝다. 오호, 슬프도다!"라고 적혀 있다.

이렇게 여러 고증들이 노량진 전투에서의 장군의 죽음이 장군의 자발적 선택이었음을 뒷받침해준다. 각자의 분야와 삶에서 느끼고 배우는 것이 다르기 때문에 존경하는 분들은 모두 다르겠지만, 우리나라 국민이라면 이순신 장군의 올바른 정신과 깊은 마음, 훌륭한 인품을 가슴에 새기고 느낄 수 있기를 진심으로 바란다. 누군가를 깊이 존경하면 자연스럽게 그분의 생각과 행동이 자신에게 배어 나오게 될 것이다.

힘들게 사는 사람들을 보게 되면 '이 사람 가슴속에는 스승이 없구나' 하는 생각이 든다. 이 넓은 세상에 나약하고 부족한 나를 깨우쳐줄 스승이 없다는 것은 눈물 나도록 슬프고 안타까운 일이다. 본인이 세상의 주인공이라고 믿고 주인공다운 생각을 하기 시작하면 스승에 대한 새로운 개념이 확립되기 시작한다. 스승이란 '나를 성공시켜주시기 위해서 먼저 태어나셔서 내가 시행착오를 할까봐 먼저 시행착오를 거치면서 나를 업그레이드 시켜 주시는 너무나 감동적이고 감사한 존재'라고 말이다. 그리고 그런 스승에 걸맞은 멋진 제자가 될 수 있도록 스승의 가르침과 깨달음을 적극적으로 활용해야 한다. 스승의 삶을 인간 대 인간으로서 면밀히 살펴보다 보면 동질감과 함께 가슴 벅찬 감정을 느끼며 인간의 가능성과 잠재력을 믿을 수밖에 없게 된다. 그리고 스승이 그러했듯이 나 역시 잘 배운 것을 활용하여 자신의 삶에서 작은 성공 경험을 계속 축적해

나간다면 계속해서 큰 성취와 업적을 달성할 수 있다는 확신을 품게 되고 진정으로 인생의 주인공이 되는 것이다.

　미국에서 실제로 있었던 한 형제의 이야기다. 이들의 아버지는 매번 아들들을 때리고 주변 사람들을 괴롭혔는데 심지어 술을 마시고 사람을 죽여 무기징역을 선고받게 되었다. 첫째 아들은 성장하면서 이런 아버지를 닮아갔고 결국 아버지와 똑같이 술에 취해 사람을 죽여 감옥에 들어갔다. 그런데 둘째 아들은 아버지와 형과는 완전히 다르게 번듯하게 성장했고, 아주 능력 있는 변호사가 되었다. 또 사랑하는 여인을 만나 결혼하여 세 명의 자녀와 화목한 가정을 꾸리고 지역사회에서 봉사도 많이 하면서 지역에서 아주 존경받는 사람이 되었다. 망나니 같은 아버지 밑에서 자랐지만 완전히 다른 모습으로 성장한 두 형제에 대해 언론에서 관심을 갖고 다큐멘터리 제작을 위하여 첫째와 둘째에게 각각 찾아가 질문했다. "어떻게 이런 삶을 살게 되었습니까?" 그러자 형제는 완전히 같은 대답을 했다. "그런 아버지 밑에서 성장했으니 이렇게 될 수밖에요."

　이 형제의 대답은 같았지만 그들의 삶이 180도 달랐던 이유는 그들의 아버지로부터 배운 것이 완전히 달랐기 때문이다. 첫째 아들은 '못난 아버지 밑에서 내가 배울 것은 음주와 살인뿐이었다'는 의미에서 한 말이었다. 그러나 둘째 아들은 '망나니 같은 삶을 살아가고 사회에 물의를 일으키며 불행하게 사는 게 얼마나 안타까운 일인가'를 아버지를 통해 깨닫고 자신은 더 의미 있게 열심히 살 수밖에 없었던 것이란 말을 한 것이다. 같은 아버지 밑에서도 이렇게 생각하는 바가 전혀 달라질 수도 있다. 다시 한번 강조하지만 세상은 느끼는 자의 것이다. 어떤 상황과 조건 속에서도 소중한 것들을 제대로 느끼는 사람들은 지혜로움과 깨달음을 얻고 발전해갈 수 있다.

책 속에서도, 사람과의 관계 속에서도, 어떤 환경에서도, 스승은 언제나 존재하고 그들로부터 우리를 성장시켜주는 가치와 지혜로움을 배울 수 있다. 우리 인간은 경험 속에서 배운다. 발전하는 삶을 살아가기 위해서는 어떤 경험을 했을 때 그 경험으로부터 최대한 많은 것을 느끼고 얻고 깨달아야 한다. 수많은 경험을 했음에도 불구하고 뭔가 얻은 것을 확실히 느끼지 못했다면 현명하신 스승을 찾아가 그 경험에서 어떤 것을 느끼고 배웠어야 하는지를 묻고 배워야 한다. 스승이란 개념을 삶에서 자연스럽게 받아들이고 적극적으로 활용하는 사람만이 진정한 발전을 만들어낼 것이다.

인정 욕구를 이용하라

목마른 자가 우물을 파는 법이다. 스승을 기다리지 말고 스스로 찾아 나서야 한다. 그런데 많은 사람들은 성공한 사람에게 다가가는 것을 어려운 일이라고 생각한다. 그들은 뛰어난 점을 가졌지만 '자신은 내세울 것이 없다'고 생각하기 때문이다. 성공한 사람들의 특징들을 몇 가지 이해하고 나면 잘못된 오해와 편견에서 벗어나 그들에게 더욱 편안한 마음으로 다가갈 수 있을 것이다. 성공한 사람들은 자신이 성공했다고 믿는 순간부터 타인들에게 자신의 이야기를 들려주고 싶어 한다. 한 분야에서 일가를 이루고 영감을 주는 경험이나 성취를 한 사람들은 스스로가 책을 통해 혹은 강연을 통해 많은 사람과 활발하게 소통을 하고자 하는 경향을 보인다. 자신의 분야에 그만큼 자신 있고 그 과정에서 얻게 된 깨달음을 세상에 알리고 선한 영향력을 끼치는 것을 매우 좋아하는 것이다. 이는 인간의 기본 욕구 중의 하나인 인정 욕구와도 관련이 있다.

사람들과 빨리 친해지고 싶거나 소중한 사람으로 기억되고 싶다면 상대방이 가장 가치 있다고 여기는 신념이나 행위, 성취에 대해서 묻고 함께 이야기를 나누면 된다. 성공한 사람이 가장 소중하게 여기는 가치에 대해서 당신이 깊이 있게 이해하고 있고 그것을 당신에게 이야기하고 싶게 만들 수 있다면 성공한 사람들과도 자연스럽게 가까워질 수 있고 마음이 통하는 친구가 될 수 있다.

이 심리를 활용하면 성공한 사람들에게 다가가는 것이 어렵지 않다. "어떻게 이토록 대단한 업적을 이루셨는지요? 그 과정에 대한 이야기를 들을 수 있다면 정말 큰 영광이고 기쁜 일이 될 것입니다. 그리고 제 삶에도 많은 도움이 되리라 기대가 됩니다." 이렇게 진심을 담아 부탁하고 친밀해질 수 있는 계기를 만들면 된다. 성공한 사람을 대하는 것은 어렵지 않다. 그들이 이룬 성취에 대해 진심을 담아 존중과 존경을 표하고 진정성 있는 관심을 갖고 인간적으로 대하면 된다. 상대방을 진정으로 인정하고 존경할 수 있고, 그 마음을 상대가 자연스럽게 느낄 수 있도록 언어적, 비언어적으로 잘 표현하는 능력은 성공에 있어 아주 중요한 능력인 것이다. 사심이 없이 진심으로 존경하고 그의 능력이나 재주를 가치 있게 여기는 것만으로도 사람들의 비판의식과 거부감을 현저히 낮출 수 있고 기분 좋게 만들 수 있다.

한 가지 당부하고 싶은 점이 있다면, 상대를 만나기 전에 상대에 대한 기본 정보 정도는 파악하고 그와 대화를 이어나갈 정도의 관련지식은 반드시 준비해서 가야 한다는 것이다. 책을 쓰신 분이라면 그의 책을 한 번은 정독하고 가서 만나야 하고 사업가라면 업의 특성과 그 분야의 기본지식을 갖추고 그에게 도움이 될만한 이야기를 준비해서 가면 서로가 의미 있는 시간을 보낼 수 있다. 그냥 '한번 들이대보자'라는 가벼운 마음으로 아무 준비 없이 만나봤자 서로 도움도 되지 않고 무의미한 일회성 만남으로 그치고 만다.

'밑져야 본전이다!' '젊은 내가 잃을 것이 뭐가 있어!' 젊은이가 이런 마음가짐을 갖추고 있다면 아주 칭찬하고 싶다. 나이가 젊다면 이런 '무대포' 정신도 좋게 봐주는 어른들을 만날 수도 있을 것이다. 하지만 일반적으로는 아무 준비도 경험도 성취도 없이 그저 무대포 정신만 갖고 있는 사람을 반기는 사람은 많지 않다. 자신의 분야에서 올바른 마인드와 생각을 갖추고 제대로 된 노력을 하면서 작은 성취라도 증명할 수 있다면 성공한 사람들도 기꺼이 마음을 열고 심적인 지지와 지원을 아끼지 않을 것이다.

이런 심리적 기본 원리를 이해했다면 매일 마주치는 동료나 상사에게도 좀 더 편안하게 다가가 도움과 조언을 요청할 수 있다. 물론 누군가는 자신의 성취 과정을 말하고 싶어 하지 않고 누군가에게 가르쳐주는 것을 즐기지 않을지도 모른다. 하지만 생각보다 많은 사람들이 다른 사람에게 선행을 베풀고 자신이 잘하는 것에 대해 말하고 싶어 하며 인정받는 것을 매우 좋아하고 원한다. 당신의 멘토가 될 능력과 자격이 있는 분을 찾았다면 과감히 질문하라. "선배님, 제가 어떻게 하면 일을 더 잘할 수 있을지 알려주십시오." 이렇게 말하는 당신을 상사는 좋게 볼 것이다. "이 친구, 열의가 있네. 열심히 하려고 하는 모습이 좋아." 이렇게 말하며 노하우를 알려준다. 그것을 최대한 빨리 습득하고 적용하여 성과를 내는 데 집중하라.

그리고 더 업그레이드된 모습으로 같은 상사에게 똑같은 질문을 하라. "제가 어떻게 하면 이 일을 더 잘할 수 있겠습니까?" 상사가 알려준 노하우를 어떻게 적용해서 성과를 냈는지 보여주며 감사의 인사까지 드린다면 상사는 더욱 감동할 것이다. 당신이 남다른 열의와 능력을 가진 사람이란 것을 인정할 수밖에 없게 된다. 자신의 업무에서 매번 "어떻게 하면 이 일을 더 잘할 수 있겠습니까?"란 질문을 계속 활용하라. 그 과정에서 상사는 계속 실력이 일취월장하는 당신을 지켜보면서 가슴 속으로 깊이 인정하고 유대감과 확신도 갖게 될 것이다. 이렇게 "어떻게 하면 이 일을 더 잘할 수 있겠습니까?"라고 자주 묻고 업무능력을 개선시켜나가는 그 자체가 상사들에게 당신이 그를 이어나갈 능력 있는 후계자란 사실을 무의식에 생성시키는 것이나 다름없다. 그렇게 열의가 있고 배움의 자세가 된 사람을 인정하지 않을 사람이 어디 있겠는가. 효율적으로 목표를 달성하고 성장하기 위해서는 나보다 뛰어난 사람들을 적극적으로 활용해야 한다. 혼자 시행착오 하면서 오랜 시간을 거쳐 배우기보다는, 제대로 기능하는 분들의 지혜와 힘을 믿고 자신보다 더 많은 지식과 경험을 갖춘 사람들을 존경하고 배우는 것이 훨씬 현명하고 영리한 선택일 것이다.

인생을 바꿀
3번의 기회

사람은 쉽게 바뀌지 않는다

인간은 쉽게 바뀌지 않는다. 반드시 어떤 계기가 필요하다. 그 계기는 보통 3가지 패턴으로 정리할 수 있는데 첫 번째는 죽을병에 걸렸다가 살아났을 때이다. 이때 우리는 삶에 대해 근본적인 부분부터 다시 생각하게 된다. 죽음 앞에 처음으로 직면하면 지나온 삶에 대한 미련과 후회, 반성이 밀려오고 의미 있는 인생에 대해 진지한 고민을 하게 되는 것이다.

사람들은 자신이 언젠가는 죽을 수밖에 없는 유한한 삶을 사는 존재란 것을 실감하지 못하고 살아간다. 삶이 영원할 것 같은 마음 때문에 어제도 오늘도 내일도 크게 다를 바 없이 순간의 재미와 자극만을 추구하면서 의미나 목표 없이 흘러가는 대로 하루를 보낸다. 비유하자면 영원히 놀이공원에서 시간을 보내야 한다면 절대 열심히 놀이기구를 타지 않겠지만, 반나절 후에 놀이공원을 나가야 한다면 주어진 시간 동안 목표를 세우고 집중적으로 놀이기구를 타는데 열을 올리는 것처럼, 삶에도 끝이 있다는 것을 느끼는 사람만이 순간을 가치 있게 보낼 수 있게 되는 것이다.

일반적인 경우, 자신의 죽음을 가까이 경험해본 사람이 많지는 않겠지만, 죽음에 대해 상기하고 떠올려보는 것만으로도 삶의 가치를 부여하는 데 매우 도움이 된다. 그래서 가끔 목적의식 없이 살아가는 젊은 내담자를 만날 때 최면을 유도해서 자신이 나이 들어가고 결국 죽음에 이르는 모습을 가상으로 체험하게 하는 경우가 있다. 이런 체험을 통해 죽음을 간접적으로나마 경험하면 삶에 대한 새로운 시각을 갖추게 되고 멋진 삶을 살겠다는 의지가 매우 커지기 때문이다.

두 번째는 인생의 바닥을 쳤을 때다. 자신의 삶에서 상상도 해보지 못한 최악의 상황을 맞이하게 되면 강력한 회피 동기를 갖게 되고 그 상황을 변화시키기 위한 생각과 노력을 시도하게 된다. 스스로 견딜 수 없을 정도의 인생의 최저점이라고 느껴지는 순간이 오면 그동안 복잡하게 생각했던 것들이 사사롭게 느껴지고 모든 잡념이 사라지면서 그 순간을 벗어나는 것에만 모든 에너지를 쏟아붓게 되고 삶의 변화가 일어나는 것이다.

세 번째는 뛰어난 스승을 만났을 때다. 사람마다 각자 저마다의 힘든 상황들이 있겠지만 어려운 상황 속에서 반응하고 대처하는 방식들은 저마다 다르다. 힘든 상황을 마주할 때 운명이나 사주팔자 등으로 여기며 자신이 통제할 수 없는 것이라고 체념하는 사람도 있지만, 자신이 처한 비슷한 상황들을 먼저 슬기롭게 극복하고 이겨낸 위대한 존재들을 찾아내고 최적의 방법을 알아보면서 자신도 통제할 수 있고 극복할 수 있다는 믿음을 가지고 행동하는 사람도 있다.

결국 자신을 믿는 사람들은 스승과 같은 존재들이 올바른 지식을 활용해서 외부의 상황과 조건을 바꾸고 삶을 주체적으로 살았다는 증거를 보면서 확신을 갖고 마음속 깊이 그분들의 법칙과 신념을 새겨 넣는다. 위대한 인물에게 받은 충격은 우리의 무의식에 깊이 새겨지고 그분들의 지식과 지혜로움을 온전히 내 것으로 체화하는 과정을 통해 삶의 변화를 만들어가는 것이다.

이 세 가지 모두 공통점이 있다. 자기 내면에서 스스로 일어난 변화가 아니라는 점이다. 내면에서 스스로 작동한 것이 아니라 외부에서 주어진 자극요소계기를 통해서 내면이 변화된 것이다. 우리가 스승을 만나고 독서를 해야 하는 것도 '외부로부터 주어지는 좋은 자극'을 얻기 위함이다. 그렇다면 독서를 하면서 획득할 수 있는 중요한 능력들은 어떤 것이 있는지 살펴보자.

1. 문일지십闻一知十의 능력

회사는 언제나 좋은 인재를 채용하려고 노력한다. 회사의 명운이 좋은 인재 선발에 달려 있으니 귀한 인재를 뽑고 싶어하는 것은 당연하다. 좋은 인재라면 어떤 능력을 갖추어야 할까? 한 가지 확실한 것은 말이나 글에 담긴 속뜻을 깊이 이해하고 다방면에서 필요한 핵심 요소들을 파악해내는 문일지십 능력이 뛰어난 사람을 인재라고 판단하는 데 이견이 없다는 점이다. 즉 어떤 이야기를 들었으면 그 내용과 간접적으로 연관된 부분들까지 파악해내고 이해할 수 있어야 한다.

가령 상관이 어떤 지시를 내리면 그 이면에 담긴 다양한 의미까지도 파악하고 실행할 수 있어야 한다는 것이다. '하나를 들으면 열을 안다'는 속담을 생각하면 이해하기 쉽다. 하나를 들으면 열 가지 다른 부분들도 먼저 유추할 수 있는 사람, 다양한 상황이나 조건을 종합적으로 분석하고 판단할 수 있는 능력을 갖춘 사람이 인재인 것이다. 그런 사람들은 모두가 원하고 채용하고 싶어 한다. 당신이 사장인데 당신이 말한 것을 액면 그대로만 이해하는 직원과 당신이 한 말의 속뜻을 이해하고 관련해서 필요한 부분들까지 알아서 준비하고 실행하는 직원 중에 누구를 더 예뻐하고 승진시킬지는 너무나 분명하고 뻔한 일이다. 이처럼 인재로 인정받는 사람들은 모두 문일지십의 능력을 갖추고 있다.

독서를 많이 하다 보면 자연스럽게 문일지십의 능력을 갖추게 되는데, 많은 책을 읽다 보면 수많은 문장을 보게 되고 글의 핵심과 요지가 무엇인지를 계속 생각하면서 읽게 되기 때문이다. 그래서 문장에서 가장 중요한 가치와 핵심을 파악하는 능력이 점점 향상되고, 상황이나 문맥을 빠르게 이해할 수 있게 된다. 꾸준히 독서를 하다 보면 전체 문장을 다 읽어보지 않더라도 다음에 벌어지거나 생길 상황들을 먼저 유추하거나 추론해 낼 수 있게 된다.

유추analogy란 두 개의 사물이 몇몇 성질이나 관계를 공통으로 가지며, 또 한쪽의 사물이 어떤 성질, 또는 관계를 가질 경우, 다른 사물도 그와 같은 성질 또는 관계를 가질 것이라고 추리하는 것이다. 유추를 해내는 능력은 목표를 달성하는 과정에서 매우 큰 의미를 갖는다. 영국의 의사인 에드워드 제너Edward Jenner가 우두독牛痘毒을 보고 종두種痘를 발견한 것도 유추를 이용한 좋은 본보기라고 할 수 있다. 독서를 통해 핵심을 분석하고 상황을 제대로 파악하며 이후의 상황을 유추하고 추론해 낼 수 있는 능력을 갖추게 되면 성공에도 매우 유리해질 뿐만 아니라 생각의 깊이도 매우 깊어져서 삶의 통찰을 얻는 데 도움이 된다.

2. 관주위보貫珠爲寶의 능력

현대는 지식 정보화 사회이다. 엄청난 양의 정보가 실시간으로 생성되고 공유된다. 과거에는 정보가 많을수록 유리했지만, 지금은 넘치는 정보 속에서 유익한 정보만을 선택하여 활용하는 능력이 중요한 시대가 된 것이다.

세상이 필요로 하는 인재도 시대 흐름에 따라서 변화하고 있다. 한정된 정보들을 남들보다 많이 알고 기억하는 사람이 인정을 받았던 시대를 지나, 지금은 무제한적으로 오픈된 정보에 누구나 접근하고 활용할 수 있는 시대에 살고 있다. 더 이상 암기력이 뛰어나다는 장점만으로 대단한 인재라고 여겨지거나 인정받을 수 없다.

아무리 많은 양의 정보를 가지고 있고 암기력이 뛰어나다 하더라도 양적인 측면에서 AI를 능가할 수 있는 사람은 존재하지 않는다. 수많은 정보 중에는 가치 있는 것도 많지만 검증되지 않고 쓸모없는 잘못된 정보도 많아지다 보니, 현시대에 요구되는 인재는 수많은 정보 중에서 정해진 목적에 적합하고 가치가 있는 정보만을 선별하여 의미 있는 형태로 재가공할 수 있는 능력이 있어야 한다.

또한 의미 없는 정보는 폐기할 수 있는 판단력을 갖추고 우후죽순 널브러져 있는 정보들을 효율적으로 처리할 수 있어야 한다. 구슬이 서 말이라도 꿰어야 보배라고 했다. 구슬정보 각각으로는 큰 의미가 없을지라도 순서에 맞게 나열해놓고 구조화시키면 의미 있는부가가치가 높은형태로 만들어낼 수 있다. 넘치는 정보 중에서 필요하고 중요한 정보만을 골라내고 순서를 정리하고 재구성해서 더 큰 가치를 창출하는 능력이 관주위보의 능력이다. 이 능력은 마케팅, 세일즈 분야와도 직접적인 연관성을 가지며 현대와 같은 지식정보사회에서 성공하기 위해서 필수적으로 갖추어야 할 매우 중요한 능력이다.

3. 청산유수靑山流水의 경지

지식은 매우 중요하고 엄청난 힘을 가지고 있지만, 지식이 진정한 가치를 발휘하려면 상대방에게 그 가치가 충분히 전달될 수 있어야만 한다. 상대에게 전달하지 못한 지식은 그 가치를 알 수 없고 자기만족을 위한 도구로 사용될 뿐이다. 지식을 전달할 때 어떻게 전달하는가? 대부분 입으로 말하면서 전달하거나 글로 써서 전달한다. 또는 몸으로 보여주면서 전달할 수 있다. 지식을 한자로 풀어보면 다음과 같다.

知(알 지) = 矢(화살 시) + 口(입 구)

識(알 식) = 言(말씀 언) + 戠(찰흙 시)

'知' 자를 보면 화살 옆에 입이 붙어 있다. 아는 지식이 입에서 화살처럼 줄줄 쏘아져 나와야만 진정한 앎이라고 보는 것이다. 그리고 '識' 자를 보면 찰흙 시에 말씀 언 자가 놓여 있다. 찰흙 판에 글을 새긴다는 의미, 즉 글쓰기를 뜻한다. 즉 안다는 것은 줄줄 입으로 말할 수 있고 글로 표현할 수 있어야만 진정한 앎, 지식이 된다는 것이다. 진짜 지식은 언제라도 술술 표현될 수 있어야 하며, 그것은 단순 암기나 이해의 차원이 아니라 완전히 내면화가 된 상태에서만 가능한 경지라고 할 수 있다. 내면화된 지식만이 타인들에게 제대로 전달될 수 있고 설득력이 있으며 타인을 변화시킬 힘을 발휘할 수 있기 때문이다.

아는 것이 입으로 줄줄 나오는 연설가 혹은 강사를 보면 사람들은 그에게 매료되고 빠져든다. 그의 지식이 완전히 그의 것이란 것을 느끼기 때문이다. 내면화된 지식을 막힘없이 술술 이야기하는 것을 보며 완전히 그에게 몰입되고 그의 지식과 노력을 인정하게 된다. 이를 청산유수의 경지라 한다. 그리고 지식을 글로 막힘이 없이 한 번에 줄줄 써 내려갈 수 있는 사람들, 즉, 일필휘지의 경지에 오른 자들을 보면서 역시 집중과 몰입 상태가 되며 그들을 인정하게 된다. 좋은 책을 많이 쓰는 저자나 작가들에게 사람들이 열광하는 이유도 여기에 있다. 내면화된 지식을 자신의 생활 속에서 활용하고 다양한 면에서 증명하는 이들에게 사람들은 강한 끌림을 느낀다. 언행일치의 모습을 보여주기 때문이다.

2014년 프란치스코[Francis] 교황이 한국에 방문했다. 이때 많은 사람이 종교와 관계없이 그를 환대하고 존경을 표했다. 교황은 왜 인기가 있었을까? 교황이 좋은 책을 많이 읽은 사람이기 때문이다. 좋은 책에서 얻는 귀한 가르침을 내면화해서 사람들에게 보여주고 자신의 삶에서 증명해왔기 때문일 것이다. 그렇게 지행합일의 모습을 보여주니까 사람들이 감화되고 존경하면서 그를 따르는 것이다. 좋은 책을 많이 보고 내면화하여 지식과 더불어 삶의 통찰을 나눌 수 있는 인품을 갖는다면 나이와 상관없이 사람들의 충분한 사랑과 존경을 받을 수 있다.

독서 방법

책을 읽으라고 당부하면 무엇을 어떻게 읽어야 하는지 모르겠다고 고민하는 분들이 많아서 책을 읽을 때 주의해야 할 몇 가지 지침을 정리해보았다.

1. 편안한 마음으로 가장 쉬운 책부터 읽어라.

만화책도 좋다. '○○ 길라잡이'나 '○○ 따라잡기'처럼 쉬운 제목의 책도 상관없다. 어려워 보이는 책이라고 해서 무조건 수준 높은 책은 아닐 수 있다. 오히려 정말로 한 분야에 능통한 존재가 쓴 책들을 보면 친근한 용어로 쉽게 설명이 잘되어 있는 경우가 많다. 본질을 이해하는 저자가 쓴 책들은 보통 쉽게 풀어져 있다.

책을 읽을 때 현학적으로 보이려고 굳이 어려운 용어와 표현을 사용하거나 기본 개념을 건너뛰고 소위 '있어' 보이는 내용만을 담은 책은 피하는 것이 좋다. 어려운 책으로 시작한 사람들일수록 초반에 기가 꺾이고 의기소침해진다. 쉽게 설명이 잘되어 있는 책부터 보는 것이 좋은 것이다. 어떤 책을 읽었는데 내용이 정리가 안 되고 어렵고 복잡하게만 느껴진다면 저자가 내용을 충분히 이해하지 못한 상태로 쓴 책일 수도 있다. 그래서 검증이 되지 않은 사람들의 책은 주의해야 한다.

도서관에서 관심 분야를 검색해서 가장 기본적이고 쉬운 책들부터 몇 권 찾아보라. 기본 개념이 잡히고 어느 정도 그 분야의 지식이 형성된 후에는 다음 단계에서 읽어야 할 좋은 책을 보는 안목이 점차 생길 것이다.

2. 해당 분야에서 가장 뛰어난 자의 노하우를 담은 책을 읽어라.

일을 잘하는 기술, 실전 노하우를 담은 책을 읽어야 한다. 아주 중요한 부분이다. 책을 읽는 이유 중 가장 중요한 핵심이라 할 수 있다. 내가 관심 있는 그 분야의 전문가가 어떻게 그렇게 남과 다른 성과를 낼 수 있었는가를 실전적으로 생생하게 알려주는 책을 봐야 한다. 남과 다른 성취를 하는 데 꼭 필요했던 과정과 노하우를 알려준 책을 가능한 한 많이 찾아내서 읽어야 한다.

성공한 저자들의 걸출한 행동이 어떻게 기획되고 이루어진 것인지 그런 실천력의 근원이 되는 지식이 무엇인지를 책을 보면서 계속 찾아내려고 노력해야 한다. 저자들의 대단한 업적들을 하나하나 쪼개고 분해하고 분석할 수 있게 된다면 당신도 그 일을 할 수 있게 되는 것이다. 이런 책들을 찾아서 읽는 것 자체가 행운이라고 생각하라.

한 분야에서 최고를 찍은 사람들은 그 아래 평범한 수준에 머물러 있는 사람들과 매우 다르다. 1등과 2등의 간극이 현실에서는 너무나 큰 경우가 많다. 1등에게 배워야 가장 중요한 본질을 배울 수 있다. 1등이 아닌 사람들은 본질적이지 못한 부분에 힘을 쏟고 있는 경우들이 많다. 자신의 업에 대한 본질을 꿰뚫고 있는 사람은 같은 분야 지식을 갖고도 그것을 전방위적으로 활용하고 어떤 상황에서라도 적용할 수 있는 탁월한 능력을 가지고 있다. 책을 통해 이들의 경지를 배울 수 있다면 최고의 행운을 얻은 것과 마찬가지이다.

3. 동시에 같은 분야의 책을 여러 권 보라.

어떤 분야를 공부할 때엔 그 분야에 여러 권의 책을 동시에 보라. 해당 분야의 유명한 책 4~5권 정도를 같이 보라는 말이다. 모든 사람이 완벽하지 않듯 사람이 집필한 책도 완벽할 수는 없다. 각각의 책마다 정리나 해설이 더 잘 되어 있는 영역들이 있기 마련이므로 여러 권의 책을 살펴보고 각 책마다 더 명쾌하게 설명한 부분들을 찾아내라. 그리고 설명이 더 잘 되어 있는 부분들을 따로 정리해서 이해하고 완전히 흡수하라. 그러면 개선된 지식을 남들에게도 효율적인 방식으로 전달하고 활용할 수 있게 된다.

한 분야의 유명한 책들을 여러 권 동시에 보고 정리해둔다면 그 분야에 대한 총괄적인 이해도 높아지면서 자연스럽게 자신감도 커지게 된다. 그 분야의 웬만한 중요한 사실들을 전체적으로 알게 되었다는 생각이 들 것이다. 여러 저자의 생각이나 수준들을 알게 되고 더 가치 있고 우월한 생각들이 무엇이 있을까 정리할 수 있다.

그렇게 여러 권의 책들을 참고해서 기존 각 권의 책들보다 더 나은 구성을 갖춘다면 그것을 사람들에게 알리고 싶어질 것이다. 여러 책에서 본 정보들을 핵심만 추려서 기존의 책보다 더 가치 있고 좋은 정보로 재가공하고 자신만의 영역을 구축하라. 그 후 SNS 등에 그 내용을 정리해서 알린다면 사람들에게 더욱 신선하게 어필이 되고 그 분야 전문가로 인정받을 수도 있을 것이다참고로 각기 다른 분야의 책들을 여러 권 읽지는 말아라. 당연히 정신이 산만해진다.

4. 암기할 필요 없다. 항상 배우는 내용을 명확한 본질적 프레임을 통해서 받아들여서 이해하라.

독서는 내용을 외우기 위해 하는 것이 아니다. 많은 정보를 취사 선택하여 '관주위보'할 수 있는 능력을 기르는 것이 중요하다. 외우기보다 이해하는 것에 초점을 맞춰라. 이해가 빠르다는 것은 생각의 뼈대가 올바르게 제대로 형성되어 있다는 얘기다. 생각의 뼈대프레임가 제대로 갖추어지면 책에서 얻는 내용들이 뼈대에 적절한 위치로 이동되어 붙게 되는 것이다. 그래서 이해도 잘되고 언제라도 필요할 때 그 위치에서 꺼내기 때문에 아웃풋도 쉽게 된다.

이렇게 되면 독서가 너무나 재미있게 느껴지게 된다. 독서를 할수록 더욱 뼈대에 살과 근육들이 제대로 붙는 느낌이 드니까 말이다. 뼈대가 먼저 생성된 자들은 입력input만 잘하는 것이 아니라 결과물^{output}도 잘 만들어낼 수 있게 된다. 독서로 재화창출이 가능한 사람들은 이렇게 생각의 뼈대^{확고부동한 주관}에 독서를 통해 얻어진 살과 근육^{지식}을 필요할 때 바로 인출해낼 수 있는 사람들이다. 그래서 생각의 뼈대가 없는 사람들은 책을 읽어봤자 큰 의미가 없다.

요즘 시대는 콘텐츠의 시대라고들 말한다. 정말 맞는 말이다. 좋은 콘텐츠만 풍부하게 있다면 그것을 세상에 알릴 수 있는 통로는 엄청나게 많다. 한가지의 통로가 되는 유튜브만 예를 들겠다. 나도 2019년 1월부터 유튜브를 시작했다. 채널 '박세니마인드코칭'에 업로드되는 모든 영상들은 무의식과 심리에 관한 아주 중요한 콘텐츠를 담고 있는 영상들이다. 삶에서 직접 경험하고 활용하고 변화를 이루었던 생생한 이야기와 가치 있는 심리적 지식을 담아 사람들에게 도움이 되는 콘텐츠를 만들어 공유하면, 사람들은 관심을 갖고 모이게 된다. 누구나 사람들에게 도움이 되고 실용적인 콘텐츠를 생산하여 공유하면 좋은 반응을 얻을 수 있다.

이렇게 말하면 사람들은 '난 콘텐츠에 자신이 없어요' 혹은 '콘텐츠를 찾는 것이 너무 힘들어요'라고 말하곤 한다. 콘텐츠가 풍부하지 못하거나 찾는 것이 어렵다고 생각하는 사람들의 근본적인 문제는 바로 제대로 확립된 프레임이 없다는 것이다. 삶을 바라보는 프레임이나 사람을 바라보는 프레임, 세상을 보는 프레임 등에 대한 확고부동한 주관이 없는 것이다.

인생과 사람을 바라보는 프레임이 정말 명쾌하고 지혜롭게 무의식에까지 잘 내면화된 사람들이라면 콘텐츠는 사실 무한대로 나오기 마련이다. 제대로 된 프레임으로 세상을 해석하다 보면 세상 모든 현상들_{일상적인 것부터 심오한 것까지}이 모두 프레임 속에 있었다는 것을 알게 된다. 그래서 사람들에게 이야기하고 설득할 때도 그 명확한 프레임을 바탕으로 재해석된 내용들을 전달할 수 있게 된다. 일상생활을 바탕으로 비유도 적절히 할 수 있을 뿐만 아니라 생활 속에서 쉽게 접하는 사례 등을 예로 들어 설명할 수도 있게 된다.

간혹 책을 많이 읽었다고 하는 사람 중에 돈을 많이 못 벌거나 유명하지 않은 사람들도 있을 것이다. 바로 이런 경우가 프레임 자체에 문제가 있기에 그런 것이다. 혹은 프레임이 아직 완전히 내면화되지 않아서 힘이 나오지 않는 경우다. 프레임이 탄탄한 사람들은 시간이 흐를수록 그 프레임이 살이 붙기 마련이다. 그렇게 일관된 프레임을 통해서 계속 형성된 모든 경험들이 바로 훌륭한 콘텐츠가 된다.

이렇게 자신만의 콘텐츠를 녹여서 저자들은 책으로 출간한다. 그러면 이것을 읽는 독자들은 어쩔 수 없이 자신의 프레임을 바탕으로 받아들일 수밖에 없다. 그렇기에 프레임이 누가 더 본질적이고 우월하고 가치 있는 것인지가 정말로 중요한 것이다. 결론을 말하자면 책을 외우려고 하는 마음을 버리고 진리에 입각한 탄탄하고 일관된 프레임을 견지한 상태로 다른 책들의 좋은 내용, 콘텐츠들을 적절하게 받아들이고 남들에게 더 효과적으로 활용할 수 있도록 만들어내야 한다는 것이다.

5. 짧은 기간 동안 몰아서 봐라.

책을 볼 때 짧은 시간가령 하루 10분씩 만 투자해서 오랜 기간 보는 것은 좋지 않은 독서 방법이다. 한 분야를 공부할 때 깨작깨작 공부한다는 것은 완전히 심취하지 못한 상태로 시간을 보내고 있는 것을 의미한다. 미적지근한 상태로 오랜 기간을 책을 보는 것인데 그런 스타일로 보다 보면 결국 '뭐 하려고 이걸 읽고 있지?' 하는 느낌이 들 수밖에 없다. 책을 읽는 것은 정보 흡수 단계에 있는 것이고 독서의 가치가 증명되는 것은 말하기나 쓰기 등을 통해서 지식과 정보를 남들에게 전달하는 단계에서 이루어진다.

책을 읽었으면 그냥 정보를 자신의 두뇌에 흡수한 채로 끝내면 안 된다. 반드시 남들에게 전달하는 형태의 행동을 해야만 한다. 그러니 독서를 제대로 하는 사람이라면 인풋의 과정에서부터 그것을 남에게 전달하려는 목적의식을 먼저 갖춘 채로 독서를 해야 한다는 뜻이다. 따라서 본인이 먼저 책을 볼 때 충분히 심취한 상태가 되어야 한다. 심취했다는 것은 시간을 잊을 정도가 되어야 한다는 것이다. 완전히 빠져들어서 거기에 몰입해보면 이것을 가지고 남들에게도 적용해보고 싶은 마음이 커지고 그렇게 배운 지식으로 실전을 경험하는 자신의 모습도 상상할 수 있게 되는 것이다.

짧은 기간에 한 분야의 책들을 몰아서 보는 것은 자신감을 키우는 데 꼭 필요한 행동이라 할 수 있다. 자신감은 온전히 자신의 힘으로만 생성시킬 수 있는 것이 아니다. 자신감의 많은 부분은 남들을 통해서 획득되어지는 것이다. 어떤 분야에서 남들에게 영향력을 제대로 행사하게 되었을 때, 그래서 타인들을 감동시키게 될 때, 돈까지 충분히 받게 될 때 그러한 순간들이 늘어나면서 자연스럽게 내 자신감도 비례해서 올라가는 것이다. 이렇게 자신감을 키우려면 반드시 실전_{타인에게 설명하기}을 거쳐야만 한다.

본인도 심취하지 못한 채로 책을 읽는 사람은 독서로부터 타인들에게 영향력을 끼칠 수 있는 근원적 힘을 얻기가 어렵다. 물을 계속 붓다 보면 잔에 물이 넘쳐 흐르는 것처럼 지식이 일정 수준을 상회하고 결국 넘쳐나게 되는 그 순간을 맛본 자들만이 실전으로 들어간다.

사람은 어떤 정보를 습득한 후에 완전히 내면화하려면 반복이 필요하다. 그러나 많은 사람들이 바쁘게 살아가다 보니 반복을 할 시간을 제대로 갖지 못하는 듯하다. 그래서 현실적으로 지식을 내면화시킬 수 있는 제일 좋은 방법은 짧은 기간_{그래도 최소 몇 달은 되어야 할 것이다}이라도 몰아서 보고 그 지식을 바로 실전으로 연결시키면서 내면화되도록 만드는 것이다.

책에서 본 정보들을 남들에게 잘 활용하여 성공한 사람들은 이런 과정을 거친 뒤에 행동으로 옮긴 것이다. 강의할 때 농담 삼아서 이런 말을 하곤 한다. 무엇을 공부하고 배울 때 아무하고도 만나지 말고 두문불출의 상태로 책을 보라고. 사람들과 연락 두절의 상태로 지내라고. 그래서 사람들이 "그 사람 죽은 거 아니야?"라고 오해받을 정도로 짧은 기간 몰아서 노력하는 습관을 가지라고 말이다.

이렇게 3~6개월 정도 분야마다 좀 기간이 다를 수 있다 집중적인 독서를 하고 나면 그 분야 지식에 대한 자신감이 확실하게 생긴다. 점점 자신감이 붙으면서 그 분야의 고수들에게 한 수 가르침을 청하고 싶을 정도가 되고, 드디어 고수들을 찾아가서 '대련'을 부탁하게 된다. 대련을 통해서 고수에게 얻어터지게 되더라도 고수에게 귀한 가르침을 얻게 된다. 이렇게 고수들과 실천을 거치면 바로 그와 나의 차이를 더욱 분명하게 깨닫게 된다. 그럼 그 부분을 더욱 빠르게 보완하고 보충하면 되는 것이다. 만약 운이 따른다면 당신의 실력에 인상 깊어진 고수에게 스카우트 제의를 받을 수도 있다. 그렇게 하면 남들과 다른 빠른 실력향상이 가능해질 것이다. 이렇게 또 자신의 운도 더 좋게 만들어가는 것이다.

6. 책은 반드시 바른 자세로 앉아서 본다.

책을 보는 이유를 항상 의식적으로 생각하고 봐야 한다. 책을 보는 이유는 책을 쓴 대단한 작가의 지혜로움을 배워 내 삶에 적용하고 활용하기 위해서다. 독서란 그렇게 책을 통해 얻은 지식을 남들에게 활용해서 좋은 영향력을 행사하고 재화 창출까지 가능하게 만들어주는 엄청난 과정이다. 독서를 할 땐 당연히 그런 기대감을 갖고 책에서 본 좋은 내용이 내 무의식에 새겨지도록 노력해야 한다.

몸과 마음은 연결되어 있다. 몸이 흐트러지면 마음도 흐트러지는 것이 당연하다. 옛 선비들이 왜 책을 읽기 전에 몸가짐을 바르게 하고 정자세로 책을 보았는지 생각해보라. 무엇인가를 배우려고 하는 자라면, 더구나 그 배움을 분야 최고의 대가가 쓴 책으로 얻으려는 것이라면 반드시 그에 대한 예의를 스스로 갖추고 바른 자세로 보아야 한다. 존경과 감사의 마음을 담은 자세로 책을 봐야 한다.

우리에게 진정으로 도움이 되는 귀한 책들은 누워서 본다면 몇 분 안에 우리를 잠들게 할 수 있다. 그래서 자신을 위해서라도 책은 반드시 바른 자세로 보아야 한다. 항상 책을 대할 때면 스승을 대하듯 존경과 감사의 자세로 읽어라. 독서 중 음악도 듣지 마라. 온전히 책만 보라.

'음악을 들으면서 독서해야 더 잘되던데요.' 이렇게 말하는 사람들이 있다. 여러 가지 일을 동시에 하는 멀티태스킹은 절대로 효율적이지 않다. 오히려 모두 건성으로 할 수밖에 없게 만든다. 그러면서도 왠지 잘 이해된 것 같은 착각에 빠지게 한다. 일반적으로 사람들은 어떤 것을 기억할 때 당시의 주변 상황까지 함께 묶어서 기억하는 경향이 있는데, 이것을 맥락적인 기억contextual memory 이라 한다. 그래서 가급적 책을 읽을 때는 자신이 일을 할 때 주로 입고 있는 복장 코드를 하고 그 지식을 활용할 장소에서 보는 것이 좋다.

예를 들자면 난 대부분의 시간을 강의, 교육, 개인 상담으로 보낸다. 그리고 언제나 정장 차림이다. 그래서 책을 읽을 때도 정장 차림을 입고 센터나 교육장에서 주로 읽는 편이다. 책에서 얻은 그 내용들이 맥락적인 기억으로 자리 잡아서 실전에서 더욱 효과적인 힘을 발휘할 수 있기 때문이다. 니체는 말했다. "독서는 남들의 피와 뼈를 흡수하는 과정인데 그런 과정을 대충하는 사람을 보면 역겨움이 느껴진다." 나도 그런 자들을 보면 안타까움을 크게 느낀다.

7. 책과 몸을 일체화한다.

난 책에 애착이 심한 편이다. 책을 굉장히 소중하게 여긴다. 그러면 사람들은 책을 굉장히 깨끗하게 볼 것이라 생각할 텐데 그렇지 않다. 내가 본 책들에는 중요한 부분에 밑줄도 많이 그어져 있고 책의 여백에 내 견해들을 많이 적어두었다. 책에서 정말로 공감하고 도움이 되었던 부분에는 내 아들이 나중에 읽을 때라도 도움이 되도록 이해하기 쉬운 표현으로 바꿔 적어본다. 그리고 마음에 들지 않는 부분이 있으면 내 생각으로 바꿔서 적어둔다. 정말 좋은 책에는 내지에 아들에게 몇 번 이상 반드시 읽어보라고 당부의 말도 적어두었다.

또 내 책에는 여기저기 접혀 있는 부분이 많다. 책의 중요한 포인

트와 중심내용이 담긴 부분은 접혀 있는 것뿐만 아니라 그 부분이 잘 펴지도록 해놔서 나중에 그 중요한 내용을 찾아보기 쉽게 만들어 놓기도 한다. 그러다 보니 겉으로는 좀 지저분하게 보일 수도 있지만, 내가 읽은 책에는 내 생각과 견해들이 고스란히 남겨져 있기에 정이 들고 애착이 생기는 것이다.

난 책을 남들에게 빌려주지 않는다. 책들의 대부분이 한 분야에서 큰 성취를 이루고 증명을 한 사람들이 쓴 책들이라서 그들의 지식을 제대로 배우게 된 이후에도 그 책을 언제나 책장에 두고 가끔 필요할 때 참고할 수 있어야 마음이 편하기 때문에 빌려주지 않는 것이다. 때로는 책을 빌려주는 것이 마치 내 재산을 밖으로 유출시키는 느낌마저 든다. 남들도 이렇게 책에 대한 진정한 가치를 알고 좋은 책과 자신을 동일시할 정도로 애착을 가졌으면 좋겠다.

8. 틈나는 대로 읽어라.

책을 왜 안 보느냐는 질문에 아마도 '시간이 없어서'라고 말하는 사람들이 제일 많을 것이다. 사실 이건 말이 안 되는 답변이다. 시간은 우리가 죽는 날까지 계속 있는 것이다. 그리고 우리는 항상 시간 속에서 반드시 어떤 일을 하고 있기 때문에 시간이 없다고 하는 사람도 항상 시간 속에서 책을 읽는 것 이외의 행동들을 무엇이라도 하고 있었다.

시간이 없는 것이 아니라 시간 속에서 해야 할 일 중에 독서가 빠져 있었던 것이다. 그리고는 결국 다른 일로 시간을 다 소모하다가 독서를 할 시간이 없었다고 한다. 이런 사람들은 독서가 정확히 무엇인지가 제대로 마음속에 정립이 되지 않은 상태다. 자본주의 시대에서 독서란 재화 창출의 기술이다. 자본주의에서 도태되지 않고 승자로 살아가려면 의미 있는 삶을 살겠다고 해도 마찬가지로 반드시 책을 통해 재화 창출의 기술을 익히고 터득해야 한다. 무엇보다 당신의 삶에서 독서가 최우선 가치임을 인정하라. 그리고 변명 없이 독서를 하라. 바쁘다는 의미 없는 핑계를 그만두고 지금 당장 책을 읽으란 말이다 바쁜 사람들이 책을 더 본다는 사실을 반드시 알아야 할 것이다.

안중근 의사께서는 "하루라도 책을 읽지 않으면 입안에 가시가 돋는다"고 하셨다. '일일부독서구중생형극一日不讀書口中生荊棘'의 뜻은 매일 책을 읽어서 내 정신에 선현들의 진리를 심어놓지 않으면 그것으로 끝나는 것이 아니라 내 정신에 시정잡배가 들어와 무의식적으로 내 입을 통해 가시 돋친 상스럽고 부정적인 말을 하게 만드는 것을 경계하라고 하신 말씀이다.

살면서 어떤 것을 이루고 싶다면 어렵고 쉽고를 따지면 안 된다. 무조건 원하는 바를 이루기 위한 일을 매일 매일 단 하루도 쉬지 않고 계속해나가는 것이 최선이다. 독서도 반드시 그렇게 해야 한다. 최소한 하루에 한 시간이라도 매일 독서하라. 하다 보면 늘 것이다. 매일 매일 계속하는 것이 중요하다. 억대 소득을 달성하는 판매왕들이 쓴 책을 보면 하루 목표 계약을 채우지 못하면 밥을 안 먹었다고 한다. 부디 책을 안 읽었으면 밥도 먹지 않겠다는 그런 결심을 하면 좋겠다.

9. 판타지 소설, 무협 소설 보지 마라.

나는 범죄 스릴러 소설을 사실 좋아하는 사람이다. 마이클 코넬리Michael Connelly의 책을 거의 다 보았을 정도로 좋아한다. 이런 종류의 책들은 정말 재미있다. 그래서 한 번 읽으면 거의 시리즈로 보아야 직성이 풀린다. 시간을 너무나 소모하게 된다는 말이다. 그런데 돈을 버는 문제가 충분히 해결되지 않은 상태에서 이렇게 많은 시간을 소모하는 것은 바람직하지 않다. 취미거리의 책들은 잠시 미루어두고 먼저 경제적으로도 충분한 성장을 이루는 데 도움 되는 실용서부터 읽는 것이 우선이다.

그리고 소설 중에서도 특히 판타지, 무협 소설 등은 더 피하는 것이 좋다. 범죄소설에서는 최소한으로 얻는 것도 있었다. 가령, 권선징악에서 느껴지는 카타르시스, 주인공의 집념과 소명의식에 대한 감동, 혹은 멋진 대화 표현 등을 얻을 수도 있다. 하지만 판타지나 무협은 우리가 사는 현실과 동떨어진 더 가상의 세상에서 이루어지는 이야기이기 때문에 별로 실생활에서 도움 될 것들을 얻기 힘들다.

'해리 포터' 시리즈를 읽은 후 주문대로 외치면 마법을 펼칠 수 있나? 무협지에서 본 내공 증진법을 따라 당신의 신체를 건강하게 하는 데 도움을 받았는가? 아닐 것이다. 이런 책들은 당신의 망상을 극대화시킨다. 이런 부류의 책들에 빠져들수록 당신은 점점 더 현실 감각을 잃어버리게 된다. 두뇌는 실제와 상상을 구분할 수 없기에 이런 종류의 책들은 당신의 귀한 시간을 황당한 망상이나 하도록 만들어줄 것이다.

이런 부류의 소설보다 사실 당신의 실제 삶이 더 재미있어야 한다. 자신의 일로 더 재미를 느끼려면 일을 재미있게 만드는 요소를 깨닫고 제대로 준비해야 한다. 그렇지 않고 이런 류의 책을 읽는다면 거의 현실도피자나 다름이 없다. 물론 '나는 나중에 판타지 작가나 무협소설 작가가 될 것이다'란 생각과 꿈을 갖고 노력하며 글을 쓰는 작가라면 예외겠지만 말이다.

10. 대형서점을 자주 들러라.

격주에 한 번 정도는 대형서점에 가서 좋은 책들이 나와 있는지 살펴라. 특히 자신이 아직 어떤 분야에서 뛰어난 성공을 하지 못했다고 생각한다면 더욱 이렇게 해야 할 것이다. 대형서점에 가지 않고 책을 인터넷으로만 사는 사람들도 있다. 물론 나도 인터넷서점이 발전한 뒤로부터는 대체적으로 인터넷서점에서 책을 주로 사는 편이기는 하다. 그러나 가끔은 대형서점에 직접 간다.

특히 나이가 젊은 사람들이라면 이렇게 하는 것이 더욱 필요하다고 생각한다. 왜냐하면 자신의 업의 분야가 확실하게 형성되기 전의 젊은 층들은 여러 종류의 책들을 볼 필요성이 더 있기 때문이다. 인터넷서점에서는 마케팅 비용을 많이 쓰는 책들이 메인 화면에 뜨게 된다. 그래서 인터넷서점에서는 팔릴만한 책들^{절대 내용까지 좋은 책이 아닐 수 있다}을 밀 수밖에 없다. 인터넷서점에서 주로 미는 책들은 깊고 심오한 책들보다는 가벼운 책들이 많다. 일반인에게 그 눈높이가 맞춰져 있기 때문이다.

우리나라는 특히 자기계발에 대한 욕구가 강해서 자기계발 책들이 많이 팔린다. 간혹 내용은 별 볼일 없는데 단지 마케팅을 잘해서 잘 팔리는 책들도 있다. 나는 책을 고를 때 저자가 자신의 분야에서 제대로 증명하지 못한 사람이라면 책을 선택하지 않는다.

여러 사람이 읽었다고 좋은 책이라 믿는 사람들도 정말 많은 것 같다. 책에 대한 자신만의 확고한 준거도 없고 평소에 책을 잘 보지 않아서 남들이 많이 봤다고 하면 무턱대고 좋은 책인 줄로 착각하고 읽는 사람들이다. 앞으로 인터넷서점의 마케팅 상술에 넘어가지 않기 위해서라도 가끔은 대형서점에 가라. 어떤 한 분야에 관심이 있다면 그 코너에서 여러 권의 책을 직접 들추면서 보라. 마케팅을 제대로 하지 못한, 그러나 내용이 엄청나게 좋은 책이 있을 수도 있다. 그 가능성에 기대를 걸고 대형서점에 가끔은 직접 가야 하는 것이다.

만약 정말 숨은 고수가 쓴 책을 발견해서 사서 읽게 된다면 그 귀한 책을 읽지 못한 대다수의 사람과 차별화가 된 것이다. 고도의 집중과 몰입 상태를 만들어내는 가장 좋은 방법이 차별화다. 사람이 크게 성공하려면 반드시 자신의 운까지 높일 수 있는 노력을 해야 한다. 대형서점에 자주 들러 좋은 책을 살펴보는 습관은 스스로 운을 높일 수 있는 노력의 일환이라고 할 수 있다.

11. 언제나 올바른 프레임을 견지하고 깨어나 있는 상태로 읽어라.

인생은 그가 내면화한 프레임으로 결정이 난다. 인생을 멋지게 살아가려면 인생의 프레임인생관이라고 해도 좋다에 오류가 없어야 하고 프레임 자체가 올바른 것이어야만 한다. 사람들이 간혹 "인생 뭐 있냐?" "인생 별거 없어" 등의 말을 한다. 이런 말을 하는 사람들은 인생관이 명확하지 않고 허술하기 때문에 인생도 그저 그런 상태로 살아가고 있는 것이다.

〈인생은 아름다워〉라는 유명한 영화가 있다. 아내와 아들과 행복한 삶을 살던 주인공은 어느 날 온 가족과 나치 수용소로 끌려가게 된다. 명장면이 정말 많지만, 나치가 아이들을 독가스실에 넣고 몰살시킨 후 여자 수감인들에게 죽은 아이들의 옷가지들을 치우게 하는 장면이 있었다. 아내는 사랑하는 아들이 이미 죽었을 것이라 믿고 망연자실한 표정으로 옷을 치우고 있는데, 아들을 숨겨둔 수레를 밀고 가던 주인공이 사람이 없는 틈을 타 방송실 스피커를 켜고 말한다.

"안녕하세요. 공주님 어제 밤새도록 그대 꿈을 꾸었다오. 같이 극장에 갔는데 당신은 내가 좋아하는 분홍색 옷을 입고 있었어. 난 당신 생각뿐이에요. 공주님 항상 당신만 생각하오."

아들 조슈아도 한마디 거든다.

"엄마, 아빠가 손수레에 태워줬는데 운전을 잘못해. 너무 웃겨서 배가 아파! 아빠가 우리가 일등이래. 오늘은 몇 점 땄지?"

"뛰어, 소리치는 나쁜 사람들이 쫓아온다!"

아내가 이 음성을 듣고 있는 표정과 그 뒤로 보이는 시신들의 소복하게 쌓인 옷가지 등을 보면서 참 많은 것이 느껴졌다. 주인공은 아들 조슈아에게 수용소에 온 것은 게임을 하기 위한 것이라고 거짓으로 설명하면서 아이가 안심하도록 마지막 순간까지도 웃음을 잃지 않았고, 그 절절한 부정父情에 큰 감동을 받았다. 인간이란 지옥 같은 상황에서도 사랑과 같은 가치 있는 것에만 집중하다보면 그곳에서조차 행복을 만들어내고 느낄 수 있는 존재라는 것을 다시 한번 깨닫게 되었다.

인생이 아름다울 수 있는 것은 '인생이 아름답다'라는 확고부동한 프레임을 갖추고 있는 상태로 사는 사람들에게만 해당되는 것이다. 이 영화에서처럼 지옥에서도 손상될 수 없는 불변의 가치관을 갖고 살 수 있다면 인생은 정말 아름답다.

내가 확고부동하게 갖고 사는 인생 프레임인생관은 '인생은 고도의 집중과 몰입 상태를 내 분야에서 더 멋있게 잘 만들어내는 과정이다'라는 것이다. 이 인생관이 정립된 후론 인생에 대하여 어떤 의심이나 의혹도 없이 모든 순간을 의미 있게 살아가고 있다.

시간이 흐를수록 내가 깨달은 이 프레임을 많은 사람들에게 공유하고 나누고 싶은 마음만 커질 뿐이다. 나의 삶을 통해서 변화하고 성장하고 더 행복해짐을 직접 경험했기 때문에 나이가 들수록 더 큰 확신을 갖게 되는 것이다.

책을 읽을 때도 항상 인생의 프레임을 갖고 읽기를 바란다. 내 프레임을 강요하려는 의도가 아니다. 자신의 인생 프레임이 확실하다면 흔들림 없이 적용하면 된다. 중요한 것은 확실한 프레임을 갖추고 책을 읽어야만 프레임뼈대에 살이 붙기 시작한다. 나는 책을 볼 때 항상 나의 인생관, 인간관을 가지고 읽다 보니 끊임없이 발전할 수 있었다. 책을 읽으면 읽을수록 계속 더 강해지고 있는 느낌과 확신이 든다. 그냥 습관처럼 책만 읽는다고 발전하고 성장하지는 않는다. 자신의 목표와 뼈대를 먼저 단단하게 갖추고 풍성하고 가치 있는 살을 붙여나가면서 책을 읽어야만 진정한 발전과 성취가 있게 된다.

누구나 후광효과를
누릴 수 있다

우리가 열광하는 모든 순간에는 '몰입'이 있다

좋은 학벌이 정말 좋은 미래를 보장할 수 있을까? 절대 그렇지
않다. 하지만 성공과 학벌을 완전하게 분리해서 생각할 수 있었던
것은 20대 중반이 넘어서야 가능했던 것 같다. 많은 사람들의 머
릿속엔 학벌을 갖추지 못하면 성공할 수 없다는 공식과 같은 것이
존재한다. 정말 성공하고 싶다면 자신의 잠재력을 깨우고 싶다면
이런 생각에서 한시라도 빨리 깨어나야^{awake} 한다.

개인적인 이야기지만 아버지는 고대 국문과를 졸업하고 고등학
교에서 교직 생활을 하셨는데 'SKY^{서울대, 고려대, 연세대}를 나온 사람들

은 뭔가 달라도 다르다'거나 'SKY는 나와야 인정받고 살 수 있다' 는 등의 학벌에 대한 말씀을 자주하셨다. 교육자이셨지만 왜 명문 대를 나오는 것이 좋은 것인지를 논리적으로 설명해주시지는 못 하셨고 그저 명문대를 나와야 제도권의 사람이 될 수 있고 그렇지 못한 사람들은 비제도권에서 살아가야 한다는 말씀과 명문대 출신이 아닌 사람들은 무시하는 언행을 보여주셨다.

그런데 독서를 하면서 성공한 사람들을 분석해보니 단순히 학벌보다 세상에 통하는 지식실전지식이라고 하겠다을 활용해서 성공했다는 사실이 명확하게 보이기 시작했다. 명문대 나온 사람이라도 실전지식이 없는 사람은 실전지식을 갖춘 고졸 출신에게도 질 수 있다는 사실도 알게 되었고 의외로 실전능력이 없는 명문대 출신도 굉장히 많다는 것도 알게 되었다. 그들은 자신이 명문대 출신이란 이유로 엘리트 의식에 빠져서 필요한 노력을 게을리 한 것이다. 명문대 출신이라는 것은 암기능력과 성실성이 우수했다는 것을 증명한다고 볼 수도 있는 것인데 명문대를 가지 못한 사람들보다 자신이 모든 면에서 우수하다는 착각에 빠져서 스스로 기회를 얻어낼 생각을 하지 않고 수동적으로 기회가 오기만을 기다리는 답답한 사람으로 전락하는 경우도 있는 것이다.

세상에는 명문대 나오지 않고도 멋있게 사는 사람이 무척 많다. 그런데도 우리가 애를 써서 좋은 대학에 들어가려는 이유는 무엇일까? 명문대를 가게 된다면 고도의 집중과 몰입 상태를 좀 더 쉽게 만들어낼 수 있기 때문이다. 이 말이 무슨 뜻인지 이해하려면 세상이 돌아가는 원리를 이해할 필요가 있다.

우리는 어떻게 태어났는가. 부모님이 서로 사랑해서, 남녀가 고도의 집중과 몰입 상태에서 사랑을 하고 그 결과 생명이 탄생하여 삶이 시작된 것이다. 인간은 매우 연약한 상태로 세상에 태어난다. 처음에 태어났을 때 목도 가누지 못하는 연약하고 힘없는 존재였지만 부모님께서 한시도 눈을 떼지 않고 우리를 고도의 집중과 몰입 상태로 돌보아주셔서 생존할 수 있었다. 즉, 고도의 집중과 몰입 상태는 인간 생명의 근원이자 생존을 가능하게 하는 원동력인 것이다.

어린 시절 부모님 혹은 친구들과 함께했던 아름다운 시간들을 떠올려보자. 이것을 우리는 추억이라고 부른다. 그리고 모두가 남은 인생 동안 더 많은 추억을 쌓기를 원한다. 추억이란 무엇인가. 어떤 상황에서 평상시보다 더욱 고도의 집중과 몰입 상태가 되면서 강렬한 감정을 동반한 기억들이 단기기억으로 그치지 않고 장기기억화된 것을 추억이라 한다.

당신이 가장 좋아하는 영화를 떠올려보라. 그 영화는 보는 내내 시간이 순식간에 훅 지나가버린 것과 같은 느낌과 깊은 여운을 남기고 당신을 그 순간 '고도의 집중과 몰입 상태'로 빠지게 만든 영화였을 것이다. 절친한 친구들과의 만남을 즐기는 것 역시 고도의 집중과 몰입 상태를 경험하고 싶기 때문이다. 서로에게 집중하고 몰입할 수 없는 사이라면 친구가 될 수 없다. 슈퍼카, 명품 옷, 좋아하는 TV 프로그램 등 우리가 열광하는 모든 것에는 하나의 공통점이 있다. 우리를 고도의 집중과 몰입 상태로 이끈다는 점이다. 어떤 분야에서 고도의 집중과 몰입 상태를 잘 만들어내는 능력은 매우 중요하며 인간이 본질적으로 추구해야 할 가치이다. 이러한 능력을 가진 사람들은 타인을 열광시킬 수 있다. 그래서 우리의 인생의 목표는 한 분야에서 고도의 집중과 몰입 상태를 잘 만들어내는 것이 되어야 한다. 자신이 하는 일로 사람들을 완전히 고도의 집중과 몰입 상태로 만들어내면 사람들을 감동시킬 수 있고 그런 사람들에게 감사를 받으며 당신도 진정한 행복감을 느끼게 된다.

좋은 대학에 들어가면 사람들이 그에 대한 비판의식과 거부감을 조금 낮추는 데 도움이 된다. 이들이 어떤 부탁이나 요청을 하면 좀 더 쉽게 들어주고 이들의 말은 좀 더 신뢰하고 듣는 경향이 있다. 이 것이 바로 명문대를 가면 좋은 이유인 것이다. 상대에게 고도의 집중과 몰입 상태를 만들어내기가 좀 더 수월해지기 때문에 명문대를 졸업하는 것이 의미가 있다. 하지만 이런 세상의 이치를 완전하게 깨닫고 공부하는 수험생들을 본 적은 거의 없다. 소수의 사람을 제외하고는 이런 이치에 대해서 곰곰이 생각해보지 않았던 것이다.

세상의 이치를 깨닫지 못한 채 명문대에 진학하면 대입에는 성공했을지 몰라도 그 이상의 성공은 불확실해진다. 대학생이 되어도 무엇을 위해서 공부를 하고 어떻게 살아야 하는지에 대한 답을 찾지 못하고 방황하는 소위 '대2병'을 호소하는 대학생들이 매우 많은 현실이 안타까울 뿐이다.2017년 방송된 <SBS스페셜> '대2병, 학교를 묻다'가 어느 명문대에서 설문 조사를 했다. 학생 중 66퍼센트가 대2병을 앓고 있다고 답했다.

스카이 뛰어넘는 최고의 학벌은?

사람들이 당신에게 열광하도록 하려면 어떻게 해야 할까? 한 분야의 전문가가 되어 세상을 열광시키려면 어떻게 해야 할까? 타인이 나에게 집중할 수 있도록 만들면 된다. 나를 통해 몰입 상태에 빠지도록 하면 된다. 이것을 자유자재로 할 수 있으면 당신은 원하는 바를 모두 이루게 될 것이다.

몰입 상태에 들어서면 인간의 마음은 비판의식을 거둬들인다. 누군가에게 진정 몰입했을 때 우리는 그 사람에 대한 비판의식과 거부감을 낮추게 되고 상대에게 흠뻑 빠져들게 된다. 마치 사랑에 빠지면, 즉 상대방에게 완전히 몰입되면 그 사람에 대한 모든 것이 좋아 보이고 그의 말이 모두 맞는 것처럼 들리는 것으로 비유하면 한결 이해가 쉬울 것이다. 자신이 어떤 분야를 선택하고 어떤 길로 가든지 자신만의 경험, 노하우를 만들어내서 다른 이들을 고도의 집중과 몰입 상태로 만들어줄 수만 있다면, 충분히 가치 있고 존귀한 사람으로 대우받을 수 있게 된다.

대부분의 나라가 그렇겠지만 우리나라는 특히 대학의 서열을 매우 중요하게 생각하고 대입에 엄청나게 열을 올리는 나라이다.

명문 고등학교와 유명 학원의 위치에 따라 부동산 가격이 달라지고, 가계지출액에서 사교육비가 차지하는 비율을 보면 그 열기를 가늠할 수 있다. 어쨌든 더 남들이 인정하는 명문대학에 진학해서 더 좋은 출발선을 얻어내려고 노력하는 것이 결코 가치가 없는 일은 아니다. 가능하다면 명문대에 진학할 수 있다면 진학하는 것이 좋다.

하지만 내가 계속 이야기하는 세상이 돌아가는 근본 원칙고도의집중과 몰입 상태을 모르고 명문대 가봐야 명문대 출신의 이점을 제대로 활용할 수 없는 반쪽짜리 영광으로 끝난다는 것이다. 명문대 학벌은 절대로 인생의 최종목표가 아니다. 인생의 최종목표는 자신의 분야에서만큼은 고도의 집중과 몰입 상태를 더 멋지게 잘 만들어내는 것이어야 한다. 이 목표는 생이 끝날 때까지 지속되어야 한다. 명문대에 진학하지 못한 학생뿐만 아니라 일반 성인들 중에서도 좋은 학벌을 갖지 못한 것을 콤플렉스로 여기는 사람들이 있는데 절대 그럴 필요가 없다.

사실 명문대에 합격했다는 것은 남들보다 학창시절에 좀 더 성실하게 공부했고 암기력이 뛰어나다는 것이 증명된 것이라 할 수 있다. 하나 더 추가하자면 엉덩이를 의자에 붙이고 공부를 오래 할수 있는 능력이 뛰어난 것이다. 그런데 정보가 넘쳐나는 세상에서 암기력이 뛰어나다고 성공에 크게 유리한 점은 별로 없다. 원하는 정보는 언제든지 인터넷에서 바로 확인 가능하기 때문에 여러 정보 지식들을 융합하고 통합하는 능력이 단순 암기 능력보다 비교할 수 없이 더 중요하고 가치 있는 능력이 되었다. 이런 능력을 키우기 위해서 어느 대학교에 진학하는 것이 제일 유리한 것인지는 알 길이 없다. 그리고 아마도 그런 대학교는 거의 존재하지 않을 것이다. 대학에 기대할 것이 아니라 실제로 강함을 증명한 사람들을 찾아가서 배워야 할 부분들이다. 또 엉덩이를 붙이고 오래 앉아 있는 능력^{시간 확보 능력}은 명문대 진학한 사람이 명문대 진학을 하지 못한 사람들보다 우수하다는 것을 증명한 것은 맞지만, 명문대에 진학하지 못한 사람도 무엇에 완전하게 몰입하는 계기가 마련된다면 누가 더 오래 앉아서 집중할 수 있을지도 사실 알 수가 없다.

명문대에 진학하지 못한 사람들은 그 당시에 공부하는 것에 흥미를 느끼지 못했거나, 명문대 진학을 통해 자신이 얻게 될 이득에 대해서 미처 생각하지 못했거나, 자신이 하고자 하는 분야에서 당시 대학이 전혀 필요하지 않다고 판단한 사람들이라고 보면 된다. 이러한 근거에도 불구하고 사람들은^{특히 기회를 줄 수 있는 사람들 입장에서} 명문대에 진학한 사람이 그렇지 못한 사람보다 여러 가지 면에서 더 나을 것이란 관념을 무의식적으로 갖추게 된 것뿐이다. 또한 명문대에 진학 못 한 사람들도 세상의 통념을 그대로 무의식적으로 받아들이면서 본인 스스로가 명문대 출신을 이길 수 없다고 한계를 설정해버리는 것이다.

성공하려면 편협한 생각과 잘못된 신념으로부터 최면에 빠져 있는 자신의 무의식을 완전히 뒤엎어 버려야 한다. 이런 생각은 대다수 사람의 무의식에 뿌리 깊게 박힌 것인데 이것을 깨지 못하는 한 큰 성취도 진정한 행복도 얻기 어렵다.

좋은 학벌 없이는 성공도 불가능하다는 이 잘못된 최면적 믿음에서 스스로 깨어나려면 성공의 다양성을 인정해야 할 것이다. 인간은 아무리 뛰어나다 하더라도 모든 분야의 일을 다 잘할 수는 없다. 아무리 뛰어난 사람도 일부의 분야에서 뛰어난 것이지 다른 분야에서는 완전히 무능력하고 문외한일 수 있다는 것을 알기 바란다. 학벌과 상관없이 한 분야에서 뛰어난 사람이 되려는 목표를 확고하게 갖추고 제대로 노력해서 증명하면 되는 것이다.

기존의 관념을 바꾼다는 것이 얼마나 중요한지 생각해보기 위해 토끼와 거북이를 예시로 설명해보겠다. 토끼와 거북이가 경주하면 누가 이길까? 당연히 토끼가 이긴다. 근데 거북이가 이길 수 있는 방법은 없을까? 있다. 거북이가 토끼를 물로 데려가서 시합을 하면 된다. 관점만 달리해도 성공은 매우 가까워진다. 남들이 정해놓은 규칙에 길들여지면 안된다. 스스로 룰을 정해서 상대에게 적용시키는 법을 터득해야 한다.

자신이 강점으로 갖고 있는 특성이나 특색이 무엇인지 잘 파악하고 분석할 필요가 있다. 목소리, 외모 등 외적인 부분의 강점이든 예절, 호감, 리더십이든 차별화된 지식, 기술, 능력이든 남들보다 집중과 몰입 상태를 더욱 잘 만들 수 있는 자신의 장점을 찾으란 이야기다. 그리고 그것으로 승부를 보면 된다. 타인들이 만들어 놓은 학벌이란 틀에 자신을 가두지 말라. 학벌이 아무리 좋아도 자신의 분야의 지식을 지속적으로 익히고 내면화해서 남들에게 설명하고 활용하면서 스스로 운을 높이는 노력을 하지 않는 자는 정체된 삶을 살게 될 뿐이다. 반면에 당신이 꾸준히 지식을 쌓고 더 강한 존재들에게 지식을 활용하는 것을 지상 과제로 여기면서 계속 실천하고 있다면 당신이 그들보다 훨씬 높은 위치로 올라가게 되고 더 멋진 삶을 살아가게 될 것이다.

한마디로 이 세상에 존재하는 최고의 명문대는 바로 '들이대'란 것을 명심하길 바란다. 명문대 나온 것으로 편하게 살 수 있을 것이라 기대하지 말고, 전문 직업을 얻었다고 모든 것을 다 얻었다고 착각하지 마라. 빛 좋은 개살구처럼 겉보기에는 그럴듯해 보이지만 별로 대단치 못한 인생을 살게 되고 경제적으로도 궁핍한 삶을 살게 될 수도 있다. 그보다는 죽을 때까지 최대한 자주 '들이대'를 많이 졸업해보겠다고 마음을 먹고 이왕이면 '들이대' 중에서 최상위 대학인 '준비 철저히 하고 마구 들이대'를 나오도록 하라. 그것이 성공을 위한 진정한 스펙이 되어줄 것이다. 학벌은 남들이 만들어낸 하나의 작은 틀에 불과하다. 사정이 있어서 그 틀에 끼지 못했다면 이제부터는 가장 본질에 가까운 생각의 틀을 갖추고 올바른 노력을 경주해나가면 된다.

'성공형 캐릭터'에 대한
선입견을 깨자

성공에 더 적합한 성격?

당신은 내향적 성격인가, 외향적 성격인가? 어떤 성격이 더 성공에 적합하다고 믿는가? 사람은 정해진 기질을 갖고 태어난다고 한다. 기질이란 정서, 운동, 반응성 및 자기 통제에 대한 안정성과 정서적 반응을 보여주는 개인의 성격적 소질을 의미한다. 사람들이 기질을 말할 때 대표적인 것이 외향적이냐 내향적이냐 하는 부분이다.

이런 용어를 만들어내고 대중화시킨 사람은 스위스의 심리학자 칼 융이다. 그는 지그문트 프로이트가 외부세계에의 적응에 초점을 맞추고 있음에 '외향인'이라고 표현했고 내면세계의 중요성에 초점을 맞춘 알프레드 아들러에게는 '내향인'이란 말을 했다.

일반적으로 흔히 내성적인 성격 즉, 내향인 보다 외향인에 대한 우위적인 편견을 갖게 된 이유는 무엇일까? 그것은 아마도 프로이트의 생각이 우리에게 더 많이 인식되고 있었기 때문일 수도 있다. 프로이트와 융은 학문적 동반자로 함께 연구를 이어나가다가 이론적인 견해 차이로 결별했는데, 프로이트는 제자였던 융의 이런 행동에 실망했고 융을 내향인으로 판단하고 줄곧 내향성에 대한 부정적인 견해에 관한 글을 썼다고 한다. 내향인들은 신경증적이고 자기도취적인 반면 외향인은 건강하다고 주장한 것이다. 내향인에 대한 부정적인 선입견과 외향인에 대한 긍정적인 평가는 이렇게 프로이트에 의해서 생겼다.

하지만 심리학 박사 마티 올슨 레이니^{Marti Olsen Laney}가 쓴 《사랑과 성격 사이》라는 책에는 외향적인 성격과 내형적인 성격의 부정적인 면과 긍정적인 면 모두를 말하고 있으며 두 기질 모두가 가치 있다고 주장한다. 나도 그렇게 생각하고 내향 외향에 어떤 한 가지로 우위를 정하는 것이 어리석은 것이라고 생각한다.

성공과 학벌의 연관성만큼이나 우리 사회에 퍼져 있는 편견이 있다. 바로 '성공과 성격의 연관성'이다. 사람들은 흔히 이렇게 말한다. "아무래도 외향적인 성격이 성공할 확률이 높겠지?" "여러분, 성공하려면 외향적인 성격으로 자신을 바꿔야 합니다."

이는 모두 오류가 있는 말이다. 내향적인 사람도 크게 성공할 수 있고, 내향적인 사람들이 아주 큰 성취를 한 경우도 굉장히 많다. 이렇게 말하면 '들이대'를 언급하면서 "외향적인 사람들이 잘 들이댈 테니 더 성공에 적합한 것이 아닌가요?"라고 물을 수도 있다. 물론 멋모르는 시절에는 외향적인 성향인 사람들이 잘 들이댈 수 있다. 그런데 내가 '들이대'를 잘해야 성공한다고 했을 때, 전제가 되는 조건이 있다. 그것은 무엇인가를 알고 들이대는 것만이 '의미'가 있다는 사실이다. 그러니까 들이대는 상대에게 자신이 도움을 줄 수 있다는 것을 정확히 아는 상태로 들이대는 것을 말하는 것이다. 철저한 준비와 목적이 분명한 '들이대'만이 성공으로 가는 중요한 기회를 만들어준다.

그냥 성격이 외향적이어서 아무에게나 잘 들이대는 것으로만 성공할 수 있을까? 넘치는 열정과 패기만 가지고 외향적인 성격에만 근거해서 들이댈 수 있는 것은 어린 나이에나 가능한 일이다. 나이가 들고 지위에 오를수록 타인이 그냥 들이대는 것을 좋아할 사람들은 거의 없다.

결국 외향적인 기질만으로 들이대는 것은 한때일 뿐이며 아무리 외향적인 기질로 자주 '들이대' 보더라도 상대가 잘 받아주지 않거나 냉대하면 결국 마음의 상처가 되어서 들이대는 것을 그만두게 될 것이다. 지식, 그것도 내면화된 진짜 지식과 필요한 능력이 수반되지 않은 이상 아무리 외향적인 사람이라도 그 외향적인 기질을 온전히 성공을 위한 에너지원으로 사용할 수 없다.

사람들은 자신이 잘 들이대지 못하거나 여태껏 성공하지 못한 이유를 자신의 내성적인 성격 탓이라고 핑계를 댄다. 나 역시도 내성적인 성향이 강한 사람이지만, 많은 사람들 앞에서 강의하고 사업적으로 만남을 갖는 장면에서는 내성적인 모습은 찾아보기 힘들다. 강의만 하고 있는 나를 볼 때는 사람들이 오히려 외향적인 사람이라고 느낄 수도 있을 것이다강의할 때는 아주 유머러스하고 외향적인 모습이 나온다. 내가 정말 내성적인 사람이란 것을 제대로 알고 있는 사람은 아내뿐이다.

사실 난 남들하고 어울리는 것을 별로 즐기지도 않고 또 오랫동안 혼자 있어도 힘들어하지 않는다. 나는 스스로에게 필요한 에너지를 사람과의 만남에서 얻는 사람이 아니다. 보통은 혼자 책을 보거나 사색을 통해서 필요한 에너지를 얻는다. 어릴 적에는 굉장히 내성적이어서 항상 남들보다 더 당당할 수 있는 무엇인가를 찾아야만 했다. 남들보다 나은 점을 스스로 느끼지 못할 때는 남들에게 잘 다가갈 수 없었기 때문이다. 반면에 내성적인 나는 무엇인가 한번 호기심을 갖고 빠지게 되면 아주 오랜 시간을 들여 그 세계에 대해서 깊이 탐구하고 알려는 노력하는 사람이었고, 자연스럽게 내면이 성장하는 중요한 시간들을 확보할 수 있었던 것 같다.

어린 나이에 최면술을 접한 것도 그렇다. 우연히 본 최면술에 완전히 빠져들어서 남들보다 훨씬 더 오랜 시간 공부하고 연구하고 실험도 하면서 깊이 심취했다. 남들보다 확실히 경쟁 우위에 섰다고 느낀 대학생 때부터는 그 지식이 필요할 사람들을 스스로 찾아다니며 교육했다. 기존의 내성적인 내가 전혀 할 수 없었던 일들을 했고 돈을 벌었던 것이다. 그 후로 인간의 무의식과 정신영역에 대해서 더욱 빠져들고 탐구하면서 관련 지식을 더욱 깊게 갖추는 데 노력했다. 20대 대부분의 시간을 친구를 만나거나 새로운 인연을 만드는 데 사용하지 않고 오직 내 관심 분야에만 매달리며 보냈다.

대학을 졸업할 때는 외향적인 기질을 타고난 사람들보다 더 적극적인 모습으로 성공한 학원장들에게 들이대면서 내가 계발한 심리 수업을 도입하면 내가 학원에 어떻게 엄청난 도움을 줄 수 있는지를 온종일 설명하러 다녔다. 그 당시에도 내가 상대방보다 훨씬 강력하고 전문적인 지식을 갖추었다는 확신이 들지 않으면 움직이지 않았다. 아니, 정확히 말하면 내성적인 나는 '못' 했던 것이다. 이렇게 내성적인 기질 덕분에 오히려 내 분야에 더 많은 시간을 할애하고 탐구하고 연구할 수밖에 없었고, 부족한 부분을 채우는 데 매진할 수 있었다. 그리고 충분한 준비가 되었을 때 나는 그 누구도 두렵지 않은 강력한 자신감과 추진력을 갖춘 채 성공하신 분들을 열정적으로 찾아다니면서 기회를 얻어냈다.

2020년 7월, 무척 존경하는 분인 김승호 회장님《돈의 속성》저자이 나의 센터에 오셔서 특강을 하셨다. 김승호 회장님을 뵐 때면 '이분도 내성적인 성향이 강한 분이구나' 하는 것을 느낀다. 나도 내성적인 성향 때문에 세상에 나오기 전까지 많은 준비가 필요했는데 이분은 어떻게 내성적인 기질을 극복해내셨을지 매우 궁금했다. 그래서 김승호 회장님께 직접 질문을 드렸다.

"내성적이신 회장님께서 다른 사장들과 협상을 하는 장면에서는 무모하게 느껴질 정도로 당당하게 협상을 하시던데, 그런 무모함의 원천은 어디서 나오는 건지 설명 해주십시오."

김승호 회장님은 이렇게 답변했다.

"기본적으로 나라는 사람의 성향은 여러분들이 대외적으로 알고 있는 나보다 부끄러움이 많은 사람이에요. 본질적으로 성향 자체가 내성적이고 누구한테 나서기를 싫어하고 이건 그냥 부끄러움이 많다는 얘기잖아요. 이런 부끄러움이 많은 사람이 협상에 능하려면 그 협상 과정 자체에 정교한 테크닉이 조금 들어가야 해요.

예를 들어서 내가 자동차를 사러 가면 협상을 이렇게 해요. 보통 사람들은 차를 사려면 하루 종일 거기 있습니다. 그런데 난 30분이면 해결하고 와요. 방법이 다 있습니다. 요즘에는 구글이 있으니까 구글에서 그 평을 보면 어떤 세일즈맨이 잘한다는 언급이 나오잖아요. 이름을 알고 찾아가요. 아무개 딜러 있나요? 하고 물어봐요. 내가 그 사람 모르는 사람인데 그럼 그 친구가 나오면 앉혀놓고 이렇게 아주 간단하게 이야기합니다. '내가 지금 차를 살 건데, 지금 오늘 살 건데, 당신이 나한테 차 가격을 제시할 기회를 단 한 번만 줄게요. 가격이 마음에 안 들면 나는 그냥 갈 거고 가격이 마음에 들면 1원도 안 깎고 살게요.' 물론 첨부하는 말이 있어요. '나는 당신을 벗겨 먹을 생각이 있는 게 아니니 가장 합리적인 가격을 제시하면 됩니다.'

이렇게 나처럼 소심하고 흥정을 잘못하는 사람은 기교를 부리는 수밖에 없어요. 매번 그런 식이에요. 그렇게 해서 가격이 나와서 보면 그 가격이 그동안 나왔던 가격 중에서 가장 잘된 좋은 가격이에요. 그래서 10분 안에 가격 받고 결제해주고 차 가지고 나오는데 한 시간도 안 걸리는 것이에요.

세일즈맨과 흥정 붙이기를 좋아하는 이런 친구들이 있거든요. 그런데 해봤자 차이는 없어요. 내가 오히려 더 싸게 사요. 즉, 저 사람이 지금 차를 살 수 있고 내가 이 가격을 한 번에 안 주면 차를 팔 기회가 없다는 게 아주 명확해진다? 그럼 최상의 가격을 가지고 오겠죠. 이게 보통 흥정에서 내가 벌이는 것 중 하나에요. 그러니까 이런 방식으로 저는 내 부끄러움이나 내 소심함을 이겨내는 겁니다. 즉 부끄러움이 많고 소심한 사람들은 조금 영리하게 시장을 이해하면 뭔가를 할 방법들도 잘하는 사람 못지않게 잘할 방법들이 있습니다."

역시 김승호 회장님도 자신의 내성적인 면을 극복할 수 있도록 더욱 머리를 쓰고 전략을 짜서 자신의 협상법들을 터득하게 된 것이다. 아마도 나도, 그리고 김승호 회장님도 처음부터 외향적인 기질을 타고났다면 오히려 지금만큼 성공한 모습이 아닐 수도 있지 않을까 하는 생각도 해본다. 외향적이건 내향적이건 한 분야에 대한 지식과 준비를 제대로 하는 것이 언제나 급선무이다. 정말로 한 분야의 지식이 온전히 자신의 것이 되면 그 다음부터는 타고난 성향에 큰 구속을 받지 않고 성공을 위한 행동들을 멋지게 해낼 수 있다.

내성적 성격을 극복하는 방법

내성적인 사람으로서, 자신의 내성적인 모습을 최대한 탈피하는 팁을 주겠다. 그것은 최대한 빠르게 사람들로부터 돈을 받아보는 경험을 하는 것이다. 하루라도 빨리 주체적으로 돈을 버는 경제활동을 해보아야 한다. 나는 일을 계기로 정말 빠르게 내향적인 성격을 극복하고 적극적이고 추진력 있는 사람으로 거듭나게 되었다. 스물한 살 때 훨씬 연배가 많은 분들께 5시간 동안 최면 지도를 해드리면서 20만 원씩을 받았는데, 돈을 받고 지식을 전달하다 보니 무조건 그 돈 이상의 가치를 드려야 한다는 생각이 강해져서 완전히 집중해서 준비하고 진력을 다해 지도할 수 있었다. 아마 그때 지도를 받은 분 중에서 나를 내성적인 사람이라고 생각한 사람은 한 명도 없었을 것이다. 머릿속에 오직 상대가 지불하는 돈의 가치 이상으로 도움을 주고 만족할 수 있도록 해야 한다는 생각만이 간절했기에 내가 본래 내성적인 사람이란 사실마저 완전히 잊을 수 있었던 것이다. 수많은 학생들 앞에서 강의할 때도 마찬가지였다. 많은 사람들 앞에 서는 것조차 어려워했던 사람이었는데 학생들에게 정말 도움을 주는 강의를 해야 한다는 일념에만 집중하게 되자 아무런 두려움 없이 강의에 몰입하고 일에 매진할 수 있었다.

자신이 누구보다 해당 지식을 제대로 갖춘 사람으로서 남들에게 확실하게 도움을 주겠다는 목표를 가지고 있는 것. 이것이 누구나 자신의 성향적 한계를 벗어나 크게 성공할 수 있는 비결이다.

조용히 침묵하는 사람의 숨겨진 힘

스탠포드 대학에서 25년간 경영학 석사과정 학생들을 대상으로 성향을 연구한 결과, 학생 대부분이 외향적인 성향을 가지고 있었다. 고등학교 때 인기 순위 상위 5명과 하위 5명을 조사한 결과 성인이 됐을 때 인기순위 상위 집단의 소득이 5퍼센트 더 많았다. 대표적인 사교 수단인 술을 좋아하는 사람이 술을 마시지 않는 사람보다 소득이 10퍼센트 더 많다는 연구도 있다. 이는 음주 활동이 유대관계를 쌓고 인맥을 관리하는 데 도움을 주기 때문으로 추정된다.

외향적인 사람은 사회적으로 높은 자리에도 더 많이 오른다. 연구 결과에 따르면 전체 인구 중 외향성 점수가 아주 높은 사람은 16퍼센트지만 CEO 중에서는 60퍼센트나 되었다. 먼저 말을 꺼내고 대화에 자연스럽게 끼어드는 외향적인 사람이 리더로 더 적합하다는 평가를 받기 때문이라 보인다.

이직할 때도 외향적인 사람이 더 유리하다. 미국의 사회학자 마크 그래노베터Mark Granovetter는 '약한 유대관계'의 중요성을 주장했다. 좋은 기회를 소개해주는 사람은 가까운 친구나 친지가 아니라 대개 인사 정도 하고 지내는 수준의 지인이라는 내용이다. 아는 사람이 많은 외향적인 사람이 이직할 때도 좋은 기회를 많이 잡을 수 있다는 의미다.

MIT는 인맥이 좋을수록 업무 성과가 올라간다는 연구 결과를 내놓았다. 이에 따르면 IBM의 경우 인맥을 많이 쌓은 직원일수록 성과가 좋았으며 구체적으로 이메일 한 통을 주고받을 때마다 매출이 평균 946달러 늘어났다.

심지어 외향적인 사람이 운도 더 좋다. 《괴짜심리학》 등을 쓴 리처드 와이즈먼Richard Wiseman은 넓은 인맥을 가진 외향적인 사람이 전혀 예상하지 못했던 상황에서 새로운 기회를 만날 가능성이 더 높다고 밝혔다. 외향적인 사람이 혼자 있을 때조차 내향적인 사람보다 더 행복하다는 연구 결과도 있다.

그럼 내향적인 성격이 성공에 유리하다는 주장은 없을까? 외향적인 사람들보다 내향적인 사람들이 더 오랜 시간 훈련을 하고 노력을 한다. 사람들을 만나서 에너지를 얻는 외향적인 사람들보다 혼자서 한 가지에 완전히 몰입하기가 더 유리한 부분이 있는 것이다. 1968년 멕시코 올림픽 때 400미터 허들에서 금메달을 딴 영국의 데이비드 헤머리는 다양한 분야의 운동선수들을 조사했다. 이 결과 정상급 선수 89퍼센트는 자신을 내향적인 사람이라고 평가했다. 스스로 외향적이라고 생각하는 선수는 6퍼센트뿐이었다. 나머지는 자신을 중간이라고 생각했다.

공부도 내향적인 학생이 더 잘한다. 《콰이어트》라는 책에 의하면 학생들 141명을 대상으로 20개 과목의 지식수준을 조사한 결과 모든 과목에서 내향적인 학생들이 앞섰다. 심리학자 미하이 칙센트미하이Mihaly Csikszentmihalyi는 예술, 과학, 기업, 정부 분야에서 창의성이 뛰어난 91명을 1990년에서 1995년까지 연구한 결과 대다수가 외톨이나 다름없는 청소년기를 보냈으며 호기심이 남달랐고 하고 싶은 것에만 놀라운 집중력을 발휘했다. 투자에서도 내향적인 사람이 더 경쟁력이 있었다. 전문직에서는 호불호가 분명한 내향적인 사람일수록 연봉이 높았다.

내향적인 사람도 좋은 리더가 될 수 있다는 점에도 주목해야 한다. 펜실베이니아 대학 와튼스쿨 교수 애덤 그랜트Adam Grant는 알아서 일하는 적극적인 사람들을 이끄는 리더로는 내향적인 사람이 더 낫다고 지적했다. 내향적인 리더는 아랫사람들의 말에 묵묵히 귀 기울이며 도와줘야 할 때와 가만히 지켜봐야 할 때를 잘 구분하기 때문이다. 반면 수동적인 사람들을 이끄는 리더로는 외향적인 사람이 더 좋다.

그렇다면 우리는 왜 외향적인 성격이 성공하기 좋다고 생각하고 있었을까? 우리 주변의 대부분의 사람들이 '외향적인 사람들이 성공에 유리하다'는 믿음을 갖고 있기 때문이다. 그래서 모두가 당연한 신념으로 받아들인다. 또 자신이 성공하지 못한 이유를 타고난 내성적인 기질 때문인 것으로 변명하고 싶은 것이다. 성공한 사람들의 특성에 대한 논리적인 근거와 올바른 신념에 대해서 명확하게 새겨넣지 못한 사람들은 끝까지 자기합리화와 변명만 늘어놓다가 인생을 마감할 수밖에 없다.

자신이 어떤 성향에 가깝든지 간에 분명한 것은 늘 열린 마음으로 배우고 자신을 통찰하는 과정이 필요하다는 점이다. 그리고 꾸준한 배움과 통찰의 과정을 거치면서 내향이나 외향 같은 기질을 초월한 전문가의 모습이 나오는 순간 성향과 관계없이 성공에 한 발 더 가깝게 다가서게 될 것이다.

눈앞에 놓인 레시피를 믿지 않는 사람들

외향성과 내향성이 성공에 무관하다면, 성공에 직접적인 관련이 있는 성격이란 따로 없는 것인가? 결론부터 말하면 성공에 적합한 유형화된 성격은 없다. 성격보다는 긍정적이고 올바른 신념, 가치 있고 내면화된 지식과 실전적인 활용, 지속적으로 발전하고자 하는 마인드가 성공에 매우 유리한 것만은 확실하다.

모든 성공에는 레시피가 있다. 문제는 이를 끝까지 믿고 따를 수 있느냐는 것이다. 세계에서 가장 뛰어난 요리사에게 요리 비법을 전수받았다고 가정해보자. 그와 똑같은 재료를 가지고 똑같은 조건에서 똑같은 레시피로 요리하면 같은 맛이 나올 수 있을까? 그렇다. 어쩐지 다를 것만 같다고?

논리적으로 따져보자. 처음에는 숙련도가 부족해서 맛이 조금 떨어지는 요리를 했을지도 모른다. 그러나 반복을 거듭해서 숙달되면 이내 세계 최고의 요리사와 같은 맛을 낼 수 있게 될 것이다. 동일 레시피로 같은 재료를 갖고 요리한 것이니 당연한 결과일 뿐이다.

그런데 많은 사람들이 이상하게도 이 사실을 믿기 힘들어한다. 왠지 세계 최고 대가에게는 신비스러운 힘이 더 있을 것이라고 믿고 있는 것 같다. 이런 어리석은 마음에서 빨리 벗어나지 못한다면 성공은 불가능하다. 그래서 레시피를 얻게 된 후에 레시피를 완전히 믿을 수 있는 자세와 마인드 확립이 성공에서 가장 중요한 역할을 하는 것이 아닐까 싶다.

성격이란 개인을 특정 짓는 지속적이며 일관된 행동 양식이다. 이렇게 지속적이며 일관된 행동 양식이란 것은 어릴 적부터 그 사람이 자라온 환경과 문화권, 받아온 암시와 살아왔던 체험 등을 통해서 정해지는 것이다.

사람들은 성공에 걸맞은 성격이 무엇인지에 굉장히 관심이 많다.

이것은 각 개인이 추구하는 성공의 모습에 따라서 각기 달라질 수밖에 없는 것이다. 따라서 성공을 원한다면 자신이 성공이라 믿는 삶을 살았던 사람들의 성격특성을 분석하고 그 특성을 자신의 생각과 행동에서도 나올 수 있도록 하는 것이 가장 바람직하다. 물론 그 인물과 완전히 똑같이 하는 것보다는 각 문화적 시대적 상황에 맞춰서 더 적합한 모습으로 변형해야 할 것이다. 자신이 꿈꾸는 삶을 사는 그 성공한 사람을 제대로 존경하고 느끼고 분석할 수 있다면, 그런 성격적 특성을 자신도 충분히 형성시킬 수 있다. 인간은 성장 과정에서 자연스럽게 모델링을 통해 다양한 기술을 습득하고 성장하며, 이 과정은 성인이 되어서도 계속 되어야 한다. 면밀히 사람들을 분석하다 보면 그들의 성공 레시피가 보이기 시작할 것이고 성공이란 타고난 성격이나 환경보다는 지식과 경험, 마인드에서 모두 기인한 것임을 알 수 있게 될 것이다.

절대 자신의 성격에 함몰되면 안 된다. 지속적이며 일관된 행동 양식들이 자신의 원하는 분야의 성공에 걸맞은 방식으로 만들어지고 다듬어지도록 꾸준하게 노력해야만 한다. 즉, 각 분야의 성공에 맞는 일관된 행동 양식을 만들어내려는 결심과 노력이 반드시 필요하다는 말이다. 결국 그 과정은 인간과 세상에 대한 진리에 대한 믿음이 전제되어야 가능한 것이다.

하버드가 75년간의 데이터로 증명한 '인생의 목표'

무엇이 행복을 결정하는가

하버드대 성인발달연구팀은 1938년부터 75년 동안 다양한 계층의 소년 724명을 뽑아 2년마다 그들을 인터뷰하며 평생에 걸쳐 그들의 삶을 추적했다. 부모의 경제적 능력부터 직업, 건강, 결혼, 가정생활, 사회적 성취, 친구 관계 등 삶의 전반을 살펴보고, 두뇌 스캔 검사, 건강 검진 결과 등 신체적인 변화도 조사했다.

하버드 의대 정신과 교수인 로버트 월딩어Robert Waldinger는 2015년도에 75년 동안 축적된 데이터를 바탕으로 '무엇이 행복을 결정하는가'에 대한 연구 결과를 발표했는데, 그가 밝힌 행복한 삶의 비결은 바로 '인간관계'였다. 그리고 행복을 결정하는 인간관계의 특징으로 세 가지를 꼽았다. 첫째, 가족 친구 공동체와의 '연결'이 긴밀할수록 행복도가 높았다. 연결이 단절되어 느끼는 외로움은 행복감을 낮추고 정신건강에도 악영향을 미쳤다. 둘째, 얼마나 많은 사람과 관계를 맺는지보다는 '친밀감'이 깊고 '신뢰도'가 높은 사람들과 관계를 맺고 있는지가 행복감에 중요한 영향을 미쳤다. 인간관계의 양보다 질적인 부분이 중요하다는 것이었다. 셋째, 좋은 인간관계를 맺으면 몸과 마음뿐 아니라 뇌 기능도 더 건강해졌다. 힘들고 어려울 때 의지할 수 있는 관계를 맺고 있는 사람들은 스트레스 상황을 잘 다루고 극복했다.

월딩어 교수는 말했다. "조사에 참여한 이들은 대부분 젊은 시절에 부와 명성, 높은 성취를 추구하는 데 삶의 목표를 두었다. 그들은 그것들이 성공한 삶, 좋은 삶을 가져다줄 것이라고 믿었다. 그러나 75년 동안의 연구에서 가장 행복한 삶을 산 이들은 부와 명성이 아닌, 의지할 수 있는 가족과 친구, 공동체와 연결되어 있는 사람들이었다." 삶에서 우리를 행복하고 건강하게 해주는 것은 '인간관계'라는 것이라 것을 연구를 통해 또 한 번 증명한 것이다.

"왜 모든 사람과 잘 지내야 하지?"

많은 사람들과 두루두루 좋은 관계를 맺고 있는 사람을 보며 사람들은 "그 사람은 인간관계가 좋아"라고 말한다. 많은 사람과 넓은 관계를 잘 맺는 사람들이 인간관계를 잘한다고 생각하는 것이다. 그러나 인간관계를 판단할 때 질보다 양이 더 중요하다고 할 수 있을까? 월딩어 교수가 이야기한 것처럼 우리 삶에서 인간관계가 미치는 영향은 매우 크다. 여기서 말하는 중요한 인간관계란 친밀감과 신뢰도가 높은 관계를 의미하는 것이지 피상적으로 많은 사람을 알고 있다고 해서 인간관계를 잘하는 것은 아니라는 것이다. 친밀함과 신뢰도가 높은 인간관계는 소수의 사람들과 맺을 수밖에 없으며, 일반적으로는 부모님과 자녀, 배우자, 절친한 친구나 동료 정도가 될 것이다.

초등학교 6학년 때부터 알고 지낸 한 친구가 있는데, 제약회사를 다니며 두 딸의 아버지로 화목한 가정을 이루고 살고 있다. 서로의 결혼식 사회를 봐줄 만큼 친했던 친구이지만, 고등학교 졸업 후 거의 보지 못했고 9년 전에 결혼식 사회를 보면서 오랜만에 만나서 회포를 풀었다. 이 친구가 내게 해주었던 조언이 생각난다. "세니 너는 인간관계를 제대로 못 해서 문제다. 친구로서 걱정이 돼. 동창회나 모임에 한 번도 나오지 않던데 그렇게 소홀하면 나중에 큰 후회를 할 수도 있어. 앞으로는 인간관계에 더욱 신경 쓰고 살아라." 대략 이런 충고였다. 오랜만에 만난 친구에게 의례적으로 "그래, 네 말이 맞지. 인간관계에 더 신경 쓰도록 할게"라고 답변했지만 인간관계에 대한 생각이 이 친구와 너무나 다르다는 것을 느꼈다.

나는 여럿이 자주 만나서 어울리고 노는 것 자체를 인간관계를 위한 필수 행동으로 간주하지 않는다. 20대 시절 나에게 필요한 지식과 경험을 습득하기 위해서 일시적으로 외부와의 관계를 단절하고, 혼자만의 시간 동안 차근차근 완성한 나만의 전문 지식으로 영향력 있는 타인들이 나를 인정하게 만들고, 국내 최초의 심리수업을 개설하게 만든 것. 이것이 더 중요한 인간관계라고 생각한다.

한 분야에서 깊고 풍부한 지식을 갖추고 상대에게 다가가면 처음 보는 사람들도 지적 호기심과 호감을 느끼며 서로가 의미 있는 인간관계를 맺을 수 있게 된다. 난 이점을 확실히 믿었기 때문에 여럿이 모여서 시간을 소모하는 인간관계를 갖지 않았고, 나중에 맺게 될 정말 중요한 인간관계를 위한 준비 작업을 제대로 할 수 있었다. 마음이 통하는 배우자를 만나고 좋은 가정을 꾸리고 사회적으로 좋은 영향력을 끼치기 위한 노력 같은 것 말이다.

한 번에 모든 것을 다 쥐려고 하면 하나도 제대로 쥘 수 없게 된다. 인간관계도 마찬가지다. 어째서 수많은 사람들과 다 친해야만 하는가? 인간은 어차피 유한한 인생을 사는데, 중요한 가치를 함께 공유하고 실현하는 멋진 사람들하고만 인간관계를 하면 되는 것이 아닌가? 난 진심으로 그렇게 생각하는 사람이기 때문에 인간관계에 대한 허황된 판타지나 기대를 갖고 있지 않다. 내 삶에서 정말 소중한 사람들, 중요한 가치를 함께 공유할 수 있는 사람들과 신나게 인간관계를 맺으며 사는 것이 내 삶을 진정으로 행복하고 가치 있게 만든다고 생각한다. 서로를 진심으로 인정하고 존중하지 않는 인간관계는 아무리 많은 사람들을 만나도 만족스럽지 않고 공허함만 남는다. 세상에서 가장 막강한 권력, 부, 명예를 가진 사람일지라도 정말 친밀한 인간관계를 유지하는 대상은 가족과 친한 친구, 동료 몇 명 정도일 수밖에 없다는 이야기다.

그럼 비즈니스적 인간관계의 경우에는 어떻게 해야 할까? 자신의 분야만큼은 확실하고 차별화된 전문지식과 능력을 갖추고 타인에게 비즈니스적으로 확실한 도움이 될 수 있는 사람이 되어야 건강한 인간관계를 유지할 수 있다. 자신의 지식이나 기술, 능력이 타인을 충분히 설득할 수 있는 경쟁력을 갖추지 못했을 때, 사람들은 로비나 뒷거래 등의 부정한 방법을 동원하여 관계를 형성하려는 시도를 한다. 내가 지금까지 한 번도 부정한 방법으로 관계를 맺고자 시도하지 않은 이유도 내가 갖고 있는 전문지식과 능력을 잘 활용하면 인간관계에 절대 어려움이 없다는 확신과 자신감이 있었기 때문이다.

오래된 관계 vs 새로운 관계

사람들이 인간관계에 대해 가지고 있는 오해 중의 하나는 오래된 인연이 더 소중하다고 믿고 산다는 것이다. 오래된 인간관계가 소중할까, 아니면 새로운 인간관계가 소중할까?

이 부분은 좀 더 세밀하게 이야기할 필요가 있다. 물론 가족이나 친구끼리는 오래된 인연이 소중하고 중요하다고 말할 수 있겠다. 그러나 우리를 부유하게 만들어주거나 새로운 행복의 활력을 느끼게 하는 인연은 새롭게 맺는 인간관계라고 할 수 있다. 새롭게 만나는 인연이 내 삶의 지속적 발전에 매우 중요한 역할을 하고 있다는 것을 깨달아야 한다.

이것은 자연의 섭리를 봐도 알 수 있는 사실이다. 한 그루의 나무가 있다고 치자. 그 나무에서 열매를 맺는 곳은 어디인가? 가지다. 특히 새로 자라난 가지다. 새로운 가지에서 가치 있고 귀한 열매가 자라난다. 돈을 벌고 부자가 되려면 언제나 열린 마음으로 새로운 관계를 맺고 영감을 얻고 기회를 만들어야 한다.

오랜 시간을 알고 지내던 사람들을 통해서 부자가 되는 것이 아니다. 기존의 오래된 인간관계는 심리적인 안정과 행복감을 주는 삶의 든든한 지원군이자 서로의 안전기지가 되어 소중한 관계를 유지해 나가면 된다. 정말 성공하고 싶다면 나의 내면을 깨우고 싶다면, 기존의 인간관계에만 갇혀 있지 말고 새로운 인연을 찾고 만들어가는 노력을 해야 한다.

당신이 한 분야의 전문가로 활동하면서 일을 즐기고 사는 사람이라면 새로운 인연을 만들어가는 것 자체를 큰 즐거움이자 소중한 기회로 여기게 될 수밖에 없다. 나 역시도 내가 하는 업심리교육, 상담에서 새로운 인연으로 만나게 된 분들 덕분에 매 순간 정체되지 않고 더욱 행복할 수 있고 경제적인 소득도 얻게 되는 것이다.

기존의 인연이 중요하지 않다는 말이 아니다. 지금보다 나아지기 위해 변화된 삶을 살고자 한다면 계속해서 새로운 인간관계를 맺으려고 노력해야 한다는 사실을 강조하고 싶을 뿐이다. 그렇다면 정말 인간관계를 잘하기 위해서 알아야 하고 실천해야 할 것들은 무엇이 있을까? 수많은 이론과 법칙이 있겠지만 꼭 당부하고 싶은 세 가지만 정리해보았다.

1. 내가 먼저 좋은 사람이 되어야 한다.

2000년 전에 시인 오비드는 "사랑받고 싶다면 먼저 사랑스러운 사람이 되라"고 했다. 맞는 말이다. 내가 좋은 사람이 되지 않고는 좋은 사람들과 어울릴 수 없다. 인간은 생각이 비슷한 사람들끼리 서로를 끌어당긴다. 내가 먼저 더 좋은 인간이 되겠다고 마음먹고 그것을 위해서 노력해야지만 주변에 좋은 사람들이 모이고 좋은 인간관계가 이루어지는 것이다.

'좋은 인간이 무엇인가?'라고 물을 수 있겠다. 착하고 친절한 사람이라고 생각할 수도 있겠지만 착하고 친절하다는 기준이 애매모호할 때도 있고 각자의 입장에 따라 달라질 수 있는 부분도 크지 않은가. 내가 생각할 때 좋은 인간이란 자신만을 생각하는 사람이 아니라 타인까지도 생각할 수 있는 마음을 가진 사람이다. 반면에 오직 자신만을 생각하는 사람^{나뿐인 사람=나쁜 사람}은 타인이 겪는 불편함과 힘든 상황에 관심이 없다. 착한 마음을 갖고 남에게 피해만 안 주면 좋은 사람이 될 것이라는 생각만으로는 결코 좋은 사람이 될 수 없다.

좋은 사람이란 타인이 겪고 있는 불편함과 어려움에 적극적으로 관심을 갖고 그것을 해결해주려는 노력을 하는 사람이라고 할 수 있다. 즉, 적극적인 이타성을 가지고 지속적으로 성장하는 사람이 정말 좋은 사람인 것이다.

타인들에게 정말 좋은 사람이 되고 싶다면 그들의 문제를 해결할 수 있는 지식을 갖추고 합당한 노력을 해야 한다. 인간에 대한 애정과 관심을 가지고 타인의 문제에 공감하고 자신이 가진 지식과 경험을 활용하여 문제를 해결해주며 필요한 욕구를 충족시켜 주는 사람들에게 우리는 감동을 느끼고 감사한 마음으로 돈을 지불한다. 자본주의 사회에서는 자신만을 생각하는 이기적인 사람은 절대 큰돈을 벌 수 없다. 다른 사람의 어려움과 문제를 해결하는 사람이 되어서 필요한 제품 혹은 서비스를 만들어야 큰돈을 번다.

이런 세상의 이치를 알고 나면 돈을 많이 번다는 것이 얼마나 가치 있고 신나는 일인지 느낄 수 있다. 사람들의 문제를 해결해주면 감동한 사람들이 고마워하면서 기꺼이 돈을 지불하니까 언제나 기쁘고 행복한 마음으로 타인에게 이로움을 주는 자신의 일에만 계속 집중하면 된다.

돈을 버는 것, 그 이면의 가치에 대해서 생각해보지 못한 사람들은 돈을 번다는 것을 다소 부정적으로 바라보는 경향을 가지고 있기도 하다. 돈이 많은 사람들을 보면 '돈을 밝힌다' 또는 '속물스럽다'라고 표현하면서 말이다. 하지만 돈을 벌고 싶다면 부자들에 대한 편협한 사고를 확실히 버려야 한다. 마음 한구석에 돈을 벌고 싶은 마음이 있으면서도 돈을 버는 진정한 원리도 깨우치지 못한 채 적은 돈에 전전긍긍하고 있는 사람이야말로 오직 돈만 밝히고 속물스러운 사람인 것이다. 그동안 많은 사람들을 만나며 확실히 보고 느낀 점은 사람들의 문제와 욕구들을 제대로 해결하고 도움을 주려는 생각을 갖고 열정적으로 노력한 사람들이 더 행복하고 부유하게 살고 있다는 사실이었다. 진정으로 좋은 사람이 되고 싶다면 선한 목표를 가지고 진심을 다해 업에 매진하길 바란다.

2. 한 가지 능력을 제대로 갖춰야 한다.

사람들은 인간관계를 잘하는 방법에 대해 많은 관심을 가지고 있다. 그만큼 인간관계에 대한 고민도 많고 중요성을 충분히 인식하고 있다는 의미이다. 관련된 책을 읽거나 강의를 찾아보면서 어떤 화술을 써야 하는지, 드레스코드는 어떻게 하는 게 좋은지, 혹은 어떤 주제로 이야기를 시작해야 하는지 등에 대해 실용적인 기술 같은 것을 배우고 싶어한다. 한때 나도 그랬다. 인간관계에 필요한 지엽적인 스킬에 대한 갈증이 있었다. 이런 몇 가지 기술만 알면 인간관계를 잘하게 되리라는 희망을 품고 말이다.

그런데 사실 인간관계를 잘하기 위해서 정말 중요한 것은 한 분야^{아주 작은 분야라도 좋다}에서라도 전문가적 지식을 제대로 갖추는 것이다. 자신이 가진 전문적인 지식이나 경험, 능력을 통해 사람들을 고도의 집중과 몰입 상태로 빠져들게 하면 상대의 비판의식과 거부감이 점차 사라지고 자연스럽게 좋은 관계를 만들어 갈 수 있다. 사람들은 인간에 대한 본질적인 부분을 잘 모르고 막연히 인간관계를 잘하고 싶은 마음에 많은 사람과 자주 만남을 갖는 것 자체에만 초점을 맞추지만 안타깝게도 이는 피상적인 그 관계 이상으로 발전하기는 어렵다.

세계에서 가장 강한 격투가로 이름을 날린 최배달 님. 그는 실전 격투를 통해서 진정한 강자임을 증명했고 그가 창시한 무술인 극진공수도를 전 세계에 전파했다. 그는 첫 산중수련을 마치고 스물네 살 때 하산해서 일본 공수도 전국대회에서 우승을 거머쥐었고, 일본 전역을 돌며 '도장 깨기'를 했다. 도장 깨기란 각 무술 도장을 다니면서 비무를 신청하고 실전으로 실력을 겨루는 것인데, 이를 통해 최배달이란 이름이 일본 전역에 널리 알려지게 되었다. 20대 후반, 그는 또다시 산중수련을 거치면서 한 차원 더 강력해진 신체와 정신을 이끌어내었고 전 세계를 누비며 최고의 강자들과 정면으로 승부했다. 그렇게 세계 곳곳의 강자들과 수많은 실전 격투에서 승리하면서 세계적으로 이름을 알리고 수많은 사람들에게 깊은 영감을 주었다.

인간관계를 제대로 하고 싶다면 소위 '산중수련'의 기간이 필요하다. 자신의 목표를 위해서 속세와 인연을 끊고 최선을 다하는 자세로 목표에만 집중하면서 제대로 노력하는 시간을 보냈다면, 우리도 최배달 님처럼 최고의 경지에 오를 수 있게 되고 이 분야에서만큼은 확실히 능력을 인정받게 되며 비로소 격이 다른 인간관계를 맺는 것이 가능해진다.

나는 스스로를 최배달 선생님의 제자라 생각하는 사람이다. 스승님이 20대에 산중수련을 하신 것처럼 나는 제자답게 소위 '도서관수련'을 했다. 도서관에 가서 심리학과 정신영역에 관한 책을 대부분 섭렵하고 타인에게 큰 도움을 줄 수 있는 지식을 연구하고 내면화시킨 후에 바로 '도장 깨기'가 아니라 '학원 깨기사실 학원에 도움을 준 것이니 '학원 살리기'로 표현하는 것이 맞겠다'를 했다. 기존의 강사들과는 차별화된 교육을 하는 사람이라는 것을 실전을 통해 증명하면서, 내가 연구·개발한 수업의 가치를 알아주고 나를 인정해주는 사람들과 수준 높은 인간관계를 맺을 수 있었다.

나를 만나러 센터로 찾아오시는 분들은 대부분 지식의 힘과 잠재력의 힘을 믿는 분들이기 때문에 사회적으로 일정 수준 이상의 성취를 이루었거나 의미 있는 삶을 위한 멋진 도전과 실천을 하고 계신 분이 많다. 삶에 대한 가치를 공유하고 인간적으로 서로를 존중하고 인정할 수 있는 분들과 관계를 맺고 큰 감사까지 받고 살고 있으니 나는 정말로 의미 있고 행복한 삶을 살고 있는 것이다.

인간관계의 자잘한 스킬들을 배우는 것에 너무 많은 시간과 에너지를 쓰지 않기를 바란다. 그 귀한 시간과 에너지를 아껴서 한 분야의 전문가가 되는데 온 힘을 쏟아야 한다. 그러면 의미 있고 수준 높은 인간관계가 자연스럽게 이루어지고 사람들이 먼저 당신을 찾게 될 것이다. 인간관계에 대한 쓸데없는 두려움을 버리고, 자신이 나날이 성장하고 발전하는 것에 집중해야 한다. 당신이 한 분야 만큼이라도 사람들을 집중하고 몰입하도록 만들 수 있다면, 이 세상은 당신에게 재미있고 신나는 놀이터가 될 것이다.

3. 좋은 사람으로 기억되는 것이 최고는 아니다.

대부분의 사람들은 어릴 적에 부모님과 주변 사람들로부터 착하고 좋은 사람이 되어야 한다는 말을 많이 듣고 자란다. 이는 자연스럽게 무의식적 신념으로 형성이 되고 모든 사람들에게 좋은 사람으로 보여지고 싶은 욕구가 자리 잡게 된다. 하지만 세상에 존재하는 다양하고 수많은 사람들에게 모두 좋은 사람이 된다는 것은 현실적으로 불가능한 일이다.

누구나 마찬가지겠지만 당신은 누군가에겐 좋은 사람이고 동시에 누군가에게는 마음에 들지 않는 사람일 뿐이다. 당신이 착한 사람인지, 그렇지 않은지는 누구보다도 당신 스스로가 가장 잘 알고 있다. 그런데 이 판단을 타인에게 맡긴다는 것 자체가 우습지 않은가.

사람들끼리 '아무개는 참 착하고 좋은 사람이야'라고 말했다면 그것은 칭찬이 아니다. 그냥 사람 자체야 문제는 없어도 어떤 분야의 전문가도 아니고 그냥 만나봐야 밋밋한 별 볼일이 없는 사람인 것을 말하는 것이다.

'아무개는 좀 별나긴 해도 어떤 분야에서는 최고의 전문가야.' 난 이런 평가를 받는 사람들이 진정으로 인간관계를 잘하고 있는 사람이라 생각한다. 소신과 신념을 갖고 자신의 분야에서 목표를 이루고 최고의 경지에 도달하기 위해서 열정적으로 노력하는 사람 말이다.

모든 사람의 마음에 들려고 하는 어리석은 시도를 하지 마라. 당신은 100여 년 밖에 못 살고 죽는 인간이다. 죽음에 가까워진 노인분들께 다시 살 수 있다면 어떻게 살고 싶은가를 여쭤보면 제일 많이 나오는 대답 중 하나가 '내 마음대로 살아 보고 싶다'이다. 이분들은 왜 자신의 소신껏 살지 못하고 남의 눈치를 볼 수밖에 없는 삶을 살았을까? 자신 스스로에 대한 확신이 없었기 때문이다. 한 분야에 확실한 지식과 경험, 능력을 갖추고 자신의 삶에 주체적으로 매진하면 스스로에 대한 자신감과 확신을 갖고 원하는 대로 살 수 있다.

나는 20대부터 무의식과 심리학을 연구하고 심리전문가 된 후로는 정말이지 사람들의 눈치 따위는 전혀 보지 않는 사람이 되었다. 내가 가장 좋아하고 잘하는 일로 항상 심취해서 일하고 남들에게 큰 도움을 주면서 바쁘게 살아왔을 뿐이다. 나를 좋아하든 그렇지 않든 크게 신경을 쓰지 않았다. 하지만 분명한 것은 직업적으로 만난 분 중에서 나를 좋아한 분들이 매우 많았다는 것은 확실하다. 나를 모르거나 혹시 나를 오해하고 있는 사람일지라도 나를 만나기만 한다면 다시 만나고 싶게 만들 자신은 있다. 다시 만나고 싶은 사람이 좋은 사람이 아니면 누가 좋은 사람이겠는가?

단순하게 좋은 사람이란 평가에 너무 집착하고 매달리지 마라. 간디도, 예수도, 이순신 장군도 모두 훌륭한 분들이지만 적이 많지 않았는가. 쓸데없는 걱정은 내려놓고 당신이 누구인가를 세상에 확실히 보여줄 생각만 하라. 지금 시대는 과거처럼 자신만의 소신을 갖고 드러낸다고 목숨이 위협받는 시대도 아니니까 말이다. 당신이 진정한 전문가가 된 후에 맺게 되는 인간관계야말로 당신에게 진정으로 행복감을 느끼게 해줄 좋은 인간관계가 될 것이다.

인간관계가 어려울 때 점검해봐야 할 것들

관계를 처음 시작할 때, 오랫동안 잘 유지하고 싶을 때, 특정 상황에 봉착했을 때 등 다양한 장면에서 인간관계에 대한 어려움을 느끼는 순간이 생길 수 있다. 인간관계가 어렵게 느껴질 때는 어떻게 하면 좋을까? 스스로 점검해봐야 할 지점을 세 가지만 이야기하겠다.

1. 자신이 맺고 있는 인간관계의 구조와 패턴을 분석하라.

'나는 인간관계에 신물이 나' 혹은 '이제 사람에게 지쳐버렸어'

'사람이 너무 무서워'라는 표현을 쓰며 인간관계에 질리고 힘들어 하는 사람이 많다. 가까이 지내던 사람들로부터 사기를 당하기도 하고 믿었던 사람에게 배신당해서 괴로워하는 사람도 있다. 이렇게 인간관계에서 긍정적인 에너지와 자원을 얻지 못하고 오히려 자신이 갖고 있던 자원물질이든 마음이든까지 어지럽혀지고 힘들어하는 사람에게는 몇 가지 공통점이 있다. 인간관계의 원칙이 분명치 않고 인간에 대한 자신만의 잘못된 기대와 망상에 빠져 있다는 점이다.

상대방이 어떤 사람인지 제대로 판단하기 위해서는 충분한 근거와 올바른 원칙이 있어야 한다. 그런데 자존감이 약한 사람들은 자신에게 잘 해주고 관심만 가져줘도 상대방을 좋게 보는 경향이 있다. 그들은 자신을 공감 해주고 편을 들어주는 상대방을 마음 깊이 받아들이고 자신의 편이 되어준 사람에게 과할 정도로 마음을 연다. 이렇게 한동안 죽고 못 살 것 같은 친밀한 관계로 지내지만 상대의 관심이 기대에 미치지 못하거나 혹은 사소한 사건을 계기로 마음이 틀어지면 매우 서운해하거나 배신감을 느끼고 원수지간이 되기도 한다.

어찌 보면 일종의 경계선 성격 장애처럼 보이기도 한다. 경계선 성격 장애의 원인은 성장 과정에서 부모가 보여주는 양가감정이 심화되면서 가치관에 혼란이 생기는 것인데, 이로 인해 주체성이 모호해지고 대인관계에서 모든 사람을 선과 악, 극과 극으로 분리시킴으로써 왜곡된 인간관계를 맺게 되는 것이다. 그래서 대인관계를 할 때 상대에게 지나친 기대를 갖고 가깝게 지내다가도 곧 실망하고 원망하며 사람을 멀리하는 양극단의 양상이 반복된다.

우리 인간은 타인에게 관심과 사랑을 준 만큼 우리에게 되돌아오기를 바라는 존재다. 만약 '나는 아니다'라고 말할 수 있다면 성인의 반열에 오른 사람임이 분명하다. 다시 말해 성인이 아닌 이상, 모든 사람과 친밀해지려는 시도는 당신의 정신 건강을 해치고 피폐하게 만들 수도 있다. 좋은 인연을 만들어가는 것은 행복한 일이지만 올바른 원칙 없이 마구잡이로 관계를 맺다 보면 인연이 악연이 될 가능성이 높아진다.

아무리 유명하고 많은 영향력을 끼치는 존재라고 할지라도 정말로 속마음을 터놓고 격의 없이 지낼 수 있는 친밀한 사람들은 겨우 몇 명에 불과하다는 사실을 잊지 마라. 정말 친밀하게 지내야 하는 소수의 사람들과 깊은 정을 나누고 행복하게 지내려는 노력에 더욱 집중하라. 그래야 심리적으로 안정감을 느끼고 더욱 건강한 인간관계를 만들어나갈 수 있는 힘을 얻게 된다. '가화만사성'이란 말이 왜 생겼겠는가. 진정한 친밀감은 가족으로부터 찾아야 한다. 만약 이것이 어렵다면 주변의 가까운 사람들과 친밀감을 형성하고 유대감을 느껴도 좋다. 단 한 명일지라도 온전한 내 편이 있다는 사실 만으로도 인간은 삶의 의미와 기쁨을 충분히 느낄 수 있다.

2. 타인의 말을 잘 듣고 있는지 되돌아보라.

어떤 사람이 세 번의 파티에 참석했다. 첫 번째 파티에서는 사람들 앞에서 주도적으로 대화를 이끌고 계속 말을 했다. 두 번째 파티에서는 절반은 상대방의 이야기를 듣고 절반은 자신의 이야기를 했다. 세 번째 파티에서는 자신의 이야기는 거의 하지 않고 상대방의 이야기만 경청하며 관심이 담긴 리액션을 취했다. 세 번의 파티 중 어디에서 사람들이 그를 가장 매력적이고 또 만나고 싶은 사람으로 평가했을까? 예상했겠지만 세 번째 파티에서 만난 사람들이었다.

인간관계를 가장 잘하는 방법은 상대가 하고 싶어하는 이야기를 진심으로 잘 들어주는 것이다. 그런데 경청과 공감을 제대로 할 수 있는 사람들은 생각보다 그렇게 많지 않다. 화술이 뛰어나고 매력적인 사람으로 인식되고 싶다면 상대의 이야기를 잘 들어주면 되는데 어찌 보면 굉장히 간단할 수 있는 일을 왜 대부분의 사람들이 잘하지 못하는 것일까?

남의 이야기를 잘 들어준다는 것은 생각보다 쉬운 일이 아니다. 인간은 기본적으로 타인이 자신에게 보여주는 관심과 인정을 통해서 자신의 존재감을 확인하고 느끼는 경향이 있다. 타인의 관심과 인정을 받고 싶은 욕구 때문에 타인의 이야기를 듣기보다는 자신의 이야기를 계속하고 싶어하고 공감받고 싶어한다.

어릴 적부터 부모에게 충분한 관심과 인정을 받아온 사람이라면 자존감도 높고 타인의 인정에 대한 갈증이 크지 않기 때문에 타인의 말을 경청하고 공감해주는 것이 수월하다. 그러나 충분한 인정과 관심을 받지 못했다면 이야기가 달라진다. 남의 이야기를 진심으로 잘 들어줄 마음의 공간과 여유가 없고, 공감을 많이 경험하지 못했기 때문에 방법도 잘 알지 못하며, 자신의 인정욕구를 빨리 충족시키고 싶은 마음에 자신의 말을 더 많이 하게 되는 것이다.

뒤늦게 되돌아 생각해보면 나도 성장 과정에서 부모님으로부터 충분한 관심과 인정을 받지 못해서인지 남의 이야기를 경청하는 것이 어렵게 느껴지는 때가 있었다. 물론 상담을 하거나 교육하는 직업적인 면에서는 사람들의 말을 경청하는 것이 어렵지 않지만, 사적인 관계에서는 남의 말을 듣는 것보다 내가 주도적으로 하는 것이 더 마음이 편했던 것 같다. 다행스럽게도 아내를 만난 후로는 아내로부터 넘치는 사랑과 인정을 받으면서 이제는 상대방의 이야기를 경청할 수 있는 마음의 여유를 갖게 되었다.

타인의 말을 경청할 수 있는 사람이라면 인간관계에서 크게 문제가 생길 수 없다. 사람들의 말을 제대로 들을 수 없는 마음 상태로 살아가는 사람들이 서로간에 불필요한 오해와 갈등을 만들어내면서 인간관계가 어렵다고 호소하는 것이다.

3. 실익이 없는 논쟁은 절대로 하지 마라.

연쇄살인마가 있다. 그는 자신이 정말 나쁜 사람이라고 생각할까? 아니다. 사람은 자신이 아무리 악한 존재라 할지라도 마음속에서는 '나 정도면 참 괜찮은 사람이지'란 생각을 하면서 살고 있다. 인간이란 원래 그런 존재다. 자신이 나쁜 사람이라고 스스로 인정하고 자신을 부인하며 사는 사람은 거의 존재하지 않는다. 아무리 잘못된 행동을 해도 대부분 그럴만한 이유가 있었다고 합리화하거나 무의식적으로 자아를 보호하려는 생각과 행동 양식을 보인다. 더 정확히 표현하면 무의식에서는 자신을 나쁘고 잘못된 사람이라고 받아들이는 것 자체가 불가능하다.

인간은 누구나 무의식 깊은 곳에 강력한 자기애를 간직하고 있다. 흉악무도한 범죄자를 뉴스에서 볼 때면 '내가 저 인간이면 자살할 것 같은데…'라는 생각이 들 수도 있겠지만 실제로 양심의 가책으로 자살하는 범죄자는 거의 본적이 없다. 그들의 무의식 속에 '나 정도면 아주 괜찮은 사람이지'란 생각이 강하게 자리 잡고 있기 때문이다. 그래서 남들이 아무리 '죽일 놈'이라고 손가락질할지라도 다들 멀쩡히 살고 있는 것이다.

세상을 살면서 우리는 다양한 사람을 만나게 되는데 어떤 사람들은 고집이 매우 세거나 자신과 신념이 다른 사람들을 비난하고 공격하기도 한다. 그런 상대를 만날 때면 욱하는 마음에 우리의 생각이나 신념을 상대에게 전달하려고 맞서게 되지만 당신이 그 순간 먼저 생각해야 하는 점은 인간은 누구나 '자신의 생각은 옳다'는 생각과 '자신은 괜찮은 사람이다'라는 생각이 무의식 속에 내재되어 있는 존재이기 때문에 그들과 논쟁해봤자 절대로 통할 리도 없고 얻을 것도 없다는 사실이다.

　당신이 엄청난 영향력을 행사하는 위치에 있거나 최고 수준의 심리학적 지식과 기술을 갖추고 무의식을 조종할 수 있는 기법들까지 마스터한 사람이 아니라면 아무리 침을 튀기며 논쟁해봤자 쉽게 통하지 않을 것이다. 통하지 않는 것이 문제가 아니라 논쟁을 한 사람들이 당신을 극도로 싫어하게 되거나 자신의 생각과 신념이 부인당했다는 생각에 감정이 상해서 평생의 적이 될 수도 있다. 논쟁하는 과정에서 당신이 그의 자존심을 훼손했기 때문이다. 결국 남들과 논쟁을 하는 것은 자신의 운신의 폭을 좁게 만들고 원치 않았던 후폭풍논쟁하면서 만들어진 적들과 싸우면서 시간과 재화를 소비하는 등 속에서 본인에게 괴로운 상황을 만들어내고 있는 것이라 보면 된다. 그러니 쓸데없는 에너지 낭비와 곤란한 상황을 만드는 논쟁은 최대한 피해야 한다. 머릿속에서 '논쟁은 바보들이나 하는 것'이라고 못 박아 두는 것이 오히려 낫겠다.

　가만히 살펴보면 우리 주변에는 논쟁을 좋아하는 사람들이 꽤 많다. 조금만 논쟁거리를 제공하면 바로 물고 늘어지는 '싸움닭'과 같은 사람들이 상당히 많이 있다. 그들은 논쟁거리에 대한 자신의 생각이나 의견이 부인당하면 단지 '생각이 다르구나' 하고 받아들이면 될 것인데 마치 자신 자체가 부인당한 것 같은 감정에 휩싸이며 흥분하거나 자신의 생각을 끝까지 관철시키려고 상대를 몰아붙인다.

　성장 환경 속에서 반복적으로 경험한 부정적인 상황이나 감정 상태가 통제할 수 없는 형태로 발현되거나, 무의식적인 패턴으로 특정 반응과 행동이 자연스럽게 나올 수밖에 없는 사람들이 있다. 어릴 적에는 소모적인 감정싸움이 너무나 싫었겠지만 부모 혹은 주변 사람들이 반복적으로 보여주는 부정적인 장면에 많이 노출되고 점차 익숙해지면 결국 원치 않는 것에 집중을 빼앗기고 자신이 부인당하거나 상처받지 않으려는 방어적인 무의식적 패턴이 생길 수밖에 없다. 이런 사람들은 자기 보호의 수단으로 언제나 싸울 준비가 되어 있다.

싸울 때 피해가 더 큰 사람은 항상 잃을 것이 많은 쪽이다. 당신이 이미 행복하고 멋진 삶을 살고 있다면 싸워서 손해를 보는 쪽은 바로 당신이다. 잃을 것이 많은, 다시 말해 이룩한 것이 많은 당신이라면 그들에게 절대 논쟁의 빌미를 주면 안 된다. 논쟁에서 이겨서 상대의 신념을 깔아뭉개고 자신이 이긴 것 같은 느낌이 든다 해도 결국 더 큰 손해를 본 것은 당신이란 것을 명심하라.

나는 어떤 사람들에게
시간을 투자하고 있는가

당신의 가치를 높여주는 모임

인간관계에 대한 생각을 정립했다면 새로운 사람을 만나기 위해 모임에 나가 볼 차례다. 그렇다면 우리는 어떤 모임에 나가야 할까? 결론부터 말하자면 당신이 추구하는 가치를 공유할 수 있고 서로 마음이 통하는 사람들이 모이는 모임에 나가야 한다. 또한 지속적으로 당신의 가치를 높일 수 있고 내적 외적 성장에 도움이 되는 모임이어야 한다.

발전하는 사람들은 항상 자신보다 사회 경제적인 능력, 인품, 지식 수준이 더 우수하고 배울 점이 있는 사람들이 있는 모임을 찾아다니지만, 발전할 수 없는 사람들은 그것을 불편하게 생각하고 자신과 비슷하거나 자신보다 부족한 사람들과 어울리는 것을 좋아하고 편안하게 생각한다. 속으로 '저 사람보단 내가 낫지'라는 자위적인 생각을 하면서 서로가 위안받는 정도가 전부인 모임을 추구하는 것이다. 자신에게 진정으로 필요하고 의미 있는 것을 생각하기보다 그저 순간의 편안함을 쫓고 현실에 안주하려는 본능적 자기에 충실하다 보면 목표나 발전은 점점 관심에서 사라진다. 이런 관계만을 추구하는 사람은 목적의식 없이 사람들과 어울리면서 불필요하고 부정적인 상황에만 더 집중하고 서로에게 좋지 않은 영향을 미치게 되면서 관계의 힘은 점차 약해지고 퇴보하고 만다.

주변을 찾아보면 성공한 사람들의 모임은 많다. 경영자 모임, 전문가 모임, 자영업 모임, 최고위 과정 등 나의 분야와 연결고리가 있는 모임들을 찾아서 활용한다면 얼마든지 좋은 관계를 맺을 수 있다. 일정 수준의 능력과 가치관, 경제력을 갖춘 사람들이 모이는 자리에서 배우고 얻어갈 수 있는 것이 많다.

모임에서는 무엇보다 올바른 마음가짐과 선한 목적의식을 가지고 참석하는 것이 중요하다. 자신의 이익만을 위해서 지나치게 관계를 이용하고 자신의 잇속만 챙기려는 목적이 훤히 보이는 경우도 있는데, 물론 그 마음을 이해는 하지만 친밀한 관계 형성을 위한 기본 자세도 되지 않은 상태에서 성급하게 행동하거나, 자신이 타인에게 어떤 부분에서 도움을 줄 수 있는 사람인지 충분히 설득하고 공감을 얻는 과정을 생략해버린다면 상대방은 절대 무의식적 방어체계를 풀지 않을 것이며 친밀한 관계를 허용하지 않을 것이다.

사람이 많은 모임일수록 자신이 주인공이라는 마인드로 적극적으로 다가가고 친밀감을 형성하려는 노력을 하는 것이 매우 중요한데, 사실 나도 내성적인 성향이다보니 상대에게 먼저 손을 내밀고 다가가는 것이 처음엔 쉽지 않았다. 하지만 일부러 여러 번 반복해서 그러한 상황에 노출시키면서 점차 익숙해지고, 성공한 사람들의 특성에 대해 충분히 알고, 나 자신에 대한 강한 확신과 자신감이 생기자 점차 쉬워지기 시작했다. 성공한 사람들은 자신의 성취와 삶에 대해 관심을 갖고 존중해주는 사람들에게 매우 쉽게 마음을 열고 흔쾌히 마음을 내어준다. 괜한 편견을 가지고 위축되지 말고 제대로 준비하고 진정성 있게 다가가서 좋은 관계를 맺어보아라. 점차 당신의 주위에는 멋지고 훌륭한 사람들이 많아질 것이며 자신도 점차 그러한 모습을 갖추게 될 것이다.

성공하고 나면 인맥은 저절로 따라온다

매일 새로운 지식과 기술들이 나오고 세상은 매우 빠르게 변화하고 있다. 미래의 변화를 예측하기 어려운 불확실성의 시대에서 잘 적응하고 기능하기 위해서는 본질적인 영역에 대한 확고한 믿음과 신념을 갖추어야 할 뿐만 아니라, 상황에 따라 유연하게 사고하고 현명하게 대처해 나갈 수 있는 마인드 확립이 매우 중요해졌다.

인간에 대한 기본적인 이해와 세상이 돌아가는 법칙에 대한 본질적인 부분을 깨우치고 자신의 무의식을 활용하고 통제할 수 있는 훈련이 된 사람은 외부의 급변하는 상황에도 전혀 동요하지 않지만, 훈련이 되지 않은 대다수의 사람들은 지금 같은 불확실성의 시대에서 매 순간 불안감을 느끼며 살 수밖에 없다.

그러다 보니 많은 사람들이 사이비 종교에 빠지기도 하고 다수의 사람들이 옳다고 믿는 것에 맹목적으로 빠져버리는 경우도 많다. 연예인에 과도하게 집착하거나 술이나 게임 등 특정한 중독에 빠지고 '소확행^{소소하고 확실한 행복}'처럼 아주 작고 사소한 것에 더 집중하면서 자신의 불안감을 해소하는 사람들도 생겨난다.

또한 혼자 있는 것보다 여럿이 함께 있을 때 안도하고, 혼자 있을 때도 스스로 깊은 사고를 하기보다는 유튜브 같은 것에 과몰입함으로써 현재의 불안감과 두려움을 잊으려는 시도를 하는 사람들도 많은 것 같다. 이러한 모든 행동들은 인간이 집중하고 살아가야 할 가치 있는 것을 알지 못하는 상태에서 잡다하고 무가치한 것에라도 집중하고 몰입함으로써 순간의 불안감을 잊고자 하는 인간의 기본 욕구를 반영한 예시들이다.

하지만 이런 방법으로는 외부 상황의 불확실성에서 오는 근원적인 불안감을 극복해낼 수 없다. 불확실성의 시대에서 당신의 마음을 안정시키기 위해서 정말로 매달려야 할 것은 지식이다. 정확히 말하면 무의식에 새겨져 있는 내면화된 지식이다. 오직 이 내면화된 지식만이 당신을 안정시키고 행복감과 만족감을 느낄 수 있게 한다.

'입에서 말이 화살처럼 쏟아져 나오고 찰흙에 글로 새길 수 있을 경지에 올라야 진짜 지식'이라고 했다. 진짜 지식이라면 단순 암기의 차원을 넘어서 무의식적으로 줄줄 나올 수 있는 상태가 되어야 한다. 언제라도 두뇌에서 필요한 지식을 바로 인출해서 쓸 수 있는 내면화된 상태. 이 수준에 이른다면 사람들은 당신의 지식을 바탕으로 만들어진 상품이나 서비스, 기술, 프로그램에 비용을 지불하는 것을 아깝게 여기지 않는다. 아니, 아까워하지 않는 정도가 아니라 돈을 지불한 고객들이 기쁨을 느끼고 고마워하며 당신을 존경하고 좋아하기까지 한다.

당신의 내면화된 지식이 진정한 가치가 있는 것이 확실하다면 사람들은 기꺼이 돈을 지불하고 해당 지식의 유용성을 제대로 느낄 것이며 당신과 당신의 성취에 대한 감사함을 느낀다. 나 역시도 내가 가진 심리학과 정신영역에 대한 지식의 가치를 너무나 잘 알고 확신이 있었기 때문에 타인에게 나의 지식을 알리고 파는 것에만 집중했다. 그 과정에서 자연스럽게 사람들이 나를 인정하고 존중하고 좋아하게 될 것이라는 것을 알고 있었기 때문이다.

지식을 믿고 계속 연마하면서 사람들에게 좋은 영향력을 주다 보면 어느 순간 주변에 사람이 모이게 되는데, 이는 인간의 본능과도 같은 자연스러운 현상이다. 자신의 분야에서 집중과 몰입 상태를 잘 만들어 내는 사람에 대한 호감과 관심은 당연한 반응이며, 자신의 필요한 욕구를 충족시켜주고 도움을 줄 수 있는 사람 곁에 머무르고 싶어 하는 것도 자연스러운 본능이기 때문이다. 지식의 진정한 힘을 믿는 사람이라면 인간관계 자체에 집착하고 집중하기보다는 최우선적으로 한 분야의 지식을 제대로 쌓는 것에 집중해야 한다.

이것이 바로 인간관계의 본질이다. 지식을 내면화시킨 전문가임을 증명하고 실제로 타인에게 도움을 줄 수 있다면 인간관계는 거의 저절로 된다. 그러니 막연하게 인간관계에 치중하기보다는 자신의 분야에 더 집중하고 몰입해서 성취와 결과물을 만들어내야 한다.

유유상종의 법칙이란 것이 있다. 가치관이나 수준이 비슷한 사람들끼리 함께 모이게 되어 있다는 말이다. 명심하라. 인간은 비슷한 정신 수준의 사람들끼리 끌어당기고 관계를 형성하는 법이다. 자신의 인품과 내면화된 지식이 최상급이라면 반드시 최상급의 존재들과 만나고 교류하게 될 것이다. 인간관계를 정말 잘하고 싶다면 지식의 힘을 믿어라.

자신을 스스로 부자로 인정하라

인생은 매우 짧아서 풍요와 행복만 논하기에도 시간이 부족하고 아쉽다. 부자는 풍요와 행복에 정신 에너지를 집중하고 산다면 빈자는 결핍과 빈곤에 정신 에너지를 빼앗기며 살아간다. 정신 에너지를 다루는 법을 모르기 때문에 다른 결과가 나타나는 것이다. 부자가 되고 싶다면 항상 긍정적인 기운과 신념을 가진 사람들과 어울려야 한다.

정말 부자가 되고 싶다면 아직은 부자가 아닐지라도 부자 마인드를 가지고 부자처럼 행동할 수 있어야 한다. 스스로가 자신을 부자라고 온 마음을 다해서 믿고 그렇게 인식하지 못한다면 어느 누구도 당신이 부자라고 먼저 인정해주거나 부자가 될 수 있는 기회를 주지 않을 것이다. 부자가 아닌 상태에서도 부자처럼 행동해야 한다는 것의 의미는 돈을 부자처럼 펑펑 쓰고 소비에 열을 올리란 이야기가 절대 아니다. 부자들이 쓴 책을 보거나 혹은 부자들을 직접 만나서 그들의 마인드와 성공의 과정을 정확히 분석하고 그 원리를 파악하란 말이다.

그리고 그 지식들을 자신의 삶에서 제대로 활용한다면 자신도 부자가 될 수밖에 없다는 것을 스스로가 먼저 확신과 신념을 갖고 믿어라. 그리고 기존의 자신의 마인드를 버리고 부자의 마인드로 생각하고 행동하라는 의미이다. 자신이 부자가 되는 것은 단지 시간 문제라는 것을 무의식까지 깊숙이 받아들이고 인정한 정신 상태가 먼저 구축되어야 한다.

20대 초반까지만 해도 나는 스스로가 가난한 사람이라고 느꼈다.

하지만 성공하고 부자가 된 사람들의 과정들을 면밀히 분석하면서 가난했던 그들이 부자가 되어가는 과정에서 그들이 공통적으로 믿었던 신념과 지켜온 원칙을 깨닫고 나니 내 감정 상태가 먼저 달라지기 시작했다. 부정적이고 가난한 생각과 감정에서 점차 벗어나, 나도 이들처럼 내가 원하는 분야의 지식을 완전히 갖춰서 사람들을 적극적으로 돕는 행동을 한다면 충분히 부를 이룰 수 있다는 것을 명확하게 알게 되었다.

그 후로 나는 스스로를 예비부자로 먼저 인정했고, 이러한 무의식적 정신 구조를 단단히 구축한 상태로 계속 필요한 지식들을 습득하고 내면화하면서 부자들을 상대하고 그들에게 도움을 주는 모습을 더 선명하게 상상할 수 있게 되었다. 사람들 앞에서 당당하게 나의 지식과 능력을 제시하고 활용하는 모습을 점차 현실적으로 떠올리고 구체화할 수 있게 되자 주체할 수 없는 자신감과 추진력을 얻게 되었고 드디어 부자들을 만나러 직접 찾아가기 시작한 것이다. 이미 정신 상태와 자세만큼은 완전히 부자의 느낌을 풍기면서 자신감 넘치고 차별화된 지식으로 무장한 나를 만난 부자들은 자연스럽게 내게 호감을 갖고 깊이 인정하면서 기회를 주었다.

요즘 유행하는 몇몇 자기계발서에서는 이미 당신이 원하는 부를 모두 이룬 것처럼 생각하고 부자가 된 느낌을 먼저 느껴보라며 고급스러운 장소에 가거나 고액의 서비스를 이용해볼 것을 권하기도 한다. 돈이 주는 혜택을 한 번 크게 느껴보면서 그것을 동기부여 삼아 돈을 버는 것에만 집중해보란 의미에서 하는 이야기다. 이런 방법도 의미가 없는 것은 아니지만 부자들이 누리고 있는 물질적인 부분에만 주목하는 것보다는 돈을 소비하지 않는 상태에서도 자신을 부자라고 믿을 수 있는 정신 상태의 성립이 훨씬 중요하단 것을 명심해야 한다.

무의식 차원에서도 확신을 갖고 자신을 부자라고 믿고 생각할 수 있는 유일한 방법은, 내면화된 지식을 형성하고 그것을 최대한 사람들에게 활용하는 상상과 구체적인 생각을 하는 것이다. 돈을 번다는 것은 돈을 줄 수 있는 사람들에게 도움이 되는 가치를 제공하고 그 대가를 받을 수 있을 때 가능해지는 것이다. 그런 지식이나 기술, 능력이 준비되어 있지 않은 상태로 부자처럼 돈만 펑펑 쓰는 것은 단순하고 안타까운 자기만족에 지나지 않는다.

가까운 사이에서 벌어지는 '무급봉사'

나의 인간관계를 분석해보면 나에게 가치를 제공받고 돈을 지불하는 분들과 밀접하고 친밀한 관계를 형성하고 있다는 것을 알수 있다. 일상의 대부분의 시간을 교육과 상담을 하면서 보내다 보니 자연스럽게 이렇게 된 것이다. 돈이 개입되지 않는 인간관계는 가족들과 소수의 친구나 지인을 만날 때다 엄밀히 말하면 가족들과의 인간관계에서도 돈은 사용된다. 일할 때는 돈을 받는 것이고 가족이나 친구들 사이에서는 주로 돈을 쓰면서 관계를 맺는다.

정당한 대가를 주고받을 수 있는 관계는 매우 건강하고 좋은 인간관계의 형태라고 생각한다. 정당한 대가를 지불하고 내가 가진 전문지식으로 도움을 받고 정신적 가치를 얻어가신 분들께서 인생의 큰 깨달음을 얻고 삶이 긍정적으로 변화할 때 나 역시 매우 큰 감동을 경험한다. 교육자와 교육생으로서의 건강한 관계를 맺고 그분들이 많은 발전과 성취를 이루어내실 때마다 마치 나의 일인 것 같은 일체감과 행복감을 느끼게 되는 것이다.

돈에 눈먼 사람으로 살라는 말이 아니다. 당신이 어떤 노동이나 가치를 제공할 때는 그에 걸맞은 정당한 대가를 당당하게 받고 서로에게 유익한 관계를 맺으라는 의미다. "에이, 우리 사이에 이 정도는 공짜로 해줄 수 있지?"라며 당신을 이용하려는 자를 조심하라.

한 아마추어 사진작가가 있다. "저는 사진이 정말 좋아요. 돈은 받아도 그만, 안 받아도 그만입니다." 겉으로 보기에 이 사람은 욕심 없고 열정이 넘치며 남을 위해 재능을 기부하는 선량한 사람으로 보일 수도 있다.

그런데 생각해보자. '나에게는 이 길뿐이다. 죽기 아니면 까무러치기로 내 젊음과 목숨을 걸고 이 길에 매진할 것이다.' 이렇게 각오한 사람이라면 자신의 노동과 가치를 헐값에 내놓을 수 있을까? "최고의 서비스를 제공하겠습니다"라고 말하며 다른 누구도 대체할 수 없는 성과와 결과물을 만들어내기 위해 피눈물 나는 노력을 경주하고 오랜 시간을 노력한 사람에게 그에 상응하는 돈을 지불하는 것이 정당하지 않을까?

파블로 피카소Pablo Picasso는 그림을 매우 빠르게 그리는 것으로 유명했다. 어느 날, 한 귀부인이 그에게 와서 초상화를 그려달라고 했고 피카소는 그림을 그리면서 그림값이 50만 프랑이라고 했다. 딱 3분 만에 그려준 초상화 값치고는 너무 비싸다고 항의하는 귀부인에게 피카소는 "나는 짧은 시간에 이 그림을 그리기 위해서 평생을 투자했다"고 말했다. 이처럼 자신이 하는 일에 혼을 쏟고 확신과 자부심을 갖추고 사는 것이 삶에서 얼마나 중요한 자세인가.

의외로 많은 사람들이 남에게 돈을 받는 것을 어색해하고 어려워하고 심지어 미안해하기까지 한다. '이 돈을 받아도 되나. 너무 많이 받는 건가….' 혼자 우물쭈물 고민한다. 하지만 진짜 실력을 갖춘 프로라면 돈 받는 순간 어색해하거나 쭈뼛거릴 필요가 없다. 내가 받은 돈 이상의 가치를 제공하고 감동을 전해주고 행복을 느끼게 해주겠다는 일념으로 일을 해서 실제로 그런 결과를 만들면 되는 것이다. 받은 돈 이상으로 그 사람에게 '고도의 집중과 몰입 상태'를 만들어주면 된다.

인간은 완전한 집중과 몰입 상태에서 행복과 기쁨을 느낀다. 당신의 고객이 열심히 삶을 살고 돈을 버는 이유가 기존에 느껴왔던 집중과 몰입 상태보다 더욱 진일보된 '고도의 집중과 몰입 상태'를 경험하고 싶어서란 사실을 명심하라. 더 맛있고 좋은 음식, 더 편안하고 즐거운 여행, 더 예쁘고 특별한 옷, 더 안전하고 고급스러운 차, 더 깊이 있고 유익한 지식, 더 편리하고 유용한 제품에 집중하고 몰입하고 싶어서 사람들은 돈을 벌고 돈을 쓴다. 그러니 혼신의 힘을 다해서 당신의 고객에게 차원이 다른 '고도의 집중과 몰입 상태'를 경험하게 해주면 된다. 그럼 차원이 다른 감동을 경험한 고객은 분명 감사하는 마음으로 당신에게 기꺼이 돈을 지불할 것이다.

그러나 아직 자신의 분야에서 초보 수준에 있는 젊은이의 경우에는 이렇게 하면 안 된다. 젊고 지식과 기술, 경험이 부족할 때는 돈을 더 많이 받으려는 것에 신경 쓸 것이 아니라 자신의 실력을 남과 차별화시키는 데만 주력해야 한다. 그런 상황에선 남들보다 적은 돈을 받을지라도 최대한 많은 일을 하면서 풍부한 경험과 실력을 쌓는 것이 바람직한 자세다. '그렇게 하다가 평생 적은 돈을 벌게 되면 어떻게 되나?'란 생각은 아예 접어두어라. 의미 있는 경험을 쌓아가면서 차별화된 '고도의 집중과 몰입 상태'를 만들어내는 것에만 혼신을 다하면 반드시 당신의 가치는 조만간 천정부지로 뛸 수밖에 없다. '열정페이'란 단어에 집착하지 말고 일을 정말 잘하고 있는 사람들의 실전지식을 배울 수 있는 기회라면 자발적으로 돈을 지불하고라도 일을 배우려고 하는 자세가 되어 있어야 한다. 아직까지는 자신이 충분한 돈의 대가를 받을 만큼 능력과 가치를 높이지 못한 상태라면 초반에는 확실하게 차별화된 지식과 능력을 얻어내는 것에만 의미를 부여하면서 일을 배우고 노력하란 것이다. 젊을 때부터 이러한 마인드로 임할 수 있다면 조만간 당신은 큰돈을 받을 수 있는 존재로 성장하게 되고 더욱 건강한 인간관계를 영위하게 될 것이다.

〈멘탈을 바꿔야 인생이 바뀐다〉 쎈멘탈 수업 실제 강의

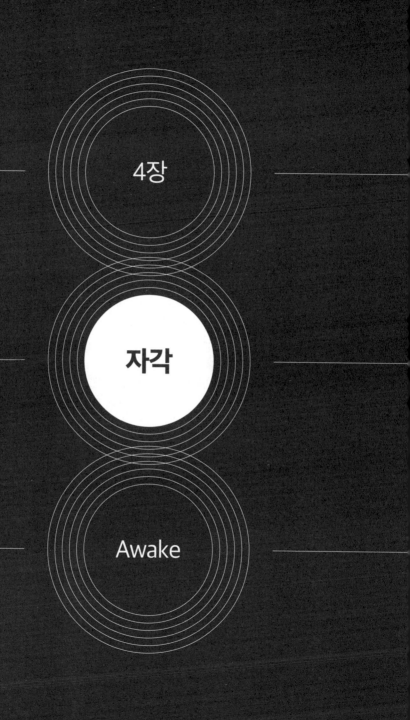

4장

자각

Awake

나 자신과의
대화

일상 속에서 경험하는 최면 상태

라디오를 자주 듣는 사람이라면 '조강지처가 좋더라~'는 가사로 시작하는 가스연료 CM송을 한 번쯤 들어본 적 있을 것이다. 구수한 목소리의 합창단이 부르는 이 CM송은 귀에 쏙쏙 들어오는 가사와 멜로디로 중독성이 강하다. 조강지처가 좋다는 말을 거부할 사람은 없고, 친구도 오랜 친구 죽마고우가 가장 소중하다. 광고를 통해 '국민연료'라는 암시가 무의식으로 자연스럽게 흘러가는 것이다. 아주 효과적으로 우리의 무의식에 암시를 새겨 넣는 잘 만든 CM송이다. 반복적으로 듣게 되고 이내 같이 흥얼거리면서 부르다 보면 해당 제품에 대한 호감이 높아지고 심지어 나중에 부탄 가스를 살 때 무의식적으로 이 제품을 선택할 가능성이 높아진다.

이처럼 우리가 접하는 모든 광고는 암시를 활용한다. 오랫동안 기억에 남거나 혹은 문득문득 떠오르는 광고는 암시를 효과적으로 무의식까지 잘 전달한 것이고 그렇지 못한 광고는 암시를 무의식에 제대로 전달하지 못한 것이다.

암시란 다른 이로부터 다른 이에게로 옮겨진 생각이다. 사람들은 일상 속에서 자연스럽게 서로 암시를 주고받는다. 같은 지식을 전달하더라도 더욱 효과적인 암시로 만들어내는 사람들은 영향력이 매우 커지고 널리 각인되며 점차 유명해진다.

상대에게 효과적인 암시를 주려면 상대의 무의식까지 암시가 전달되어야 한다. 사람들은 비판의식도 있고 판단능력이 있기 때문에 남들이 하는 말을 걸러서 들을 수 있다. 그렇지만 무의식을 깊게 연구하고 그 원리를 활용하는 사람이라면 사람들의 비판의식과 거부감을 효과적으로 낮추는 것이 가능하다. 비판의식과 거부감을 낮춘 상태^{최면상태가 이런 상태인 것이다}로 만들어 놓고 상대에게 전달하는 암시의 위력은 매우 강력하다. 상대의 비판의식을 현저히 낮출 수 있는 능력이 뛰어난 사람이라면 강한 암시를 전달하고 상대방을 자신이 원하는 방향으로 이끌어갈 수 있는 강력한 힘이 있는 사람인 것이다.

누군가는 인간의 인생에 엄청난 영향을 미치는 암시의 힘을 일찍부터 깨닫고 그 방법을 자신에게 먼저 적용시켜서 스스로에게 좋은 암시를 남기는 법을 터득한다. 그리고 나아가서는 남들에게도 암시를 강력하게 남길 수 있는 영향력 있는 사람으로 발전하는 것이다. 이처럼 혹자는 무의식적 암시의 강력한 힘을 깨닫고 자신과 세상 사람들에게 잘 적용시켜서 멋진 인생을 살아가지만, 대다수의 사람들은 무의식과 암시에 대한 개념과 지식이 부족한 상태로 살아가기에 타인에게 그 힘을 활용하기는커녕 자신에게조차 제대로 적용하지 못하면서 기존에 자신이 외부로부터 받아온 잘못된 암시의 피해자로 살아가게 된다.

영화 〈인셉션〉은 암시의 효과를 잘 표현한 작품이다. 배우 레오나르도 디카프리오 Leonardo DiCaprio가 연기한 주인공 코브는 타인의 꿈에 침입할 수 있는 특수한 기술자다. 어느 날 그는 비밀스러운 임무를 맡는다. 글로벌 시장을 지배하는 에너지그룹사의 후계자가 물려받은 그룹을 여러 개의 기업으로 쪼개도록 유도하는 일이다. 잘 나가는 그룹을 분할하라고 말로 설득하기란 불가능하다. 그래서 코브는 무의식의 암시를 이용하기로 하고 후계자의 꿈에 몰래 들어가 그를 조종할 수 있는 암시를 심는다. 이 영화에서는 한 사람이 목숨을 걸고 행동하게 할 만큼 암시란 강력하고 엄청난 힘을 가진 것이라는 사실을 말하고 싶은 것이다.다만 비판의식을 완전히 제거할 수 있는 능력이 출중한 자가 암시를 남겨야 가능한 현상이다.

사람들은 잘 만든 영화를 보면 완전히 그 영화에 집중되고 몰입 상태가 된다. 그럼 평소에 갖고 있는 비판의식과 거부감도 자연스럽게 엷어지거나 사라지게 되는데 이렇게 마음의 장벽이 허물어지면 영화감독의 사상이나 생각이 무의식에까지 쉽게 침투될 수 있게 된다. 흡사 최면상태와 비슷한 상태가 되는 것이다.

의사를 만나 진료를 받는 장면에서도 최면상태와 유사한 상태에서 암시를 받는다. 몸이 아파서 빨리 낫고 싶은 내면의 동기도 있지만 의사들의 전문적 지식과 권위까지 더해지면서 그들이 하는 조언이나 처방은 대부분 의식에서 컷cut되지 않고 무의식까지 전달되는 것이다. 이처럼 유명인사나 권위자의 말이나 영향력 즉 암시의 힘은 보통 사람들보다 훨씬 강력한데, 그들은 타인에게 효과적으로 암시를 전달하고 영향력을 행사하는 방법을 터득하고 적극적으로 활용했기 때문에 성취를 이루고 그 자리에 오를 수 있었다.

그렇다면 보통 사람도 자신의 무의식에 접근해 효과적으로 암시를 넣을 수 있을까? 아쉽게도 아직 영화 인셉션의 주인공 코브처럼 꿈의 세계에 접속할 방법은 없지만 비슷한 시도는 가능하다. 바로 최면을 알고 활용하는 것이다. 최면이라고 하면 무엇이 떠오르는가? TV에서 본 적 있는 '전생 체험' 같은 것을 연상하며 "그거 다 사기 아니야?"라고 생각하는 사람도 있을 것이고, 영화 〈나우 유 씨 미: 마술사기단〉 같은 장면을 떠올리며 사기꾼이 쓰는 트릭 정도로 가볍게 생각할지도 모른다. 그러나 최면은 심리치료에서 활용되는 것은 물론이고 국과수에서 수사기법으로 활용될 정도로 과학적인 기술이다.이미 1950년대부터 최면심리학은 영국, 미국 의학회와 미국 심리학회에서 정식 학문으로 인정되었다.

그럼에도 불구하고 아직도 많은 사람들이 최면에 대한 오해를 갖고 있는 것 같아 매우 안타깝다. 알고 보면 인간은 평소에도 최면상태와 비슷한 상태들을 수없이 많이 경험하고 살고 있다. 사랑에 빠지거나 재미있는 영화와 드라마에 빠지거나 게임이나 웹툰에 빠져 있는 그 순간들이 일상생활 속에서 비일비재하게 벌어지는 최면적인 상황이라고 보면 된다.

이런 최면적 상황에서 주어지는 암시는 우리의 무의식에 더 깊숙하게 들어온다. 실제로 사람들을 최면상태를 만들어놓은 다음 암시를 남기고 최면상태에서 깨우면 최면상태에서 받은 암시를 그대로 실천하게 된다.이것을 후최면암시라고 한다. 이것을 넓은 의미로 확장해서 해석해보자면 어떤 사람이 하는 특정 행동이나 생각의 패턴은 그 사람을 최면상태로 만들어 낼 수 있었던 사람이나 상황에서 주어진 암시를 기반으로 형성되어진 것으로 보면 된다. 즉, 인간은 최면상태에서 그에게 주어진 암시대로 생각하고 살아갈 수밖에 없는 존재인 것이다.

그래서 어떤 부모님 밑에서 자라고 어떤 스승을부모와 스승은 최면상태과 흡사한 '고도의 집중과 몰입상태'를 잘 만들어낼 수 있는 존재다 만나서 어떤 암시를 받았느냐는 그 사람 일생을 좌지우지할 정도로 중요한 영향을 미친다. 한 번 무의식에 자리 잡은 암시는 쉽게 바뀌지 않는다. 이미 들어온 암시를 교체하려면 최면상태와 흡사한 상태를 만든 후에 새로운 암시를 주어야 가능해진다.

평생에 걸쳐 형성된 무의식을 바꾸기 위해서는 평소에 스스로 자기최면 상태를 만들 수 있어야 한다. 그 상태에서 자신의 마음을 관조하고 자신에게 필요한 암시를 남겨야 한다. 암시를 무의식에 효과적으로 전달하기 위해서는 충분히 몸이 이완된 상태에서 가능한데, 자기최면의 과정은 지속적이어야 하며 암시내용도 간결할수록 효과는 높아진다. 복잡하고 장황하게 여러 종류의 암시들이 혼합되어 있으면 전달 효과가 낮아지기 때문에 한 번에 한 가지 목적을 위한 암시만을 남기는 것이 더 효과적이다.

예를 들면, '나는 아주 건강하다'거나 '나는 실전에 강한 사람이다'와 같이 목적의식을 가지고 간결한 문장으로 이완과 암시를 규칙적이고 지속적으로 실행하는 것이다. 가능하다면 무의식의 언어가 되는 상상력을 활용하여 암시를 주면 더욱 효과를 극대화할 수 있다. 지금까지 자기 최면 방법에 대해 몇 가지 짧게 설명해보았는데 글로만 보아서는 충분히 이해가 되지 않을 수 있지만 실제로 한 번 경험해 보면 인간의 정신 구조의 원리를 활용한 방법이기 때문에 전혀 어렵지 않고 누구나 편안하게 할 수 있다는 것을 알게 될 것이다.

지속적으로 자기 최면을 활용하고 습관화하다 보면 건강하고 긍정적인 무의식으로 재형성할 수 있게 된다. 동일한 상황에 놓여 있을 때 자신에게 유리하고 긍정적인 관점으로 인식하고 무의식이 건강하게 작동하는 사람이 있는가 하면, 누군가는 모든 상황을 자신에게 불리하고 부정적인 관점으로 인식하고 무의식적으로 현실을 왜곡해서 바라보면서 삶을 피폐하게 만들기도 한다. 이는 모두 무의식의 상태에 따라 달라지는 결과이며, 외부의 잘못된 암시로 인해 부정적으로 형성된 무의식은 최면적 노력을 통해 충분히 달라질 수 있다.

마음이 부른 질병

인간은 단순하게 이해할 수가 없는 복잡한 존재다. 복잡하지만 매우 정교하고, 예측이 어렵지만 무한한 가능성과 특별한 정신 구조를 가지고 있다. 그러니 정신 구조를 잘 이해하고 활용하면 누구나 멋지고 만족스러운 삶을 살 수 있지만, 인간을 이해하지 못하고 자신의 힘을 제대로 활용하지 못하는 사람은 통제할 수 없는 무의식의 지배를 받으며 수동적이고 무의미한 삶을 살게 될 수도 있다.

이러한 양면성은 마치 타오르는 불과 같다. 영리하고 유익하게 잘 사용하는 사람은 삶에서 따뜻한 온기를 주는 훌륭한 도구로 사용하지만, 제대로 활용할 줄 모르는 사람은 통제할 수 없는 불길

앞에서 좌절하고 끝내 자신의 삶을 모조리 태워버리게 될지도 모르는 것이다. 인간에게 똑같이 주어진 힘을 어떻게 받아들이고 활용할 것인지는 오롯이 자신의 선택에 달려 있다.

삶 속에서 깊은 영감을 주고 대단함을 증명한 존재들은 모두 자신의 무의식을 활용하는 법을 경험 속에서 터득하고 활용했던 사람들이다. 무의식을 완전히 믿고 이해하고 제대로 활용하면 잠재 능력이 발휘되지만, 반면에 무의식에 대해 무지하고 활용하는 법을 모를 모르면 길을 잃은 마음의 에너지는 자신을 힘들게 하는 방향으로 향하기 시작한다.

통제감각을 상실한 심리적 에너지는 의지와 상관없이 무의식적으로 자신의 부정적인 생각이나 감정들과 합심하여 몸을 공격하고 아프게 하기 시작한다. 불면증, 가위눌림, 신경성 소화불량, 스트레스성 두통, 손톱 물어뜯기 등의 심인성 증상^{마음에 근원을 둔 병}은 통제할 수 없는 무의식의 영역에서 만들어지고 신체화 증상으로 발현되는 것이다.

인간은 긍정적인 생각을 하면 에너지가 증폭되고 치유력과 면역력이 극대화되지만, 우울하고 부정적인 생각을 하면 즉각적으로 신체 에너지가 감소하고 치유력과 면역력도 낮아진다. 무의식 속의 부정적인 생각과 감정으로부터 기인한 심인성 증상들은 주변의 부정암시와 외부 환경으로 인해 더욱 강화되고 신체화 증상과 특정한 병으로 나타난다. 행복한 삶을 살기 위해서는 반드시 긍정적인 생각과 감정이 무의식 내면에 자리하도록 마음을 관리해야만 한다.

나는 내 마음을 관리하는 방법으로 자기최면을 습관화하였고 지금은 완전히 체화했다. 실제로 아프거나 다쳤을 때 충분히 몸을 이완한 상태에서 아픈 부위에 생명의 에너지가 모이고 치유된다고 상상하면 호전의 속도도 빨라졌다. 나의 삶을 통해서도 효과를 여러 번 경험했지만, 제자들과 내담자에게도 최면요법을 통해 증상을 호전시키는 데 도움을 주면서 통증이나 불치병이 나아졌다고 보고하는 사례가 매우 많았기 때문에 최면요법과 인간의 심리적 자생력에 대해 강한 확신을 가지고 있다. 내가 다른 사람보다 건강하고 동안을 유지하는 비결도 이러한 신념과 습관에서 비롯된 것이라 굳게 믿는다.

난 자기최면을 통해서 내성적인 성향까지도 많이 바뀌고 완전히 다른 사람이 되었는데, 어릴 적에는 무엇을 하고 싶어도 소극적인 성향 때문에 항상 주저하고 생각만 하다가 결국 행동하지 못하고 후회한 적이 많았다. 의미 있는 삶을 살기 위해서는 성향을 바꿔야 한다고 생각했고, 자기 최면을 활용하여 이완 상태를 만들고 가슴 깊이 존경하는 분들을 떠올리고 느끼고 대화도 나눠보는 식의 상상들을 자주 했었다. 그리고 내게 기회를 줄 수 있는 성공한 분들을 만나서 당당하게 설명하고 설득하는 모습들을 계속 상상하고 구체적인 장면들을 떠올려 보고는 했다. 즉 어떤 일을 더욱 잘 수행하기 위해 멘탈 리허설을 항상 시행했던 것이다. 이런 노력들은 나의 성향을 바꾸고 삶을 변화시키는 데 매우 큰 도움을 주었다.

좋은 쪽으로든 안 좋은 쪽으로든 사람은 누구나 무의식의 언어 상상력를 사용하여 자기 최면과 유사한 행위들을 하고 있다. 단지 차이점이 있다면 무의식의 엄청난 힘을 알고 확실히 믿는 사람과 그렇지 않은 사람이 있다는 것뿐이다. 무의식의 원리를 이해하고 잠재력을 믿는 사람은 의미 있는 행동을 지속하여 자기최면을 습관화하고 잠재력을 활용할 수 있지만, 믿지 않는 사람은 자신이 가진 힘과 능력을 전혀 활용하지 못한다.

아직도 최면에 대해 오해를 하거나, 두려워하거나, 의구심을 가진 사람들이 많은 것이 사실이다. 최면이란 주술이나 마법 같은 것이 아니다. 인간의 정신을 온전히 집중할 수 있도록 도와서 무의식적 영역을 활성화하고 잠재된 능력의 활용을 극대화하는 전문 기술이다. 정신의 집중을 방해하는 내적, 외적 요소를 완전히 차단하고, 완전한 집중 상태를 유지할 수 있도록 돕는 것이 최면전문가의 역할이다.

그래서 최면은 '유도'한다는 표현을 쓴다. 최면을 건다는 표현은 잘못되었다. 최면은 자신이 스스로 하는 것이다. 전문가는 최면 유도를 돕는 역할을 할 뿐이다. 한때 유행했던 단전호흡, 명상, 뇌호흡, NLP 등 모든 정신 훈련법도 자기 최면의 일종이라 할 수 있다.

대부분의 정신 훈련법은 자기최면을 기반으로 한다는 것을 알아야 한다. 몸을 편안하게 이완하고 무의식의 언어인 상상을 동원시킨다는 것에서 모두 공통점을 가진다. 핵심 원리는 완전히 일치하는 것이다. 그래서 여러 가지 병행할 필요가 없다. 오히려 정신만 복잡해진다. 여러 가지 방법이 있지만 기본 원리에 가장 충실하고 누구나 쉽게 따라 할 수 있는 정신 훈련법을 한 가지 추천하고자 한다. 바로 독일 슐츠 박사의 자율 훈련법Autogene Training이다.

이 방법은 앉은 자세로도 누운 자세로도 할 수 있다. 처음에는 누워서 하다가 잘 되고 자신감이 붙으면 앉아서 하는 것을 추천한다. 처음 할 때는 누운 자세가 앉은 자세보다 이완이 더 잘 되기 때문인데, 점점 숙달되면 지하철에 앉은 자세에서도 할 수 있다.

자율훈련법에 의하면, 처음에는 편안한 자세로 누워서 안정감이 느껴질 때까지 충분히 호흡에만 집중한다. 편안하고 깊은 호흡심호흡은 평상시에도 자주 하면 매우 좋다. 대부분의 심리적인 문제는 과도한 긴장 상태가 지속되면서 발생하게 되는데 수시로 심호흡을 하다 보면 자연스럽게 긴장이 풀어지고 심신이 이완되어서 건강한 몸의 균형을 찾을 수 있다. 충분히 심호흡을 했다면 다음 단계들을 따라 해보자.

1단계: 중감

편안하게 누운 자세로 오른팔에 집중하면서 내 오른팔이 무겁다, 오른팔이 묵직하다, 하고 생각한다. 오른팔에 주의를 기울이고 묵직한 느낌이 들면 이제 왼팔에 주의를 기울이면서 내 왼팔도 묵직하다, 왼팔이 아주 나른하고 묵직하다, 하고 생각한다. 이렇게 왼팔도 무거워진 느낌이 들면 오른쪽 다리로 주의를 기울이고, 그 다음에는 왼쪽 다리에 주의를 기울여서 사지 하나하나를 묵직한 느낌이 들게 만들면 된다.

아주 쉽다. 어려운 것이 전혀 없다. 평소에 불면증이 있었던 사람들은 이렇게 묵직하고 나른한 느낌만 잘 만들어져도 자연스럽게 잠에 빠져들 수 있다.

"며칠 정도 연습하면 1단계가 잘되나요?"라고 물어보는 사람도 있을 텐데 절대 속도에 연연하거나 스트레스 받을 필요가 전혀 없다. 사람마다 집중의 정도와 깊이가 다르기 때문에 편안하고 자연스럽게 계속 진행해 나가면 된다.

2단계: 온감

이번에는 온감 연습이다. 1단계에서 했듯이 동일한 순서로 오른팔이 따뜻하다, 팔이 따뜻하다, 하고 편안하게 주의를 기울이고 잘되면 왼팔, 오른쪽 다리, 왼쪽 다리 순차적으로 주의를 기울이면서 따뜻한 느낌을 느껴본다.

3단계: 호흡 편안

호흡이 편안하다, 호흡이 규칙적이고 편안하다, 하는 암시를 주며 편안한 마음으로 호흡에만 주의를 기울인다.

4단계: 심장

심장에 주의를 기울인다. 심장이 편안하게 뛰고 있다, 하는 암시를 준다.

5단계: 복부

배가 따뜻하다, 배가 따뜻하다, 하는 생각으로 복부에 주의를 기울인다.

6단계: 이마

이마가 시원하다, 하는 생각으로 이마에 주의를 기울인다. 이마 근처로 시원한 바람이 불고 있다고 상상해도 좋다.

이렇게 편안하게 이완된 상태에서 자신의 성공한 모습이나 건강한 모습 등을 상상하면 된다. 중요한 시험을 준비하는 상황이라면 시험을 잘 보고 있는 모습 혹은 이미 잘 보고 시험장을 기분 좋게 나오는 모습 등을 상상하면서 이미지 트레이닝한다. 이렇게 편안하게 반복적으로 이미지를 떠올리다가 눈을 뜬다. 매일 잠 들기 전에 누워서 편안한 마음으로 훈련을 반복하도록 한다.

충분히 훈련되면 각 1~6단계까지 진행 속도가 점점 빨라질 것이다. 처음에는 모든 단계를 다 거치면서 하나하나 주의를 기울이기 위한 노력이 필요하지만 점차 숙달되다 보면 1단계만으로도 충분한 이완 상태가 되고 나른하며 몽롱한 느낌이 드는 무의식의 활성화 현상이 일어나기 때문에 바로 필요한 이미지를 떠올리고 상상하면 된다. 무조건 정해진 방식으로 할 필요는 없고 스스로 단계별로 하다 보면 적응이 되고 자신에게 맞는 최적의 버전을 찾게 될 것이다.

자율 훈련법을 하기 가장 좋은 때는 자연스럽게 이완이 이루어지는 순간들이다. 즉, 잠에서 깨어났을 때와 잠이 들기 직전이 가장 효과가 뛰어나다. 아침에 잠에서 깨어나면 바로 일어나기보다는 자신이 원하는 모습_{하루를 멋지게 보내는 모습들}을 상상하고 떠올려보도록 하자. 아침에 출근 등으로 너무나 마음이 바빴다면 저녁에 잠자기 전에 자율 훈련법을 하면서 충분히 이완하고 이미지를 떠올리면서 긍정적 암시를 주고 자연스럽게 숙면으로 들어가도 된다.

이 훈련은 생활 속에서 완전히 습관화되어야 한다. 훈련이 잘된 사람은 이완을 통해 뇌파를 알파파, 세타파 정도로 낮추고 안정적인 상태를 유지할 수 있는데, 이러한 상태는 두뇌에 깊은 휴식을 경험하게 하고 피로감을 낮추어 깊은 숙면을 취하는 것에도 매우 도움이 된다.

배우 유아인 씨가 명상하는 장면이 방송되면서 최근에 명상에 대한 관심이 매우 높아졌다고 한다. 코로나19 때문에 우울하고 지쳐 있는 사람들에게 마음의 안정을 위한 명상이 도움이 된다는 주장도 있다. 해외에서는 명상을 하나의 산업으로 본 지 오래되었다. 우리나라도 이러한 흐름에 동참하는 기업들이 늘어나고 있는데 삼성전자는 2000년대 중반부터 사내 라이프코칭센터를 두고 심리상담을 진행해왔다. 2013년에는 미래 전략실 주도로 명상자문위원단을 구성해 명상센터 건립을 추진했으며 이 외에도 여러 기업체 주도로 명상에 관련한 투자와 시설확립이 많이 진행되고 있다.

명상이 일상생활에서 자주 언급되고 많은 사람들이 알게 되고 접하게 되면서 분명 긍정적인 영향도 있다고 생각한다. 다만 한편으로는 진짜 중요한 본질과 핵심은 모른 채로 '명상'을 일종의 만병통치약 같은 방편으로 맹신하고 사용하는 사람도 있는 것 같아서 아쉬운 마음이 들기도 한다.

나의 제자분 중에 명상전문가로 활동하시는 분이 계시는데, 그분이 처음 나를 찾아오셨을 때 얼굴에 근심이 드리워져 있어서 의아한 마음이 들었다. 명상이란 무엇인가? 마음의 고통에서 벗어나 아무런 왜곡 없는 순수한 마음 상태로 돌아가서 '초월'의 경지를 실천하고자 하는 것이 명상이다. 명상전문가라면 자신의 마음의 고통에서 벗어나서 초월의 마음 상태에 어느 정도 도달해 있어야 하는 것 아닌가. 다행히도 교육이 진행되면서 점점 더 나아지고 밝아지시긴 했지만 사람들에게 명상을 지도하는 분이 자신의 마음을 온전히 다스리지 못하는 것은 아닌지 걱정스러운 마음이 들었다. 그렇다면 명상이 직접적인 삶의 행복이나 마음의 초월상태로 연결되지 않는 이유가 도대체 무엇일까?

많은 사람들이 명상을 일종의 정신적인 현실도피 수단으로 사용하면서 그 기능이 제대로 발휘되지 못하고 있는 것이 아닌가 하는 생각이 든다. 명상은 거창한 목적을 달성하기 위해 대단한 힘을 발휘하는 기술이 아니며, 자기 혼자의 마음만 다스린다고 현실이 달라지는 것도 아니다. 오히려 명상을 정말 유용하고 도움이 되는 방식으로 활용하는 사람들은 현실 세계에서 강한 영향력을 갖고 제대로 기능하는 사람들이 스트레스를 효과적으로 해소하고 마음을 건강하게 유지하는 하나의 방편으로 사용하고 있으며 빌 게이츠, 오라클의 회장 래리 앨리슨Larry Ellison등이 명상을 중요하게 생각하는 대표적인 CEO다. 그들이 하는 명상은 단언하건대 기업을 잘 이끌어 나가기 위해 자신의 심신을 수련하고 업에 필요한 좋은 통찰과 창의력을 얻기 위한 추가적인 노력의 일환으로 봐야 할 것이다.

그런데 어떤 사람들은 명상을 통해서 기존의 욕심을 내려놓고 자신이 가진 것에 감사하며 내면의 평화에만 집중하는 데 목적을 둔다 하지만 이런 마음가짐은 갖추는 것은 대부분의 사람들에게 쉽지 않은 일이다. 명상이 정말 의미 있는 행위가 되려면 그 사람의 상황이 명상을 통해서 더 나아지고 그의 일과 생활, 건강 면에서 진보하고 발전해야만 한다. 그러나 그런 사람은 비교적 소수이며 명상을 통해서 그냥 자신이 나아지고 있을 것이란 막연한 생각으로 자기만족과 합리화의 수단으로 활용하는 사람들이 더 많은 것은 아닌지 걱정스럽기도 하다.

명상에 대해서 조사를 해보니 종류가 정말로 많았다. 인간은 선택지를 좋아하는 심리적 특성을 가지고 있고 쉬운 방법, 빠른 방법을 쫓는 사람들도 많기 때문에 최근에 명상 종류도 많이 생겨난 것 같다.상업적인 측면도 분명히 가세했다고 생각한다.

1. 몰라 명상: 생각이 떠오르면 '몰라' 하고 넘기는 것
2. 호흡 명상: 코에서 바람이 들어갔다 나갔다 하는 것을 느끼고 관찰하는 것
3. 차크라 명상: 육체의 건강과 관련해서 몸의 기운이 뭉쳐 있는 일곱 군데를 차례차례 느껴보는 것
4. 바디스캔 명상: 머리에서 발 끝까지 하나하나 스캔하듯이 머릿속으로 그리며 느껴보는 것
5. 내면아이 치유 명상: 내면아이에게 위로를 건네는 가이드
6. 호오포노포노: 미안해요, 용서해요, 고마워요, 사랑해요, 하는 말을 반복해서 들으면 세포에 저장된 부정적인 기억들이 정화된다고 주장
7. 자면서 듣는 명상: '돈이 파도처럼 밀려옵니다'와 같은 확언, 또는 높은 주파수의 음악을 듣는 것
8. 거울 명상: 거울을 보며 두려워하는 것을 말하며 그것을 느끼는 내 모습을 보는 정화 명상
9. 걷기 명상: 걷는 행위에 따라 땅에 딛는 발의 부분들을 느끼는 것

이렇게 많은 명상이 있다.어쩌면 지금 당신이 또 하나 창시할 수도 있을 것이다. 앞으로도 누군가가 새로운 기법이라면서 새로운 명상의 효과를 주장할 것이다. 명상은 종류가 중요한 것이 아니라 목적과 방법이 중요하다. 이완과 상상이라는 무의식적 필수 요소를 충족시킨 상태에서, 자신의 정신을 집중하고 긍정적인 암시와 이미지를 떠올리며 점차 내가 발전적인 생각과 행동을 할 수밖에 없도록 도움을 주는 모든 행위가 곧 자기 최면이고 명상인 것이다. 지금 현재보다 더 나은 현실을 만들고 힘든 상황을 극복하기 위해서 내가 해야 할 생각과 행동들에 더욱 집중하고 확신과 힘을 실어 주기 위하여 하는 것이며, 긍정적인 상황을 직접 떠올리고 상상해 보면서 편안하고 충만한 감정 상태를 경험하게 하는 것이다.

다시 말하지만 명상, 뇌호흡, 단전호흡 등 인간의 모든 정신훈련법은 이완을 충분히 한 상태에서 진행되어야 한다. 평상시에 특히 잠을 잘 때 이완하는 훈련을 꾸준히 하면 도움이 된다. 이완 상태와 무의식의 언어인 상상력을 활용한다는 이 두 가지 조건만 충족한다면 나머지 세부적인 조건들은 거의 불필요하거나 지엽적인 것으로 생각해도 좋다.

가끔 명상한다는 사람들 중에 이완 상태에서 겪게 되는 평소와 다른 평온함과 황홀함 같은 것을 한번 경험한 이후 자신이 큰 깨달음을 얻었다고 착각하는 사람들을 보게 되는데, 그들은 자신이 명상 중에 우연히 감각적, 의식적으로 느꼈던 '일체감' 또는 '신비 체험'을 마치 '깨달음'의 상태로 착각하고 있는 것이다. 깨달음을 얻은 것이라면 그 사람의 정신이 근본적으로 바뀌고 삶이 완전히 변화되어야 한다. 진정한 깨달음을 얻은 자라면 그들의 기존 내적 자원은 깨달음 이후에 재정립되고 잠재의식 또한 이미 의식과 일체감을 가지고 자신의 삶을 제대로 통제하고 실질적인 변화가 일어나야 한다. 그러나 단순한 현상을 깨달음으로 착각한 사람들을 보면 일시적인 느낌만 있을 뿐 실질적인 변화는 거의 보이지 않는다.

자기계발서에 나오는 용어 중에 '미래기억prospective memory'이란 단어가 있다. 미래 시점 언젠가 확실하게 이루어 낸 경험적 기억을 의미하며, 마치 정말 경험한 듯한 생생한 느낌과 장면을 떠올리면서 상상을 반복하다 보면 실제 기억처럼 이루어진다는 것이다. 주의할 점은 이런 미래기억을 제대로 잠재의식에 새겨넣으려면 성공을 이루기 위한 과정에서 반드시 필요한 지식들이 내면화되어 있는 상태가 되어야만 그것을 이루어내는 구체적인 상상이 비로소 가능하게 된다는 것이다.

자신의 꿈을 이루기 위해서 거쳐야만 하는 중간과정에 대한 구체적인 지식이 없는 상태로 맨 마지막의 성공 모습만을 상상하는 것이 과연 얼마나 효과가 있을까? 오히려 세부 전략 실행 과정에서 자신의 부족함을 느끼고 중간에 포기하게 되거나 제대로 노력도 하지 않는 망상가가 될지도 모른다. 자기 최면이든 명상이든 어떤 방법을 활용하든 세상의 본질을 꿰뚫어볼 수 있는 명확한 지성을 먼저 갖추고 해야지만 원하는 목표에 도달하는 데 도움이 되는 툴tool로 제대로 기능할 수 있다. 복잡하고 어렵게 생각하지 말고 항상 본질과 기본에 충실한 것이 가장 최선이라는 것을 기억하라.

나만의 명상법이 있다면?

명상은 나의 심신을 건강하게 하고 마음을 평온하게 할 뿐만 아니라 그 순간 고도의 집중과 몰입상태를 만들어 최상의 컨디션을 만들어 준다. 이러한 의미에서 내가 진짜로 좋아하고 수시로 행하고 있는 명상법은 바로 중요한 가치를 지닌 문장들을 계속 떠올리고 생각하는 습관이다. 불교에서 말하는 '화두'와도 비슷한 개념이라고 생각해도 된다. 종교적인 의미 없이 화두라는 단어를 일상 속에서 지속적인 관심의 대상, 몰입의 대상이라는 의미로 사용하고 있는 것이다.

내가 어릴 적부터 화두로 삼고 살아가는 것은 '인생은 무엇인가?' '나는 누구인가' 등이다. 일찍부터 이 화두에 대해 꾸준히 고민하고 생각하면서 그에 대한 근원적인 답도 구할 수 있었고 다른 사람들에게 이 답을 알려주는 일을 업으로 하며 행복하게 살고 있다. 바쁘게 살아가는 와중에도 인생과 인간의 의미를 계속 생각하면서 나의 삶에 접목하려는 노력을 멈추지 않았다. 이것이 내가 가장 좋아하고 추구하는 진정한 명상이고 마음을 단련하는 방법이다.

이런 핵심만 충실히 이행하면 굳이 시간을 내고 별도의 장소에 찾아가서 눈감고 명상하지 않아도 밝고 충만하며 멋진 인생을 살 수 있다. 인생의 매 순간이 명상인 것처럼 살고 있는 사람은 따로 명상할 필요가 없다. 이미 삶을 통해 가장 중요한 가치가 내면화되고 언제나 더 나은 상태를 추구하려는 정신 작동이 자연스럽게 이루어지고 있기 때문이다.

나만의 명상법을 하나 더 밝히자면 바로 바이크 타는 것이다. 나는 평일뿐만 아니라 주말에도 강의를 위해 경기도 전역을 오가야 했는데, 주5일 근무가 시행되며 도로정체가 극심해지자 이동에 어려움이 생겼다. 그래서 강의시간을 지키기 위해 바이크를 타기 시작했고 이제는 취미활동이 되었다.

바이크를 타는 것과 명상은 그 순간에 모두 고도로 집중하고 몰입한다는 점에서 통하는 면이 많다. 현대인들은 갑갑한 공간에 갇혀 단조로운 일상을 보내는 경우가 많은데, 잠시 그런 삶에서 빠져나와 정신적 자유를 제공해 주는 것이 바로 모터사이클이다. 모터사이클은 개방감과 자유로움을 주지만 자동차보다 상대적으로 사고에 취약한 특성이 있다 보니 오히려 모든 순간 계속 '초집중'을 하게 만들면서 번뇌를 잊게 만들기도 한다. 모터사이클을 탈 때도 일종의 마음을 수련하고 도를 닦는 듯한 자세로 임하는 부분이 있는 것이다.

일찍이 미국의 교수이자 작가인 로버트 피어시그^{Robert Pirsig}는 모터사이클과 선 체험 간의 교차점을 탐구한 소설 《선과 모터사이클 관리술: 가치에 대한 탐구》를 집필해 명작의 반열에 올린 바 있다. 하나를 정말로 깊게 파고 들어가고 고민하며 생각하다 보면 결국 모두 도道와 통하게 되는 것이다.

한 지점에
모든 힘을 집중시키는 기술, 루틴

잡념이 들어설 자리가 없도록

세계 여자 테니스 선수하면 아마도 바로 세레나 윌리엄스^{Serena} Williams가 떠오를 것이다. 이제 마흔에 가까운 나이라서 전성기가 지났지만, 역대 최고의 선수임에 틀림이 없다. 그런 그녀가 예선에 탈락했었을 때 많은 사람이 우승 후보인 그녀의 탈락에 놀라워하며 패인을 물었다.

보통이라면 아마도 "상대 선수가 오늘 의외로 너무 잘하더라고요" 혹은 "오늘 내 컨디션이 안 좋았기 때문입니다"라는 말을 할 것이다. 그런데 그녀의 대답은 이러했다. "오늘 내가 진 이유는 운동화 끈을 세게 묶지 않았고 내 가방에 샤워부스를 가져오지 않았으며 공을 세 번 튕기지 않았기 때문입니다."

무슨 뜻일까? 그녀의 말은 자신이 지켜야 하는 최적 루틴routine을 지키지 않았기 때문에 자신의 최고실력을 발휘하지 못했고 경기에서 졌다는 뜻이다. 만약 최적 루틴을 제대로 지켰다면 자신이 당연히 이겼을 것이란 믿음을 엿볼 수 있다. 세계 최고의 선수다운 발언이다. 비록 경기에서 졌지만 자신에 대한 믿음은 손상을 입지 않았다. 그 이유는 최적 루틴에 대한 확고부동한 믿음이 전제되어 있기에 가능한 것이다.

요즘은 프로 선수가 아니더라도 일상에서도 루틴이란 단어가 자주 사용된다. 루틴이란 도대체 무엇일까? 영어 단어로 '루틴'이란 규칙적으로 하는 일의 통상적인 순서와 방법을 의미하는데, 우리가 말하고자 하는 루틴은 '어떤 일을 최고의 역량으로 완벽히 수행해내기 위해서 지켜야 할 절차'를 말한다. 한국 양궁의 기보배 선수도 루틴을 아주 중요하게 생각하며 훈련했다. 기보배 선수가 가지고 있던 루틴을 살펴보자.

1. 내 자세를 믿고 쏘자.
2. 빨리 들어와서 뒷손 깊숙이 붙인 후
3. 왼쪽 어깨 10점 방향으로
4. 탄력 있고 경쾌하게 쏘기.

- 바람 그까짓 것 이길 수 있어!

실제로 런던 올림픽까지 사용했던 루틴의 내용이다. 훈련할 때와
는 달리 실전에 임하는 순간 여러 가지 잡념이 떠오르기 마련이다.
극심한 부담감과 초조함 속에서 벗어나기 위해 마음속으로 '잡념을
없애버려야지'라는 생각을 아무리 해봐도 잡념에서 쉽게 벗어날 수
없다. 이럴 때 가장 효과적인 방법은 집중해야 하는 문제에 의식적
으로 더욱 강하게 집중하는 것뿐이다. '잡념에서 벗어나야지'가 아
닌, 그 일을 최적으로 잘 해내기 위해서 반드시 필요하고 확인해야
하는 부분만을 '더욱 선점하고 집중하여 맹렬히 생각하는 것' 정도
로 이해하면 되겠다. 그러면 잡념으로 갈 정신 에너지가 최적의 수
행력을 발휘하는 데 필요한 부분으로 다 사용되면서 잡념을 만들
여력이 사라진다.

최고의 수행능력을 발휘하기 위한 구체적인 체크리스트를 만들
고 연습할 때도, 실전에 임할 때도 한결같이 쭉 이어가면 된다. 이
러한 과정에서 자신만의 최적 루틴이 완성되고 중요한 순간에도 진
정한 실력을 마음껏 발휘할 수 있다.

장미란 선수는 왜 혼잣말을 할까?

최적 루틴을 만들기 위해서는 중요한 필수절차에 관한 분석이

먼저 완벽하게 이루어져야 한다. 그 뒤에 중요한 절차를 제외한 나머지 부차적인 것은 버리거나 수정하면서 루틴을 계속 가다듬고 보완하는 작업을 거친다. 최고의 선수라면 예외 없이 최적 루틴을 가지고 있으며 그들이 자신의 최적 루틴에 보이는 믿음은 어마어마하다.

루틴에 대한 이해가 생겼다면 스포츠 경기를 관람할 때도 선수들이 실행하고 있는 루틴을 이해하고 눈여겨볼 수 있게 된다. 예를 들어보겠다. 출발대에 오르기 전까지 박태환 선수가 몸을 풀고 음악을 듣는 것. 장미란 선수가 바벨을 들기 전에 심호흡하며 혼잣말하는 것. 이것이 바로 루틴이다. 이것을 인지적 루틴이라고 하는데, 행동적 루틴도 있다. 행동적 루틴은 자신의 생각을 행동으로 체계화시킨 동작이다.

〈야구선수 박한이의 타격 루틴〉
  − 땅을 고른다.
  − 두 발을 모아 뛴다.
  − 헬멧을 다시 쓰고
  − 왼쪽 허벅지를 치면서
  − 홈 플레이트 앞에 줄을 긋는다.

〈테니스 선수 나달의 서브 루틴〉

- 땅을 고른다.
- 라켓으로 두 발을 턴다.
- 엉덩이에 낀 바지를 뺀다.
- 양어깨를 만진 뒤 귀와 코를 번갈아 만진다.
- 공을 3번 튕긴다.

골프선수들이 하는 프리샷 루틴도 있다. 골퍼들이 샷이나 퍼팅을 하기 전 정신을 가다듬기 위해서 취하는 동작이다.

얼핏 보면 루틴을 강박 증상으로 오인할 수도 있다. 강박증은 특정 행동을 병적인 측면에서 행하는 것이다. 강박은 부정적인 상태에서 탈피하여 보통 정도의 행동을 하기 위한 절차이지만, 반면에 루틴은 보통 수준을 훨씬 뛰어넘는 최고의 역량을 발휘하기 위해서 준비하는 일련의 과정으로 이해해야 한다. 제대로 된 루틴 상태에서는 긍정적인 심리상태를 끝까지 유지하며 최고수행을 향한 정성과 염원이 가득 담긴 행동을 하는 것이다.

일반 사람들이 평상시 가볍게 쓰고 있는 루틴은 대단한 것이 아니다. 가령 아침에 깨어나서 화장실에 간다든지 화장실에서 스마트폰으로 뉴스 기사를 보는 것을 루틴이라고 말하는 사람들이 있는데, 물론 그것도 루틴이긴 하다. 그러나 '최고의 수행'을 위한 적극적인 과정과 절차로 볼 수 없기에 그때의 루틴은 아무런 생각 없이 무의식적으로 하고 있는 생각이나 행동으로 취급해야 한다. 최적 루틴대로 행동하겠다는 것은 더 굳은 의지와 노력을 할 각오로 내뱉는 말이 되어야 한다는 뜻이다.

한 번에 입력될 수 있는 생각의 개수

이처럼 루틴은 자기 관리를 위한 최고의 방법으로 주목받고 있다. 루틴은 성공을 위한 최적의 시나리오를 반복하게 만든다. 인간이 한 번에 받아들일 수 있는 정보의 개수는 약 5~9개라고 한다. 다음 예시를 보자.

- 휴대폰 전화번호에서 '010'을 빼면 남는 자릿수: 여덟 자리
- '15××-15××' 같은 기업 대표번호: 여덟 자리
- 주민등록번호 뒷자리: 일곱 자리
- 은행이나 카드사에서 설정하는 비밀번호: 여섯 자리

기보배 선수가 지니고 있던 루틴카드의 문장도 5개의 문장으로 이루어져 있는데, 이처럼 5~9개의 숫자를 일정의 법칙처럼 생각하면 된다.

'잡념이 든다'거나 '집중이 안 된다'는 이야기를 하는 것은 어찌보면 인간에게 당연한 현상이다. 목표의식이 있고 동기부여가 되어

있는 상태의 사람이라도 순간순간 집중이 흐트러지는 것은 자주 있는 일이다. 무엇을 하다 보면 부담감도 느낄 수 있고, 그 일의 난이도에 따라서 '내가 할 수 있을까?' 하는 의구심이 드는 것도 모두 집중을 방해하는 요소가 된다. 또한 어릴 적부터 주변 사람들에게서 정서적 지지를 제대로 받지 못한 경우, 혹은 도전 자체를 거의 하지 않고 살아온 사람이라면 무의식적으로 더 많은 부정적인 잡념이 드는 것이 당연하다. 인간은 무의식적으로 수없이 많은 생각을 하고 사는 존재이기 때문에 정신 에너지를 적절하게 활용하지 못하고 자칫 잘못하면 자신이 원치 않는 것에 집중을 빼앗길 수 있다.

그러므로 인간이 한 번에 받아들일 수 있는 정보처리의 양인 5~9개만큼의 생각을 가장 필요하고 의미 있으며 본질적인 것들로 구축해야 한다. 그리고 그 최적의 수행을 위한 루틴을 믿고 계속 지속해 나가야 한다. 연습할 때도 실전할 때도 한결같이 반복적으로 훈련하다 보면 드디어 최고의 퍼포먼스를 보여주는 최정상급 실력과 역량을 발휘하게 된다. 대한민국 양궁국가대표팀 선수가 보여주는 것처럼 '10점'만 반복해서 쏘는 기적에 가까운 퍼포먼스 말이다.

세계 최고로 꼽히는 한국 양궁선수인 기보배, 김수녕, 윤미진, 이성진, 임동현, 박성현 선수도 이 방법으로 연습한다. 대부분의 대한민국 양궁 국가대표 선수들이 자신만의 최적 루틴을 가지고 훈련한다고 보면 맞다. 한국 양궁팀의 심리기술훈련 프로젝트를 총지휘한 정청희 교수는 이렇게 말했다.

"한국 선수들이 사용하는 도구와 장비는 해외에서도 사갈 수 있고, 금메달리스트 출신 감독은 모셔가면 되지만, 우리가 하는 심리기술훈련법은 다른 사람들에게 알려준다 해도 쉽게 따라 할 수 있는 게 아니다."

왜 그럴까? 심리훈련이란 것 자체가 지도하는 사람도 엄청난 실력자여야 하고, 가르침을 받는 제자도 엄청난 근성을 갖고 총력을 다해 노력하는 사람이어야만 하며, 고도의 의식적인 훈련deliberate practice을 통해서만 습득이 가능한 특성이 있기 때문이다.

대한민국 양궁 국가대표 선수들이 전 세계가 놀랄 만한 엄청난 역량을 발휘하기 위해서 얼마나 체계적인 훈련 방법으로 최적 훈련을 강행하고 정교한 실전 연습을 하는지 그 놀라운 과정을 좀 더 구체적으로 풀어보도록 하겠다. 2004년 8월 20일, 그리스 아테네 파나티나이코 스타디움에서 열린 여자 양궁 단체 결승전. 한국팀은 3엔드에서 중국의 맹추격을 받고 다소 흔들렸다. 윤미진 선수가 9점 2개와 8점 1개에 그친 데다 이성진 선수의 23번째 화살이 7점을 쏘고 말았다. 중국은 마지막 엔드에서 실수 없이 세 발 모두 9점을 쏘아 240점으로 경기를 끝냈다. 이제 박성현 선수의 세 발만 남은 상태였다. 실수 없이 9점만 쏘면 우승이다.

그러나 두 번째 화살이 빗나가 8점을 쏘았다. 중국팀은 우승이 결정되기라도 한 듯 좋아했다. 이제 박 선수의 마지막 화살에 운명이 걸렸다. 8점이면 패배, 9점이면 동점으로 연장전, 10점이면 우승. 긴장의 순간, 한국팀의 27번째 화살은 보기 좋게 10점을 쏘았다. 올림픽에서 여자 개인전 6연패에 이어 단체전 5연패의 신화가 이어지는 순간이었다. 2016년 리우올림픽에서도 금메달을 획득하여 8연패의 신화를 이어가고 있다.

이튿날 같은 장소에서 남자 양궁 단체 결승전이 치러졌다. 단 4점만 쏘아도 이기는 게임. 박경모 선수는 끝까지 침착하게 10점을 쐈다. 올림픽 남자단체 2연패도 달성했다.

한국 양궁이 아테네에서 금메달 3개, 은메달 1개를 거머쥐는 쾌거를 이루기까지 선수와 함께 마음속으로 시위를 당기는 이들이 있었다. 서울대 스포츠심리연구센터 정청희 교수를 포함한 다섯 명의 연구원은 한국 양궁이 무난히 목표치를 달성했을 때 지난 1년간 매달린 심리기술훈련의 가능성을 확인했다. 한국 여자양궁 국가대표 선발전을 통과하기가 올림픽 금메달 따기보다 어렵다는 말은 결코 과장이 아니다. 이처럼 치열한 경쟁 속에 살아남은 선수들은 하루 300~500발 이상 연습하고 올림픽에 가까워져서는 1,000발씩 쏘며 강행군했다.

이들의 실력을 더욱 정교하게 만든 것은 과학적이고 체계적인 선수 육성 시스템이다. 1986년 이후 양궁은 시력 측정기, 시신경 감응도 측정기 등 첨단장비를 훈련에 적극적으로 도입했고 여기에 선수 개인별 성향에 맞춘 고도의 심리훈련을 병행함으로써 수십 년간 세계 1위 자리를 지켜내고 있는 것이다.

양궁의 슈팅 동작은 안정된 자세를 유지한 채 신체적, 정신적 몰입 상태에서 이루어져야 한다. 이때 강한 근력과 근육의 정교한 사용이 동시에 요구된다. 슈팅 순간의 미세한 오차는 화살의 비행거리가 길어질수록 커져 기록에 중대한 영향을 미친다. 그러므로 선수는 지극히 안정된 상태에서 정확하고 일정한 슈팅 동작을 할 수 있도록 노력해나가야 한다. 다시 말해 우수한 양궁선수는 슈팅 자세에 동요가 없는 신체적 안정성과 고도의 긴장감 및 심리적 압박감을 극복할 수 있는 정신적 안정성, 일정한 페이스로 계속 슈팅할 수 있는 생리적 안정성을 모두 갖춰야 한다.

그러나 막상 중요한 경기에서 긴장해 서두르다가 혹은 겁먹어서 경기를 망치는 일이 허다하게 일어난다. 배드민턴에서 '라켓을 거꾸로 들어도 금메달'이라던 나경민, 김동문 조가 8강에서 탈락한 후 나 선수는 "어떻게 졌는지도 모르겠다"고 했다. 50미터 권총에서 은메달을 딴 진종오 선수는 우승을 눈앞에 두고 실수로 6.9점을 쏘는 바람에 금메달을 러시아 선수에게 내주었다. 남자 50미터 소총 3자세 결선에서 2관왕을 노리던 미국 선수가 옆 선수의 표적을 쏘아 0점으로 꼴찌를 한 것도 실제로 벌어진다. 양궁에서도 종종 남의 표적을 맞히거나 과녁을 못 맞히는 황당한 실수가 나온다. 2002년 부산아시안게임 여자양궁 단체전 준결승전에서 바로 그런 상황이 재현됐다. 대만과 중국의 경기에서 5점만 쏘아도 이길 상황에서 중국 선수가 쏜 화살은 과녁을 벗어나버렸다.

그래서 고도의 집중력을 필요로 하는 종목의 선수일수록 반드시 '담력훈련'을 한다. 2000년 시드니올림픽을 앞두고 태릉선수촌을 벗어나 야구장에서 공개 훈련을 가진 이래 양궁 대표팀은 야구장, 경정장, 경륜장과 같이 관중이 몰리고 소음이 많고 돌풍이 잦은 곳에서 실전훈련을 했다. 이밖에 10미터 하이다이빙, 전방 입소, 야간 행군, 공동묘지에서 노래 부르기 등 다양한 방법으로 선수들의 담력을 키웠다.

서울대 스포츠심리연구센터에서 양궁국가대표팀에게 시행한 심리기술훈련은 크게 이완기술, 심상기술image training, 집중기술, 목표설정, 자화self talking, 인지재구성 등의 전략과 기법이 있다. 양궁팀 대표선수단이 한 루틴 훈련을 알아보도록 하자. 루틴이란 활을 쏘기 위한 준비 자세에서 수행까지 일관된 절차를 가리키는 말로 행동절차와 인지 절차로 나뉜다. 한마디로 선수가 만점을 기록한 최적의 상황행동과인지을 정확히 분석해내 연습 때나 실전 때나 똑같은 행동과 마음 자세로 활을 쏘도록 만드는 일종의 시나리오로 보면 된다. 양궁선수가 긴장, 불안감을 잊고 집중력을 높이기 위해 자주 사용하는 행동적 루틴이 표적의 노란 부분 응시하기, 화살을 회수할 때 라인만 보고 걷기, 바람에 살랑거리는 깃발 응시하기 등이다.

정청희 교수는 루틴이란 잡념이 생기는 것을 막고 실수할 여지를 주지 않기 위한 전략이라고 설명했다. "불과 1~2초의 슈팅 순간에도 오만가지 생각이 든다고 합니다. 대개는 '이번 발을 놓치면 어떻게 하지' 하는 불안감에 자세가 흔들리는데 이를 막기 위해 '스톱 싱킹 stop thinking'을 하라고 하지만 실제로 불가능해요. 그래서 생각을 멈추는 게 아니라 미리 정해놓은 생각만 하도록 만드는 것이 인지적 루틴입니다."

몇 달의 면담과 관찰을 통해 정교하게 만들어낸 루틴을 완벽히 자기 것으로 소화한 선수는 '활 쏘는 기계'가 된다. 기계적으로 움직이는 것처럼 보이지만 끊임없이 생각하고 판단을 내리며 최적 수행능력을 언제 어디서든 그대로 끄집어낼 수 있게 된 것이다.

나만의 최적 루틴을 만들고 싶다면

사람들이 가끔 내게 자신의 루틴을 점검해달라고 하는데, 루틴은 최고의 성과를 내려는 목적의식을 갖고 하는 절차란 점을 반드시 기억해야 한다. 단순히 몇 시에 무엇을 하고 어떤 순서로 하는 지가 중요한 것이 아니다. 계획표나 일정표와 루틴은 완전히 다르다. 원하는 바를 최고의 수행으로 이끌기 위해서 계속 자신이 집중할 것에 완전히 집중하고 모든 정신과 인지, 행동을 절차대로 유지해야 한다. 난 이런 원리와 절차를 이해시키고 조언해주는 역할을 하는 것뿐이다.

최적 루틴을 만드는 것은 결국 자기 자신이 해야 한다. 인지적 루틴과 행동적 루틴을 적절히 조합하여 매 순간 목적의식을 가지고 집중하여 수행할 수 있도록 만든다. 팁을 준다면 자신이 속한 분야에서 최고의 수행능력을 보여주는 사람들을 분석하고 그들에게 최대한 상세하게 그 비법을 묻는 것이 도움이 된다. 내가 앞서 설명한 것을 충분히 이해했다면 그들이 하는 말을 좀 더 쉽게 이해할 수 있을 것이다. 그들에게 파악한 핵심 정보들을 정리하고 다듬어서 자신에게 적합하도록 만들어내면 자신에게 최적화된 루틴을 만들 수 있다.

성공을 위해서
반드시 알아야 할 경제지식

수요공급곡선과 한계효용체감의 법칙

대학 3학년 때 경제학 수업을 청강했던 적이 있다. 그때 강의를 해주신 교수님의 존함은 기억하지 못하지만, 교수님이 말씀해주신 것 중 몇 가지는 시간이 많이 지난 지금에도 선명하게 기억이 난다. "여러분이 경제학에서 배워야 할 가장 중요한 것은 수요공급법칙과 한계효용체감의 법칙입니다. 이 두 가지만 명심한다면 반드시 성공할 수 있습니다."

수요공급 법칙law of demand and supply이란 수요와 공급이 일치되는 점에서 시장 가격과 균형 거래량이 결정된다는 원칙을 말한다. 만약 수요가 공급보다 더 많은 초과 수요가 발생하면 수요자들 사이의 경쟁으로 가격이 상승하고, 이에 따라 수요량은 감소하며 공급량은 증가하여 균형 가격으로 돌아가게 된다. 기본적인 경제 원리이기 때문에 많은 사람들은 이 법칙을 당연한 이야기라고 생각하고 쉽게 넘겨 버릴 것이다. 그러나 이것을 가만히 곱씹어보면 분명 성공을 하는데 중요한 핵심을 담고 있는 것이 분명하다.

공급이 이미 넘쳐나는 시장에 들어간 사람은 결국 가격을 낮출수밖에 없다. 사람의 몸값도 수요공급법칙 안에서 결정되다 보니수많은 인력 공급이 이루어지고 있는 분야의 일을 하면 부자가 되기는커녕 집안의 빚도 해결할 수 없음을 깨닫고 공급은 거의 없으나 사람들의 수요가 큰 분야는 무엇일까를 계속 고민했었다. 그러다 보니 학원업계에서 교과 강사들은 넘치지만 교과 이상으로 중요한 수험생의 심리적 안정과 동기유발을 시킬 수 있는 강사와 프로그램이 존재하지 않는다는 것을 깨닫게 된 것이다. 이것에 대한 수요는 분명 엄청날 것인데 공급자가 없었으니 내가 선구자가 되어시작해야겠단 생각으로 철저하게 준비했고 예상은 그대로 적중해서 심리수업을 만든 첫해인 2004년부터 억대 소득을 하게 되었다.

이렇게 수요공급법칙은 삶에서 가장 중요한 법칙 중에 하나로 생각하면서 계속 인지하고 있어야 한다. 수요공급법칙을 통해서 세상을 바라보려고 노력하는 사람들은 다른 사람들보다 높은 가치를 인정받으며 훨씬 풍요롭고 행복한 삶을 살아갈 수 있다. 반면에 이런 부분을 제대로 인식하지 못하면 포화상태인 시장 안에서 치열한 경쟁을 하며 힘든 삶을 살 수밖에 없다. 수요공급법칙을 항상 생각하면서 삶을 살다 보면 '어떻게 하면 새로운 수요를 창출할 수 있을까?' 혹은 '어떻게 하면 다른 공급자들보다 차별화된 서비스를 제공할 수 있을까?' 하는 핵심에 계속 집중하게 된다. 이에 대한 해답을 얻기 위해 노력하게 되면서 결국 차별화된 공급자로 성장해가는 것이다. 수요공급법칙을 고려하여 제대로 분석하고 준비하는 습관은 풍요롭고 행복한 인생을 살아가는 데 있어 매우 중요하다.

한편, 한계 효용 체감의 법칙law of diminishing marginal utility이란 미시경제학과 심리학에서 나오는 개념으로, 어떤 재화의 소비자가 재화 1단위당 얻는 효용의 증가분한계 효용이 점점 줄어드는체감 현상을 지칭한다. 예를 들어 격한 운동을 한 뒤에 음료수 한 캔을 마신다고 하면 처음 마신 음료수가 주는 효용은 상당히 클 것이다. 하지만 그 상태에서 음료수를 두 캔째 마시면, 동일한 음료를 마셨지만 두 번째 음료수 한 캔이 가져다주는 효용은 첫 번째 음료수 한 캔이 가져다준 효용보다 적을 것이다. 그렇게 음료를 추가로 계속 마실수록 효용은 아주 급격하게 떨어지게 된다. 이처럼 추가적으로 재화를 한 단위 더 소비했을 때 느끼는 효용은 재화의 소비량이 늘어날수록 이전에 비해 점점 감소한다는 것이 한계 효용 체감의 법칙이다.

한계 효용 체감의 법칙도 우리의 모든 삶의 순간에서 적절하게 적용하면 우리를 더 발전하는 존재로 만들어 줄 수 있을 뿐만 아니라 만족감을 극대화하는 데도 도움이 된다. 예를 들면 술을 마시거나 친구들과 노는 것이 좋을지라도 그 행동에서 자신이 얻을 수 있는 효용의 크기가 줄기 전까지만 적절하게 즐기고 자신의 해야 하는 일에 집중을 하는 것이다. 그러면 목표를 이루기 위해서 확보해야 할 시간도 쉽게 마련할 수 있고 휴식 시간에 얻을 수 있는 만족감도 높은 효용이 계속 유지된 상태로 느낄 수 있기 때문에 두 마리 토끼를 다 잡은 격이 되는 것이다.

한계 효용 체감의 법칙을 항상 생각하다 보면 순간의 쾌락이나 즐거움이 영원하지 않다는 것을 깨닫게 된다. 세상은 느끼는 자의 것이다. 한계 효용 체감의 법칙을 내면화하고 활용하는 것이야말로 같은 시간을 살더라도 더욱 큰 행복과 기쁨을 느끼며 살아갈 수 있는 첩경이다.

부자가 더 좋은 인격을 갖추게 되는 이유

부자와 가난한 자, 누가 더 인격적으로 뛰어난가? 이 질문에 대해 당신은 무엇이라 답하겠는가? 난 부자라고 대답할 것이다. 계층 간 위화감을 조성하거나 불화나 편견을 만들려는 의도는 전혀 없다. 교세라라는 회사의 창업주이자 일본에서 '살아 있는 경영의 신'으로 불리는 이나모리 가즈오稻盛 和夫의 이야기를 해보겠다. 그는 '왜 일하는가'라는 질문의 대답으로 '내면을 키우기 위해서'라고 답했다. 일을 열심히 하는 것으로 자신의 내면까지도 키워낼 수 있다고 믿는 것이다. 그는 60년 가까이 옛 궁궐 제작을 총지휘한 도편수의 이야기를 듣고 감동했다고 한다.

"아무리 볼품없는 나무라도 그 안에는 영혼이 살고 있습니다. 모든 나무에는 저마다 영혼이 있죠. 그 영혼들이 저에게 말을 겁니다. 그 영혼의 소리에 귀 기울이지 않고는 그 나무를 자르거나 다듬을 수 없습니다. 1,000년 된 나무를 사용하려면 이후 1,000년을 견딜 만큼 제 일을 제대로 해야 합니다."

자기 일에 한평생을 바치고 변함없이 노력한 사람이 한 말은 여느 사람들의 말과는 울림이 다르다. 자신의 일에 최선을 다하고 일을 누구보다 사랑하는 사람들을 접하면 나도 매우 큰 감동을 받는다. 오랜 시간 자기 일을 올곧게 지켜오면서 마음을 갈고 닦은 사람만이 가질 수 있는 인격의 무게감, 그런 인격과 마주할 때마다 숙연해진다. 이렇게 일을 통해서 마치 도를 통한 삶을 살게 되는 사람들이 존재한다. 항상 그런 분들을 보며 영감을 얻고 크게 감동하면서 나의 부족한 부분들을 보완하고 효과적으로 제어할 수도 있었던 것 같다.

인간의 정신을 좀먹는 분노, 불만, 탐욕 등을 어떤 누구도 완벽하게 통제할 수는 없지만 정말 열심히 일하는 것으로 그 부분들을 최소화할 수 있다. 자신이 하는 일이 자신의 인격을 만드는 법이다. 하루하루 성실하게 일함으로써 자아를 확립하고 인격적 완성에 이를 수 있다. 위인들의 삶을 보면 어김없이 이 같은 사실을 발견할 수 있는데, 꼭 위인이 아니더라도 성공한 이들의 삶을 들여다보면 모두 최선을 다해 노력했고, 고난과 고통을 겪으면서도 자신이 해야 하는 일에 몰입했다.

우리가 위인이라고 부르는 사람, 성공했다고 부러워하는 사람들은 누구도 따라올 수 없는 엄청난 집중력으로 자기 일에 몰입했고, 그 결과 특별한 명예와 부를 얻었다. 그리고 그들은 세상 사람들이 부러워하는 훌륭한 인격을 갖추게 되었다. 언제나 최선을 다해서 자기 일에만 몰입하고 잡다한 것에 관심을 두지 않으며 남들에게 도움을 주는 것에 집중하는 삶을 살았기 때문에 나쁜 일이나 사회에 물의를 빚게 하는 일에 연루되는 것도 최소화할 수 있다.

난 내가 하는 일이 너무나 아름답고 가치 있는 일이라고 여기고 있기 때문에 항상 행복한 마음으로 일에 임한다. 나에겐 남들의 무의식적 정신영역의 성장을 돕고 심리적인 문제를 해결해주는 것보다 가치 있고 아름다운 일은 존재하지 않는다. 그래서 그 가치에 더 집중하고 몰입하려는 삶을 살다 보니 일과 가족 외에는 특별한 관심사가 없다. 모든 성공한 사람들은 자신의 일의 고귀한 가치를 깊이 깨닫고 있었기 때문에 모든 정신적 에너지가 일에만 건강하게 집중될 수 있었다.

만약 일에서 중요한 가치를 찾지 못했다면 그 큰 에너지는 사회에 악영향을 주는 쪽으로 변모했을지도 모른다. 부디 모든 사람이 자신의 일에서 가치를 느끼고 그 자체에 완전히 집중하고 몰입하면서 행복을 만들어나가는 삶을 살아가기를 바란다.

내면에서 흘러나오는
카리스마

돈 버는 법을 우리는 '세일즈'라 부른다

이번에는 부자가 되는 직접적인 방법, 돈 버는 법에 대해서 알아보자. 돈을 번다는 것은 무엇일까? 타인들의 자발적인 의사에 의해서 그들의 돈이 내 주머니로 들어오게 만드는 것이다. 그 사람은 왜 나에게 돈을 줄까? 내가 그들에게 가치 있는 것을 제공했기 때문이다. 내가 가진 가치 있는 것을 돈 받고 파는 것. 이를 우리는 '세일즈'라고 부른다. 즉, 돈 버는 법이 궁금하다면 그 답을 세일즈에서 찾아야 한다.

세일즈는 부자가 되려면 가장 빨리 눈을 떠야 하는 부분인데 많은 사람들이 중요성을 잘 모르기도 하고 알아도 굉장히 어려워하면서 시도할 엄두를 잘 내지 못하는 것 같다. 세일즈는 일상 속에서 이미 모든 사람들이 행하고 있다. 단지 이것을 알고 적극적으로 세일즈를 하는 부류가 있고 이런 원리를 못 깨닫고 소극적으로 세일즈를 하는 사람으로 나뉘는 것뿐이다.

나처럼 세상이 세일즈로 돌아가고 있는 것을 아는 사람들은 회사 소속 직원이 되기를 원하지 않는다. 주도적으로 세일즈할 수 있는 '사업'을 한다. 스스로 세일즈 행위를 적극적으로 하는 것이다. 회사를 만든 창립자들은 세일즈를 적극적으로 잘해냈기 때문에 더 큰 규모로 세일즈를 할 수 있는 회사를 만들 수 있었지만, 회사에 소속된 직원들은 세일즈의 중요한 의미와 가치를 모르고 있기 때문에 제대로 능력을 발휘하지 못하는 것이다.

중소기업은 비교적 작은 규모로 세일즈 하고, 대기업은 대규모로 세일즈를 하는 것뿐이다. 이런 원리를 완전히 마음으로 받아들여야 한다. 그럼 삶이 근본적으로 바뀐다. 더 이상 남이 시켜서 세일즈하는 사람이 아닌 스스로 세일즈를 적극적으로 하는 사람으로 변모한다. 회사 소속 직원일 때도 적극적인 세일즈를 하고 성과를 내면 당연히 그 회사의 중요한 요직을 맡게 될 것이다.

세일즈에서 명심해야 할 것은 다음과 같다. 첫째, 진정한 세일즈란 나를 파는 것이다. 사람들이 나를 믿게 하고 제품에 대한 신뢰를 쌓아야 한다. 어떤 상품을 파는 것에 집중하는 것이 아니라 나 자신을 팔아야 한다는 것이다. 나의 믿음, 신용, 신뢰, 친절, 배려, 깔끔한 모습, 지식, 기술, 시간, 에너지와 기운을 파는 것이다. 따라서 계속 자신의 가치를 높여나가는 노력을 지속해야 한다. 내가 책을 좋아하는 이유도 나를 파는 세상이란 것을 깨달았기 때문이다. 그래서 항상 남과 차별화되려는 노력을 계속 해나가는 것이다.

둘째, 타인에게 팔지 말고 자신에게 먼저 팔아라. 사람들은 자신이 팔려고 하는 그 물건을 남에게만 팔려고 애를 쓴다. 하지만 정작 그 물건을 자신에게 먼저 팔진 않는다. 무슨 말이냐면 자신이 파는 것에 대한 정보도 지식도 없고 실제로 그것을 사용할 때 얻게 되는 혜택이나 이득, 즐거움 등을 잘 알지 못한다. 본인 스스로도 자신이 팔려고 하는 것에 대해서 큰 감동을 받지 못한 상태에서 다른 사람의 마음을 움직여 감동을 주고 제대로 판다는 것은 불가능하다.

하지만 잘 파는 사람들은 다르다. 자신이 팔려고 하는 것에 대한 효과 차별성, 그 가치 등을 이미 완전히 꿰뚫고 있다. 팔고자 하는 지식, 제품, 서비스에 대해 누구보다 잘 알고 있고 충분히 가치 있음을 인정하기 때문에 스스로도 확신을 가지고 설득이 되고 자신에게 먼저 판매가 이루어진 것이다. 자신에게 판 이후부터는 사람들에게 당당하게 다가가서 권할 수 있게 된다. 자신이 느끼기에도 충분히 가치 있고 매력적인 것을 고객에게 판매하는 것은 곧 고객을 돕고 행복을 느끼게 해주려는 행동이라고 인식하기 때문이다.

내가 세일즈 행위를 하는 것이 남들을 행복하게 하고 배려해주는 의미 있는 행위가 되는 순간부터 일종의 갑의 마인드를 갖게 된다. 진정으로 세일즈를 즐기게 되는 것이다. 나도 이렇게 살고 있는 사람이다. 내가 남들에게 파는 지식의 효과와 가치를 나에게 먼저 확실하게 팔았고 그 효용 가치와 효과를 확실히 느끼게 되자 그 후에 큰 학원장님들에게 당당하게 찾아가서 그분들을 돕는다는 마음으로 설득하고 성공적으로 판매할 수 있었다.

자신이 팔아야 하는 것을 자신에게 먼저 완전하게 판매한다면 상대에게 파는 것은 너무나 쉬운 일이 된다. 상대는 나의 배려와 노고에 고마워하면서 기쁜 마음으로 구입하게 되는 것이다. 부디 많은 사람들이 세일즈의 원리와 중요성을 깨닫고 낡은 두려움을 벗어던지고 행복한 마음으로 세일즈를 즐기며 부자가 될 수 있으면 좋겠다.

스토리텔링으로 세일즈에 날개를 달아라

어린아이가 할머니에게 "재밌는 이야기 들려주세요"라고 말하는 모습을 떠올려보자. 이야기가 시작된 후 아이는 눈을 반짝 빛내며 귀를 쫑긋 세우고 이야기에 집중한다. 이 아이는 단순히 이야기를 원한 것이 아니라 "나를 집중과 몰입상태로 만들어주세요" "재미있는 이야기를 들려줘서 나를 최면상태로 빠져들게 해주세요"라고 부탁한 것이나 다름이 없는 것이다. 무엇인가에 집중하고 몰입하기를 원하는 것은 인간의 본능이다. '스토리'는 집중과 몰입 상태를 유도하는 아주 강력한 장치다.

전 세계 사람들이 영화 '마블' 시리즈에 열광한다. 정확히는 마블 영화에서 이야기하는 스토리에 완전히 빠져드는 것이다. 2008년에 개봉한 〈인크레더블 헐크incredible hulk〉는 글로벌 박스오피스 매출 3,029억 원, 2011년 〈캡틴 아메리카the first avenger〉는 4,262억 원, 2019년 〈어벤져스: 엔드게임AVENGERS, END GAME〉은 3조 2,636억 원으로 영화 역사상 최고의 흥행을 거두었다. 이런 엄청난 흥행을 거두는 이유는 무의식 속에서 더 특별한 존재이고 싶어하는 인간의 욕구를 자극했기 때문이다. 영화 속 주인공과 자신을 동일시하며 자신의 존재감을 더 극대화하면서 카타르시스를 느끼도록 해주기 때문일 것이다.

그래서 스토리를 제대로 활용하면 사람들의 관심과 호감을 얻는 것이 매우 수월해진다. 자본주의 사회에서 인간은 타인에게 무엇인가를 계속 팔아야 생존이 가능하고 잘 팔수록 귀한 존재가 된다. 그러니 무엇을 잘 팔고 사람들에게 영향력을 주려면 인간은 무의식적으로 스토리를 좋아할 수밖에 없고 스토리를 원하는 존재란 것을 명심해야 한다.

지능이 뛰어난 우리 인간은 항상 무엇인가에 집중하고 몰입하고 싶어하는 특성을 가지고 있기 때문에 엄청난 양의 집중 에너지가 존재하고 있다. 그런데 스토리를 들을 때 시공의 제약이 사라지게 되고 몰입하면서 무의식의 상상력이 활성화된다. 그래서 이야기에 빠지면 완전히 몰입되는 경험을 하기 때문에 이야기를 듣는 것이 아주 행복한 경험으로 인식되는 것이다. 그래서 인간은 이야기를 좋아한다. 가능하면 최대한 재미있는 스토리가 담긴 이야기를 듣고 싶어 한다. 이런 인간의 특성을 잘 파악했다면 사람이라면 삶을 살아가면서 필요한 엄청난 무기를 얻은 것과 마찬가지가 된다. 내가 어떤 사람을 만나든지 그가 사람인 이상 스토리에 취약할 수밖에 없다는 말이다.

그래서 상대가 흥미로워할 내용이나 혹은 관심 가질 법한 내용이 담겨 있는 재미있고 감동적인 스토리를 준비해서 들려준다면 스토리를 통해 무의식적 방어체계가 허물어지고 집중과 몰입상태가 되면서 나에 대한 인식이 개선되고 호감도가 커지는 효과를 얻을 수 있다. 사람들과 빠르게 친해지고 싶거나 기회를 얻어야 할 상황이거나 혹은 대중들에게 호감을 얻고 싶은 경우에는 그 사람에게 통하는 스토리를 준비하라.

분명한 건 타인이 처음에 당신을 거절할 수는 있어도 스토리는 거절하지 못하기 때문에 협상이나 설득의 장면에서 당신을 거절한 상대에게 절대 그냥 '이번에도 실패했구나' 하면서 뒤돌아가지 말고 반드시 그가 거부할 수 없는 스토리를 하나 꺼내 들어서 심리적인 역전을 이루어내야 한다. 거부할 수 없는 힘이 있는 이야기를 당신이 제대로 전달하기만 한다면 이야기에 집중하느라 당신에 대한 비판의식도 조금씩 더 약해지게 되고 그 스토리가 마음에 들거나 도움이 되었다고 느끼게 된다면 당신은 이전과는 전혀 다른 상대방의 호의적인 모습을 보게 될 것이다.

감동적이고 유익한 스토리를 많이 알고 있고 그것을 실감 나게 이야기할 수 있다는 것은 당신이 사람들의 상상력을 자극하고 그들을 감동시키고 더 크게 마음을 얻어낼 수 있다는 것이다. 책이나 매체, 사람들을 통해 알게 된 스토리가 어떤 가치를 담고 있고 어떤 상황에 있는 사람에게 관심을 끌 수 있고 감동시킬 수 있을지를 연구해보는 습관을 가지고 평소에 미리미리 잘 준비해 두면 중요한 순간에 매우 든든한 자원이 된다.

어렵게 생각할 필요는 없다. 여러분이 알고 있는 스토리는 이미 너무나 많다. 이솝우화, 전래동화, 소설, 심지어 기사에서 본 감동의 스토리까지 합치면 정말 많은 스토리를 간직하고 있을 것임이 틀림없다. 단지 그 많은 스토리가 어떤 사람과 어떤 상황에 더 적합하며 어떤 가치를 전달하는 데 힘을 발휘할 수 있을지에 대해 곰곰이 생각해보라는 것이다. 그동안 재미로만 넘겼던 스토리를 상대방의 무의식을 자극하고 움직이는 데 활용하기 시작한다면 당신은 엄청난 영향력을 행사할 수 있게 될 테니까 말이다.

한 동네에 사는 두 여자

한 동네에 두 여자가 살고 있었다. 한 여자는 아름다운 데다가 옷을 잘 입어서 가는 곳마다 사람들의 관심을 집중시켰다. 모두가 그녀와 이야기를 나누고 싶어 했고, 그녀의 말에 귀를 기울였다. 또 다른 여자 역시 아름다웠지만 사람들은 그녀의 존재를 알아차리지 못했다. 가난하고 초라해 보이는 그녀에게 아무도 관심이 없었다. 보잘것없는 옷차림을 한 그녀는 좋은 옷을 입은 아름다운 여자가 모두에게 주목받는 모습을 물끄러미 바라보았다. 그녀에게도 사람들과 나누고 싶은 것이 많았다.

어느 날 가난한 여자는 용기를 내어 아름다운 여자에게 다가가 말을 걸었다. "한 가지 부탁이 있는데 들어주실 수 있으신가요?" 아름다운 여자가 친절하게 대답했다. "무슨 도움이 필요하신가요?" 가난한 여자가 머뭇거리며 말했다. "당신은 매우 아름다운 데다가 좋은 옷을 입어서 모든 사람의 주목을 받지만, 난 가난하고 옷이 없어서 누구의 관심도 받지 못합니다. 하루만 당신의 옷을 빌려 입고 당신과 함께 거리를 걸으면 안 될까요? 그러면 당신에게 관심을 가지고 다가온 사람들이 나에게도 관심을 가질 것이고, 나도 사람들에게 내가 가진 어떤 걸 나눠 줄 수 있을 거예요."

아름다운 여자는 가난한 여자의 청을 흔쾌히 들어주었고, 다음 날 두 여자는 매력적인 옷을 입고 함께 거리를 걸었다. 평소처럼 가는 곳마다 사람들이 걸음을 멈추고 아름다운 여자에게 찬사를 보냈으며, 옆에 있는 멋진 옷을 입은 가난한 여자에게도 관심을 보였다. 함께 걸어가면서 아름다운 여자는 가난한 여자와 대화를 나눴고, 그녀에 대해 많은 질문을 던지면서 그녀가 세상 사람들에게 말하고 싶어 하는 것들에 깊은 흥미를 느꼈다. 그리고 그 가난한 여자가 매우 지혜롭다는 것을 발견했다. 그렇게 해서 두 여자는 가장 친한 친구가 되었으며, 떨어질 수 없는 관계가 되었다.

오늘날까지도 그들은 함께 세상을 걷고 있다. 초라한 옷을 입은 여자의 이름은 '진리truth'다. 그리고 모두가 좋아하는, 멋진 옷을 입은 여자는 '이야기story'다. 이야기는 진리에 생명을 불어넣는 숨과 같다. 그리고 진리 역시 이야기에 생명을 불어넣는 숨이다.

명심하라. 당신은 당신의 이야기다. 당신이 세상에 말하고 싶은 진리를 당신의 이야기에 담아야 한다. 당신의 진리만 주장하면 사람들은 관심을 가지지 않을 것이다. 그저 당신을 고집이 센 완고한 사람으로 여길 것이다. 당신의 진리에 당신의 이야기로 옷을 입혀라. 그때 그 진리는 설득력을 가질 것이고, 사람들이 귀를 기울일 것이다. 그러기 위해서 당신은 먼저 삶을 경험해야 한다. 진정한 삶을 말이다. 이야기는 생생한 경험을 통해서만 나오기 때문이다. 그래서 스토리가 있는 삶은 아름답고 강력하다.

첫째, 상대에게 맞는 스토리를 준비하라

당신이 누군가에게 무엇을 팔기 위해서 혹은 설득하고 기회를 얻기 위해서 그를 만나러 갔다고 가정해보자. 사전에 연락해서 약속을 잡고 만난다면 별 문제가 없겠지만 약속도 없이 그를 만나러 간 것이라면 당신을 귀찮게 여기고 바로 당신을 보내려고 할 수도 있다. 그렇게 상대가 마음의 문을 닫아버리고 당신에게 "당신 같은 사람을 맨날 봅니다. 일하는데 방해하지 마시고 그냥 가십시오."라고 이야기를 한다면 어떻게 할 것인가?

보통은 "전 다른 사람과 다르니 좀 들어주시면 안 될까요?" 이런 식으로 말을 할 수 있다. 그때 상대가 더 강하게 "필요 없다고 말씀드리지 않았습니까? 어서 돌아가세요."라고 세게 나온다면 보통은 기가 꺾여서 "네, 죄송합니다. 실례했습니다"라고 말하고 갈 확률이 높다.

이런 상황이 펼쳐질 때도 스토리만큼은 상대에게 통할 것이라는 것을 잊지 말아야 한다. 그럼 정중하게 "대표님 지금 바쁘신듯하니 제가 대표님께 도움이 될 재미있는 이야기만 한 가지 해드리고 가겠습니다"라고 말하면서 "대표님도 유럽여행 다녀보셨지요?"라고 묻는다. 상대가 "그렇지요" 하면 이렇게 답을 이어나간다.

"그럼 유럽사람들은 광장에 잘 모인다는 것도 아시겠네요. 베네치아의 한 광장에서 있었던 이야기입니다. 광장 한 곳에서 허름하게 차려입은 거리의 악사가 바이올린을 연주하고 있었습니다. 나름 열심히 연주하고 있었지만 광장의 사람들은 그의 연주에 집중하지 않았습니다.

그런데 그 악사를 좀 지켜보던 한 신사가 안타까웠는지 그 악사에게 '내가 잠시 당신의 악기로 대신 연주를 해보겠소'라고 하면서 바이올린을 넘겨받아 연주하기 시작했습니다. 그러자 아까와는 전혀 다른 너무나 아름다운 음악이 울려 퍼지기 시작했습니다. 정말 처음 들어보는 듯한 멋진 선율과 웅장한 변주곡이 광장에 울려 퍼졌습니다. 그러자 광장의 모든 사람이 그의 경이로운 연주에 귀를 기울였습니다. 거리의 악사의 모자에는 돈이 수북이 쌓여갔지요.

이 신사는 바로 바이올린의 귀재 니콜로 파가니니^{Niccolo Paganini}였습니다. 똑같은 악기라도 누구의 손에서 연주되는가에 따라 전혀 다른 소리가 나오게 됩니다. 대표님께서는 저와 같은 사람들 수없이 많이 봤다고 생각하시겠지만 저는 제 분야에서 니콜로 파가니니 같은 존재입니다. 부디 저의 차별화된 연주를 잠시만 감상해주십시오. 그럼 대표님께서도 바로 그 차이를 알아차리실 것입니다."

이렇게 정중하고 확신에 찬 모습으로 자신 있게 말하는 사람에게 "그냥 가시오"라고 말할 수 있는 사람은 거의 없다. 이렇게까지 확신에 차서 자신 있게 말하는 사람에게 인간은 본능적으로 끌리게 되는 것도 있지만, 파가니니 스토리를 듣는 동안 무의식적 경계가 조금은 허물어지면서 화자를 일반 사람들과는 분명 다른 특별한 사람으로 인식하게 되기 때문이다. 그래서 '이 사람의 연주를 들어주는 것도 좋겠다'라는 긍정적인 생각이 들고 그 화자에 대한 편견이나 비판의식도 점차 약해지게 된다.

사람들에게 다가가서 협상할 때 상대가 당신에게 관심이 없다고 바로 포기하고 좌절하지 마라. 그 사람이 당신에게 관심이 없다면 그 사람의 관심 분야와 관련이 있는 스토리로 공략하면 된다. 찰나의 순간도 놓치지 말고 당신의 독보적인 차별성을 느낄 수 있게만 한다면, 분명 협상의 과정에서 성공률은 매우 높아질 것이다.

덧붙이고 싶은 말이 있다면 같은 스토리라 할지라도 그 스토리를 실전에서 사용하기 전에 굉장히 여러 번 반복하면서 사전 리허설과 이미지 트레이닝을 충분히 하면 효과가 매우 높아진다는 것이다. 스토리를 이야기할 때 몸과 손발의 위치와 움직임, 이야기에 대한 열의와 진정성 등이 우러나와야 한다. 그렇게 이야기하면 상대는 당신이 스토리를 절대 거부할 수 없을 것이다.

둘째, 말의 내용보다 중요한 것이 분위기다

가끔 좋은 스토리를 가지고도 '실전에서 약한' 모습을 보이는 사람이 있다. 카리스마, 즉 기氣가 부족하기 때문이다. 당신이 어느 집단을 대상으로 설득하고 최면을 해야 한다면 그 집단의 리더를 가장 먼저 공략해야 한다. 구성원은 그 다음 순서다. 한 집단의 리더를 휘어잡을 수 있는 카리스마와 기를 갖춘다면 고소득은 너무나 쉽게 달성할 수 있다.

'카리스마'는 고대 그리스어로 '신의 축복'이라는 뜻이다. 신의 축복을 받게 된다면 얼마나 신나고 즐거울까? 신의 축복을 받기 위해서 신에게 무턱대고 빈다고 되는 일은 아니다. 재미있는 이야기가 있다. 신에게 로또에 당첨되게 해달라고 매일 빌던 사람이 죽었다. 사후에 신을 만나서 평생 그렇게 빌었는데도 왜 복권에 당첨시켜주지 않았는지 하소연했다. 그러자 신이 말했다. "왜 빌기만 하고 복권은 사지 않았느냐."

카리스마도 무조건 갖게 해달라고 신에게 간절히 비는 것이 능사가 아니다. 스스로 카리스마에 대한 본질을 알고 연구한 뒤에 자신이 스스로 만들어내야 하는 것이다. 카리스마는 분야별로 다르겠지만 해당 분야의 탁월한 지식을 무의식에서 바로 끌어올릴 수 있는 지식의 내면화가 된 상태에서 많은 실전 경험을 축적한 사람만이 갖추게 되는 것이다.

예를 들어보겠다. 실제로 도사견을 본 사람들은 알겠지만, 도사견은 크기가 무척 크고 힘도 매우 세고 사납기로 유명한 맹견인 만큼 자기보다 덩치가 큰 짐승 앞에서도 겁먹지 않는다. 가끔 개한테 물려서 사람이 사망하는 기사가 나오는데 도사견은 사람까지도 죽일 수 있는 충분한 힘을 가지고 있다.

그런데 그런 도사견조차 쩔쩔매게 하는 사람이 있다. 바로 개장

수 아저씨다. 그들은 다년간의 경험으로 개의 속성과 패턴을 훤히 꿰뚫고 있다. 개를 어떻게 다루는 건지 그들의 약점과 특징들을 완전하게 간파하고 우월한 지식을 갖추고 있다. 그리고 그런 지식을 실전을 통해서 수없이 사용하고 반복하면서 경험적으로 터득한 사람들이다. 그래서 그들은 도사견을 봐도 전혀 두려움을 느끼지 않고 상황에 따라 어떻게 대처하고 처리할지 몸도 마음도 준비를 단단히 하고 있다. 그럼 자연스럽게 도사견들도 그들이 어떤 존재인지를 금새 알아차리고 슬금슬금 그를 피한다.

개장수가 개를 상대할 때 보여주는 것이 일종의 카리스마다. 상대를 압도하는 지식 그리고 그를 바탕으로 한 실전경험, 그것이 카리스마를 만들어준다. 인간도 마찬가지다. 상대가 보통이 아니라는 것은 상대를 마주하는 순간 분명 알게 된다. 이런 카리스마를 갖추기 위해서는 수많은 시간과 노력을 들여서 해당 분야의 지식을 연마하고 실전을 경험해야 한다. 그 과정에 자연스럽게 기가 생겨나는 것이다.

사람들은 기는 타고 난다고 생각하는 것 같다. 그래서 조상의 묏자리를 잘 써야지 후손의 기가 세어진다거나 풍수지리, 사주팔자 등을 근거로 기의 중요성을 강조하기도 한다. 하지만 기라는 것은 스스로 얼마든지 키워낼 수 있는 것이다. 기에 관해서 무지했었던 어린 시절에는 기가 센 친구들 앞에서 주눅이 들곤 했었지만 20대부터는 스스로 기를 키워낼 수 있었고 지금은 누구를 만나도 기가 죽거나 기에 눌리지 않는 것은 물론이고 주변 사람들로부터 기가 세고 카리스마가 넘친다는 이야기를 많이 듣게 되었다.

사람이 기를 만들어내는 방법 중에 단전호흡이 있다. 나도 오래전부터 단전호흡에 관심을 가지고 있었는데, 단전호흡이란 호흡을 통해서 단전에 기를 축적하는 것을 의미한다. 단전은 기를 모으는 곳이다. 단전의 위치는 배꼽 밑으로 3~6센티미터 정도에 위치하는 가상의 공간을 말하는데, 단전의 위치를 의식하고 호흡하면서 그곳에 좋은 기가 계속 축적된다고 상상하는 것이 단전호흡의 원리다.

최면을 통해서 했던 실험이 하나 있다. 단전의 위치를 전혀 모르고 있던 학생들에게 단전의 위치를 설명해준다. 그리고 최면상태로 유도한 뒤에 단전에서 엄청난 기가 계속 뿜어져 나온다고 암시를 주었다. 그 후에 기공사들에게 기의 흐름이 달라졌냐고 묻자 "전과는 전혀 다른 엄청난 기가 느껴진다"고 답했다. 기는 역시 상상에 의해서 좌우되는 실체인 것이다. 오링테스트를 통해서도 알 수 있듯이 사람은 기분 좋은 상상을 하면 바로 기가 증폭되고, 우울한 생각을 하면 바로 기가 축소된다. 즉, 기라는 것은 '반복적으로 행한 긍정적인 상상의 결정체' 정도로 정의 내리면 좋을 것이다. 거기가 하나를 더 추가한다면 정확한 지식을 바탕으로 상상하면 더 크고 강력한 기가 생긴다는 점이다. 정말 기가 강한 사람이 되고 싶다면 호흡과 상상에만 집중할 것이 아니라 좋은 책들을 많이 봐야 한다. 물론 에밀 쿠에의 자기 암시를 꾸준하게 시행하는 것도 기를 키워

내는 좋은 방법이 될 수 있다.

마지막으로 한 가지 더 첨언하겠다. 강한 기를 가지고 싶다면 항상 큰 존재가 되겠다는 마음으로 노력해야 한다는 것을 명심하라. 자신만을 생각하는 것이 아니라 타인을 생각하고 나아가 사회, 국가, 인류까지 생각할 수 있는 사람이 된다면 그 사람의 무의식적인 스케일도 함께 커지면서 기가 매우 강해질 것이다. 많은 사람들에게 도움과 영향력을 주는 사람이야말로 가장 기가 강한 사람이라고 할 수 있다.

셋째, 한 번에 하나의 메시지만 제대로 강조하라

광고대행사를 운영하는 이용훈 대표의 일화다. 대기업에서 광고의뢰가 들어왔다. 그는 열심히 CF를 제작했고 드디어 완성된 CF를 의뢰기업의 대표이사 앞에서 보여주며 승인받는 날이 왔다. 그런데 CF를 다 본 대표이사의 표정이 좋아 보이지 않았다. 다소 불만족스러운 얼굴로 "이거 메시지가 너무 단순하지 않소?" 하며 불평을 하는 것이었다.

그러자 이용훈 대표는 "이사님" 하고 부르면서 준비해두었던 테니스공 두 개를 던졌다. 대표이사는 "어? 공을 왜 던져요?" 하며 질문했지만 "이사님 공을 좀 받아주십시오" 하며 두 개를 또 던졌다. 대표이사가 공 두 개 중에 하나만 받고 하나는 떨어뜨렸다. 이 대표는 다시 "이사님, 공을 한 개만 던질 테니 잘 받아주십시오" 하면서 또 던졌고 이번에는 이사도 잘 받았다. 무슨 의미로 한 행동이었겠는가? 여러 가지 메시지를 주는 것보다는 하나를 제대로 주는 것이 낫다는 의미를 전하고자 했던 행동이었다. 광고주는 그의 말을 이해하고 받아들였다.

실제로 최면을 유도한 뒤에도 그렇다. 여러 가지 암시를 복잡하게 남기면 암시의 효과가 크게 감소한다. 복잡한 암시를 들으면 오히려 논리적으로 생각하려는 상태가 되면서 최면상태가 약해질 수도 있다. 그래서 암시는 짧고 간결하게 반복적으로 주는 것이 효과적이다.

광고도 마케팅도 모두 무의식에 효과적인 암시로 들어가게 하려면 짧고 간결하고 단일한 형태로 들어가야 한다. 그런데 사람들은 이런 사실을 모르고 한 번에 여러 가지를 전달하려고 하는데, 그러다 보면 정작 전달해야 하는 핵심 포인트를 무의식에 남기지 못할 수도 있다. 한 번에 한 가지를 제대로 전달할 수 있는 사람이 결국엔 더 많은 것을 얻어낼 수 있는 현명한 사람인 것이다.

"나는
특별한 사람이야"

정을 제대로 잘 맞은 돌은 예술작품이 될 수 있다

나는 내가 한국인이라는 사실이 매우 자랑스럽다. 우리 선조들 중에 멋진 영웅들도 많이 계시고 대단한 분들도 너무나 많기에 항상 자부심을 갖고 산다. 강점이 정말 많고 대단한 민족이지만, 시대적 문화적 배경으로 인해 만들어진 몇 가지 특성 때문에 현시대에는 오히려 성공의 발목을 잡고 있는 한국인의 특유의 성향에 대한 이야기를 해보고자 한다. 무의식 속에 강하게 내재되어 있는 잘못된 관념에서 완전히 벗어나야 자신의 진정한 잠재력과 힘을 끌어낼 수 있다. 한국인의 일반적인 성향 중 하나는 타인을 지나치게 의식하고, 자신을 판단할 때 내적인 기준이 아닌 외부 기준으로 판단하는 경향이 있다는 것이다.

1. 나는 어느 집안 아들이야.
2. 나는 무슨 회사 직원이라고.
3. 나는 어느 대학 출신이야.

이렇게 나라는 사람 자체에 기준을 둔 내적 기준이 아니라 외부 기준을 가지고 그 틀에 자신을 끼워 맞춰서 판단하고 평가하는 것이다. 그러다 보면 남을 의식할 수밖에 없고 지나치게 외부 기준에 집착할 수밖에 없다. 남보다 튀어서도 안 되고 남과 너무 달라서도 안 되며 나보다는 남을 먼저 생각해야 한다는 강박적인 생각들이 우리를 한계 안으로 몰아넣는다. 여기서 '남을 먼저 생각하는 것'은 참 좋은 자세 아닌가 생각할 수 있다. 이 생각이 자발적이라면 좋은 것이 맞다. 하지만 자발적이지 않은 게 문제다.

1960년대 대한민국은 전 세계 최빈국 중 하나였다. 요즘 태어난 아이들은 대부분 개인 방을 가지고 있는 경우가 많지만, 1960년대에는 개인 방을 꿈꾸는 것조차 사치였다. 방 한 칸에서 삼대가 모여 살다 보니 헛기침 문화도 생겨났다. 공동체 생활을 하는데 방문을 갑자기 열었다가는 서로 민망할 수도 있기 때문에 문 앞에서 먼저 헛기침을 하는 것이다. 이렇게 방 한 칸에서 여럿이 모여 사는 상황에서 개개인의 개성이 존중받고 중요한 가치로 인정될 수 있었을까? 전혀 아니다. 개성은 공동체 생활을 와해시킬 수도 있는 사회악과 같은 개념으로 여겨질 수밖에 없었다.

이런 사회 구조 속에서는 나이에 따라 서열을 정하고 공동의 목표를 향해 일사분란하게 움직이는 것이 중요해진다. 그래서 장유유서를 중시하고 찬물도 위아래가 있다는 생각을 갖게 되고 위아래를 따지는 것이 필요했다. 서로 만나면 나이가 어떻게 되냐고 묻는 이유는 상대의 나이를 모를 땐 상대를 어떻게 대해야 할지 판단이 잘 서지 않기 때문이다. 남을 먼저 생각하는 것은 좋은 미덕이긴 하나 이것이 자발적으로 생성된 게 아니라 대부분 타율적으로 형성되어 있는 게 문제란 것이다. 그러다 보니까 남을 지나치게 의식하고 눈치를 보는 문화적 습관이 생겼다. '가만히 있으면 중간은 간다.' '모난 돌이 정 맞는다.' 이런 소리를 가정에서도 사회에서도 수시로 듣게 된다. 결국 튀지 말란 소리다.

그러나 이제는 시대가 달라졌다. 튈 때는 튀어야 하고, 남들과 달라야 한다. 그래야 성공한다. 그러다가 정을 맞으면 어떻게 하냐고? 만약 위대한 조각가한테 제대로 정을 맞았다면 남들을 완전히 몰입시킬 수 있었던 작품으로 탄생할 수 있었던 기회가 되었을 것이다. 사람도 마찬가지다. 마치 위대한 조각가에게 정을 맞듯이 실력을 제대로 갖추고 성공한 스승으로부터 지식과 기술, 마인드를 전수받아야 한다. 그래야 작품과 같은 인재로 탄생된다. 정 맞는 것이 두려운 사람들은 결국 예술가가 아닌 평범한 사람들로부터 무의식에 부정적인 영향을 주는 마구잡이의 정들을 맞게 된다. 이런 과정이 반복되면서 원래 존재하고 있던 잠재능력은 제대로 드러나지 못하고 사장되어버리는 안타까운 일이 벌어지는 것이다.

많은 사람의 무의식 속에 '다른 것은 틀린 것'이라는 인식이 형성되어 있는데, 인간이 서로 다른 것은 틀린 것이 아니라 당연한 것이다. 그럼에도 정해진대로 획일적으로 사고하고 행동할 것을 강요받는 문화 속에서 성장하다 보니 무의식적으로 다른 것은 유별나고 잘못된 것이라고 인식하게 되었다.

강의실 맨 앞자리에 앉는 사람

학창 시절 수업 시간을 떠올려보자. "이거 답해볼 사람?"이라고 물어보면 학생들은 고개를 숙이고 시선을 피한다. '시키지 마라'는 간절함을 담아 모든 학생이 한마음으로 '이 시간이 빨리 지나가면 좋겠다'고 생각한다. 초중고는 물론이고 심지어 대학 강의실에서도 비슷한 풍경이 펼쳐진다. 서양 문화권 대학의 강의실을 떠올려 보면 어떤가? 모두가 발표하고 싶어 하고, 기회를 얻지 못하면 아쉬워한다. 이들은 우리 문화와는 다르게 개인 간의 차이를 인정하고 다양성을 존중하는 문화이기 때문에 우리보다 개인의 의견을 이야기하는 것을 어려워하지 않는 것이다.

나 역시 대학 1학년 때까지만 해도 적극적이지 않은, 그저 조용히 지내고 싶은 학생이었다. 교실 맨 앞에 앉는다는 것은 생각은 하지도 못했다. 그 자리에 앉는 친구들은 평범한 한국인과는 다른 성향의 아이들, 혹은 외국에서 살다 온 아이들이었다. 나머지는 전부 강의실 뒤편이나 창문가에 숨어 있었다. 오늘 하루도 무사히 중간만 가자고 생각했다. 일반적인 한국인 성향을 뿌리 깊게 가지고 있어 변화하기가 힘들었다.

　그런데 군대를 다녀오고 사회에 진출하기에 앞선 시점에 내가 변화하지 않으면 내 인생은 절대로 특별해질 수 없을 것이라는 생각이 들었다. 그때부터는 일부러 맨 앞에 앉아서 발표도 하고 심지어 교수님과 농담을 나누는 사이까지 되었다. 수업에 적극적으로 참여하자 교수님들과 심리적으로도 가깝고 친밀한 관계가 되었고, 자연히 학문에 집중하게 되며 좋은 성적도 얻고 대학을 졸업할 때 우수상을 받을 수 있었다.

　변화는 이것만이 아니었다. 예전에는 주변 눈치 보느라 혼자서는 절대로 밥을 먹지 않던 내가 '혼밥혼자서 밥을 먹는 것'도 거뜬하게 해냈다. 갓 입학한 신입생 시절에는 절대 혼자 먹지 못하고 꼭 여럿이서 먹었다. 그러지 않으면 혼자 소외되고 집단에서 배제되는 느낌이 들었기 때문이다. 그 당시의 나는 남의 눈치를 보는 성향이 있었던 것이다. 하지만 이런 성향을 벗어던지자 내 시간을 확보할 수 있게 되었고, 내가 원하는 일에 더 많은 에너지를 쏟을 수 있게 되었다.

'캐릭터'의 중요성

자신을 내부 기준이 아니라 외부 기준으로 판단하게 된다면 결코 진정한 행복의 수준까지 도달할 수 없다. 결혼할 때도 으리으리한 호텔이 아니라 오래된 식장에서 손님을 맞이하면 사람들이 우리 사랑을 매우 초라하게 보지 않을까 고민한다. 내부 기준이 약하니 외부 기준에 과하게 신경 쓰게 되면서 이런 허례허식도 생겨난다.

내면의 기준이 약한 사람들은 무슨 일이든 포기도 빠르다. '나따위가 뭘 하겠어? 역시 난 안 돼.' 어린 시절부터 자신이 신념을 갖고 중요하다고 믿는 기준이 아니라 남들에 의해 형성되어 버린 기준으로 상황을 바라보니 단단한 내적 힘이 없고 힘들 때마다 쉽게 주저앉는 것이다.

행복하려면 이러한 성향에서 벗어나야 한다. 이런 부분은 다분히 무의식적으로 형성되고 발현되는 것이므로 벗어나는 것이 쉽지는 않다. 따라서 항상 내 안에 내재되어 있는 부정적 암시를 제거하고 특별한 존재들의 생각을 어떻게 하면 담을 수 있는가에 대해 꾸준하게 생각하며 변화를 위한 노력을 해야 한다.

서로 비슷한 사람들에게는 특별함을 느낄 수 없다. 즉, 사회에서 성공하는 사람들은 평범한 사람들과 다른 사람들이다. 평범함을 거부하고 자신의 소신과 신념을 갖고 꾸준히 남과 다름을 증명하는 사람들이 성공한다. 그런 사람들은 자신만의 독특한 캐릭터가 형성된 사람들이다.

성공하려면 이 세상에서 가장 중요한 것, 의미 있는 것, 가치 있는 것을 추구하기 위해서 남의 눈치를 보지 않아야 한다. 무엇이 중요한 것인지는 자신이 스스로 결정해야 한다. 가장 중요하고 가치 있는 것을 결정했다면 그것에 심취해서 열정적으로 살아가고, 그런 자신을 남들에게도 자랑스럽게 드러낼 수 있는 사람이 되어야 한다.

남들이 이상하게 나를 바라볼지라도 흔들림이 없이 자신이 가장 중요하다고 생각하는 것을 끝까지 추구하고 계속 밀어붙이는 사람. 그런 사람은 흔하지 않다. 처음엔 이상하게 봤던 사람들도 흔들림 없이 일관성 있게 유지되는 그 사람만의 매력을 점차 느끼게 된다. 그 사람의 독특한 캐릭터에 점점 더 빠져드는 것이다.

좀 더 쉽게 예를 들어보자. 가수 싸이가 처음 방송에 나왔을 때 모든 면에서 독특하고 남다른 캐릭터의 등장에 사람들은 충격을 받았다. 외모가 출중한 가수들 사이에서 그는 뱃살을 출렁이며 익살스러운 표정으로 "새 됐어"라고 노래했다. 그 모습은 당시 매우 충격적이었고 기성세대들은 손사레를 치며 채널을 돌리기도 했다.

하지만 싸이는 자신만의 독특한 캐릭터를 가지고 꾸준히 활동했고 '강남스타일'로 월드 스타가 되었다. 전 세계 사람들을 열광시킨 '강남스타일' 뮤직비디오를 보면 싸이만의 캐릭터가 고스란히 담겨 있다. 사람들은 그의 캐릭터에 매료되었고 누구도 대체할 수 없는 특별함에 찬사를 보냈다. 이처럼 캐릭터가 탄탄한 자에게 우리는 매력을 느낀다.

가만히 생각해보면, 성공한 사람들은 하나같이 독특한 캐릭터가 있다. 당신도 성공하고 싶다면 이렇게 남과 차별화되는 자신만의 캐릭터를 형성해야 할 것이다. 캐릭터가 있으면 학벌이나 '간판'이 없어도 남들에게 얼마든지 영향력을 미칠 수 있는 존재가 될 수 있다. 유튜브를 봐도 마찬가지다. 유명 유튜버가 된 사람들을 보면 그들만의 독특한 캐릭터를 느낄 수 있을 것이다. 자신의 확실한 캐릭터를 가지고 소신 있게 꾸준히 사람들을 만나다 보면 "아, 당신은 원래 우리랑 다르군요. 당신을 특별한 사람으로 인정할게요. 당신은 우리와 달라요. 너무나 멋져요." 이렇게 말하며 인정하는 사람들이 더욱 늘어날 수밖에 없는 것이다.

"나니까 가능한 거야"

그렇다면 독특한 캐릭터가 있는 사람들은 어떻게 젊은 나이에 그런 캐릭터를 구축할 수 있었을까? 이른 나이에 성공한 사람들을 보며 수없이 많이 연구하고 깨달은 사실은 그들은 하나 같이 자신이 하는 일, 삶에 대한 자부심과 긍지가 매우 컸다는 점이다.

앤드류 카네기는Andrew Carnegie 가난한 집안의 장남으로 태어나 정규교육을 제대로 받지 못했다. 그는 어린 시절 우편배달부로 일했다. 일은 힘들었지만 그는 항상 '내가 전 세계에서 가장 뛰어난 우편배달부다'라는 생각과 자부심, 긍지로 똘똘 뭉쳐 있었다. 그는 항상 자신이 하고 있는 일에 최선을 다하는 자세로 살고 그런 자신에게 확신과 자부심을 가지고 삶을 살았다. 어린 나이부터 이런 자부심과 긍지가 가득한 모습으로 일하는 그 자세가 그만의 멋진 캐릭터로 형성되어 간 것이다. 그런 점이 훗날 그를 '철강왕'이란 칭호를 얻게 만든 근원적 힘이었다.

어린 시절의 카네기처럼 너무 가난했던 한 청년이 있었다. 그는 이른 나이부터 술집에서 일을 시작했다. 그런데 시련이 닥쳤다. 비위가 약한 그에게 주인이 화장실 청소를 시킨 것이다. 곤란한 상황에 처한 그를 본 선배가 '따라와. 내가 하는 걸 보고 잘 따라 하면 돼'라고 말했다. 선배는 솔선수범해서 변기를 닦았다. 너무나 깨끗하고 완벽하게 청소를 마친 뒤 그 선배는 컵 하나를 가지고 와서 그 변기 속 물을 떠서는 들이켰다. 아무리 잘 닦았어도 꺼림칙할 만한데 전혀 망설임 없이 물을 삼키는 선배를 보며 청년은 충격을 받는다. '자신이 하는 일에 대해 이렇게까지 자부심과 확신을 가지고 사는 사람도 존재하는구나.'

그는 지난날의 자신을 반성하고 새롭게 결심한다. '내가 평생 변기만 닦다가 죽을지라도 이 세상에서 변기를 가장 잘 닦는 사람이 될 것이다.' 그는 정말 평생 변기만 닦다가 삶을 마감했을까? 아니다. 그는 이날의 깨우침을 토대로 호텔업에 대해 필요한 모든 지식과 실력을 갖추고 성장하여 전 세계에 250여 개의 호텔을 세운 남자가 된다. 그의 이름은 바로 콘래드 힐튼Conrad Hilton이었다.

자, 이해했는가? 자신이 하는 일에 대한 자부심과 긍지 그리고 확신을 품어야 성공할 수 있다. 이것이야말로 대단한 존재를 만드는 근원적 에너지다. 대부분의 사람은 자신이 하는 일에 대한 긍지를 갖추지 못한 상태로 살고 있다. 그러다 보니 남의 눈치를 보고 수동적이며 평범한 삶을 살게 된다. 나니까 할 수 있고, 나니까 가능한 것이며, 나만이 할 수 있는 것이라는 생각. 이런 생각들이 어린 시절부터 계속해서 쌓이고 쌓이다 보면 정말 그런 존재로 거듭나게 된다. 확신을 가진 캐릭터를 구축할 수 있는 것이다.

세상은 이렇게 말한다. "성공하려면 자금력이 필요하다." "인맥이 있어야 한다. 누가 지원해주지 않으면 불가능하다." 그러나 캐릭터를 갖추게 되면 이 모든 것이 내게 가까이 다가오는 것을 느낄 수 있다. 부디 이 점을 꼭 기억하기를 바란다. '이 일은 내가 최고야.' '이렇게 매일 열심히 할 수 있었던 건 나니까 가능한 거야.' '이렇게 성과를 올릴 수 있다니 역시 나는 대단해.' 이런 생각을 갖출 수 있도록 하루하루 전념하라. 그러면 반드시 성공할 수밖에 없는 단단한 캐릭터로 바뀌게 될 것이다. 그리고 결국 깨닫게 될 것이다. 자신에게 최고의 '빽'이 되어줄 아군은 바로 자신이란 것을. 속으로 계속 외쳐라. "내 '빽'은 나야!"라고 말이다.

운에 맡길 것인가,
운을 지배할 것인가

베풀기 전에 받아라

큰일을 하려면 부탁을 잘할 수 있어야 한다. 사업 기회를 얻고, 인연을 만들며, 심지어 훌륭한 배우자를 만나는 것도 전부 '부탁'을 통해 이뤄진다. 부탁을 잘해야 인생이 술술 풀린다.

"저는 누구에게든 부탁 자체를 안 해요. 부탁하는 거 싫거든요."
이렇게 말하는 사람이 있다면 하루 빨리 이런 정신을 깰 수 있어야 발전을 할 수 있다. 일단 부탁을 잘하지 않는 가장 큰 이유는 무지함에서 비롯된다. 부탁이 얼마나 좋은 것이고 필요한 것인지 어릴 적부터 학습하지 못한 것이다. 대단한 성취를 이루어 낸 사람들은 공통적으로 남들에게 부탁을 잘해서 성공한 것이란 것을 모르고 있다. 내가 상대방에게 어떤 부탁을 하면 상대가 거절할 수 있지만, 승낙해줄 수도 있다는 사실 자체를 모르는 것이다. 그래서 부탁도 자꾸 해본 사람들이 계속할 수 있다. 부탁하면서 많은 것을 얻어 봤기에 계속 부탁을 하는 것이다.

부탁을 잘하지 못하는 사람들은 잘못된 믿음들이 무의식에 형성되어 있는 것을 볼 수 있다. 가령 기대가 없으면 실망도 없다는 신념이다. 어릴 적에 부모든 주변 사람들에게든 자신이 바라던 것을 부탁해봤는데 마음의 상처만 입고 원하는 것을 얻지 못했던 아픈 기억이 계속 마음에 남아서 원하는 게 있어도 부탁하지 않으면 실망을 하진 않을 수 있다는 것에 안주하고 부탁을 하지 않는 것이다.

부탁을 잘하지 못하는 사람들의 무의식에 잘못 형성된 또 다른 믿음은 '주는 것이 받는 것보다 훌륭하다'는 생각이다. 당신도 주는 것이 받는 것보다 가치 있는 것이라 생각하는가? 현재 영향력이나 가치, 돈을 많이 가지고 있고 베풀 수 있는 사람들은 모두 성장하는 과정에서 세상으로부터 많은 것을 받고 얻었던 사람들이다. 그들은 좋은 책을 많이 읽었고, 스승들에게 좋은 생각을 먼저 받았으며 세상으로부터 기회를 얻어서 성공했다.

젊을 때부터 적극적으로 세상에 요구하고 부탁하고 받은 사람들만 나중에 자신이 받은 것을 더 크게 키워서 세상에 줄 수 있게 된다. 지식과 실력을 충분히 갖추기 전까지는 많이 받고 습득하는 데만 집중해야 한다. 이기주의가 되라는 것이 아니다. 전혀 반대로 이타주의가 되란 것이다. 남들을 제대로 돕기 위한 마음을 진심으로 갖추었다면 남들을 크게 돕기 위해서 먼저 성공한 사람들에게 도움을 적극적으로 받아낼 수 있어야 한다.

부탁을 못하는 사람들의 무의식에 잘못 형성된 믿음 중에서 '내가 굳이 말하지 않아도 상대방세상이 알아주겠지'라는 생각도 내재되어 있다. 그러나 말하지 않는데 알아주는 사람이 세상에 존재할까? 존재하지 않는다. 인간은 각자 자신의 문제에 집중되어 살아간다. 남들의 문제까지 미리 알아채고 관여하지 않는다. 직접 말을 하지 않으면 절대 내가 원하는 것을 상대가 먼저 알아줄 리 없다. 원하는 것을 직접 구체적으로 말하고 요청해야 한다.

또한 부탁을 잘하지 못하는 사람들은 자기의 일은 자신이 스스로 해야만 한다는 강박과 같은 생각이 있다. 이것 역시 무의식에 잘못 형성된 믿음이다. 자신의 일을 스스로 하는 것은 물론 멋지고 필요한 것이다. 하지만 필요에 따라 유연하게 사고하고 효율적으로 행동할 수 있어야 한다. 자신의 일을 스스로 할 정도가 되려면 어떤 분야에서 확실하게 잘 배우고 준비가 된 이후에야 가능해지는 것이다. 준비가 덜 된 상태에서 섣부르게 스스로 하려고 하다간 실수만 남발하고 시행착오만 반복하게 될 뿐이다.

진정으로 스스로 해낼 만큼 충분히 배우고 경험하고 얻어낸 후에 스스로 해라. 그게 순서다. 어떤 인간도 모든 일에 능통할 수 없다.

그래서 특정 분야에서 나보다 더 잘하는 사람이 있다면 그 사람의 힘을 빌려서 하는 것이 훨씬 현명한 것이다.

거절할 수 없는 제안을 하는 방법

부탁을 가로막는 무의식에 잘못 형성된 믿음들을 몇 가지 살펴보았다. 이런 낡은 신념들이 자신에게 혹시 있지는 않은지를 먼저 곰곰이 생각해보았으면 좋겠다. 잘못된 신념에서 벗어났다면 부탁은 설득, 요청 등의 표현으로도 사용한다을 더 잘하는 방법이 따로 있는지도 몇 가지 살펴보겠다.

지금까지 내가 제일 많이 사용했던 부탁의 방법은 상대에게 도움이 되는 확실한 지식을 설명함으로써 그들의 동의와 협력을 얻는 형태였다. 확실하게 상대를 압도할 수 있는 지식의 힘으로 그들을 완전히 집중시키고 몰입시키면서 내가 뜻하는 바를 이루어왔다. 부탁할 때 확실한 지식을 근거로 부탁을 해왔기에 상대가 내 제안을 받아들일 것이란 확신을 충분히 갖춘 채로 부탁할 수 있었다.

부탁할 때 대상도 아주 중요한데, 내 부탁을 들어줄 수 있는 능력을 갖춘 사람에게만 해야 효과가 있다. 즉, 확실하게 성공한 사람이나 전문가 혹은 부탁을 들어줄 권한과 능력을 갖고 있는 사람에게만 부탁을 한다는 것이다.

진심을 다해서 부탁하는 자세도 매우 중요하다. 상대의 눈을 제대로 보고 상대에게도 도움이 되는 것을 제안하면서 진심을 전달한다. 내가 받으려는 것에 급급하지 않고 내가 먼저 줄 것을 생각한다. 심리수업을 처음 만들어 시작할 때도 각 학원의 대표님에게 기회를 달라고 부탁했지만, 그전에 내가 학원에 어떻게 도움을 줄수 있는지를 먼저 무의식의 언어인 상상력으로 상상하게 해주는, 일종의 선물을 먼저 주었다. 그렇게 나로부터 상상의 선물심리수업으로 학생들 성적이 오르고 학원이 더 잘되는 상상을 받았기에 그분들은 나에게 화답해서 기회를 주신 것이다.

그리고 부탁할 때는 한 번만 하지 않는다. 될 때까지 거듭 부탁한다. 모든 세일즈맨의 46퍼센트가 고객에게 한 번 부탁하고 더 이상 부탁하지 못한다고 한다. 세일즈맨의 겨우 4퍼센트만이 같은 고객에게 다섯 번 이상 부탁한다. 그런데 이 4퍼센트의 세일즈맨이 전체 판매량의 60퍼센트를 차지하고 있다.

상대가 부탁을 들어주지 않을 때는 절대 감정적으로 대처하지 않는다. 혹시 상대가 거절하면 상대방에게 거절의 이유를 묻는다. 그리고 그 피드백을 받은 것을 바탕으로 부족한 것을 더 보완하고 보충하여 거절할 수 없는 제안을 계속해가면 된다. 거절을 당하고 감정이 상하거나 욱해버려서 포기하는 사람은 하수다. 욱하는 순간 평판도 잃고 선택권 자체가 없어지는 것이다. 상대가 부탁을 거절할 때 상대는 조금이라도 당신에게 미안한 마음을 갖게 된다. 그러니 그것을 최대한 활용해보라. 감정적으로 대처하지 않고 더 나은 대안을 준비해서 계속 다가갈 수 있다면 상대는 부탁을 들어줄 것이다.

성공적으로 부탁을 하기 위해서는 이처럼 지켜야 하는 법칙들이 있다. 지금 이야기 한 부분들은 앞으로도 평생 내가 계속 고수하고 활용할 방법이다. 한 가지 더 첨언하자면, 인간적인 존중을 담아 심리적으로 쉽게 마음을 열 수 있는 방법들을 함께 활용하면 관계에서도 훨씬 수월해질 것이다. 젊을 때는 목표를 달성하기 위해 물불 가리지 않고 달려들었지만, 나이가 들수록 나도 점점 더 전보다 유해지는 것 같다.이 부분은 굉장히 감사하게 느끼는 부분이기도 하다. 좀 더 성숙해지고 있는 것 같아서 말이다. 세상을 살면서 너무나 중요한 부탁, 그 부탁의 과정이 서로에게 유익하고 기쁜 일이 되었으면 좋겠다.

1. 칭찬과 감사의 말을 하면서 부탁한다. 즉, 상대의 비판의식과 거부감을 먼저 제거한 뒤 부탁하라.
2. 직접적이지 않고 우회적으로 부탁하라. 상대의 상상력에 호소하는 것이다.
3. 상대방의 체면을 세워주면서 부탁하라. 상대가 갖고 있는 프레임에 맞는 접근방식을 취하는 것이 좋다.
4. 상대를 격려하고 존중하며 부탁하라. 진심으로 상대에게 집중하고 있어야 가능한 일들이다.
5. 상대에게 도움이 되는 부분을 강조하면서 부탁하라. 상대는 그들

에게 도움이 된다고 느끼게 되면 기꺼이 온 힘을 다해서 그것을 취할 것이다.

다섯 가지 문장은 부탁할 때만이 아니라 인간관계를 맺을 때도 언제나 지키려고 노력하며 살아야 하는 점들이다. 진정한 고수라면 인간에 대한 애정과 관심을 가지고 이런 부분들까지도 항상 가슴속에 새기며 노력해야 할 것이다. 그러면 성과와 성취는 자연스럽게 따라온다.

넘어졌을 때 잠시
되돌아봐야 할 것들

슬럼프는 왜 생길까?

누구나 슬럼프에 빠질 수 있다. 잘하던 일이 왜 갑자기 안 풀릴까? 성과가 왜 갑자기 떨어질까? 슬럼프라는 말을 입에 달고 다니는 사람은 기본기가 없는 사람이다. 기본이 충분히 갖추어져 있지 않으면 슬럼프를 이유로 언제나 보통의 상태에 머물러 있을 수밖에 없다.

극진공수도의 창시자 최배달 님은 100명이 넘는 고수와 실전 격투를 해서 최강의 존재임을 증명한 인물이다. 그는 이렇게 말한다. '기본에 충실하라.' 내가 주먹을 제대로 쥐었는가 하는 생각부터 기본적인 것들을 점검하고 확인해보라고 했다. 그는 은퇴하는 그날까지 하루도 거르지 않고 2,000번씩 정권 치기를 훈련했다.

누군가는 '세계 최강자라면 이런 단순한 정권 치기 말고 여러 복합 기술 같은 것을 계발하고 훈련해야지. 지겹게 이걸 왜 계속해?' 라고 생각할 수 있다. 하지만 최배달 님은 "생사가 걸린 길목에서 내가 승리할 수 있었던 것은 결국 상대의 빈틈을 파고 들어가 날렸던 정권 치기였다"고 말했다. 수없이 많은 반복을 통해서 무의식적으로, 나도 모르게 저절로 날아가버린 정권 치기. 실전 승부에서 가장 중요한 것은 화려한 움직임이 아니라 수없이 반복해온 기본에 충실했던 단순한 움직인 것이다. 그래서 언제나 우리는 기본에 충실한 삶을 살려고 계속 노력해야만 한다.

중졸 출신 은행 지점장

근 20년 전의 이야기다. 용역직 청원경찰로 근무하면서 300억 원의 수탁고_{은행이 위탁받은 재산의 총량}를 올린 '고객 감동의 신화' 한원태 씨는 고객 감동의 생생한 교과서라 할 만한 분이다. 은행에 가면 번호표를 뽑고 순서를 기다리지만, 옛 서울은행 석수지점에는 날마다 진풍경이 펼쳐졌다. 은행에 온 사람들이 창구가 아닌 객장 한 구석의 조그만 책상 앞에 줄을 서서 차례를 기다리는 것이다. 그런데 그들의 업무를 처리해주는 사람은 은행직원이 아니라 청원경찰이었다. 더욱 놀라운 것은 너무 시간이 오래 걸려서 다른 직원이 일을 처리해준다고 해도 고객들은 막무가내로 그 청원경찰과만 업무를 보겠다고 하는 것이다.

은행을 찾는 고객들은 창구로 가기 전에 반드시 청원경찰을 찾았고, 금융과 관련한 상담도 은행직원이 아닌 청원경찰과 나누었다. 청원경찰이라면 허리춤에 가스총을 차고 혹시라도 생길지 모르는 사고를 예방하기 위해 안전 관리 업무를 하는 사람 아닌가. 무엇 때문에 석수동 사람들은 이 청원경찰에 열광한 걸까. 비결은 몸에 밴 청원경찰의 웃음과 친절 때문이었다. 한원태 씨는 사람들을 대할 때, 마치 자신의 어머니나 이모처럼 반갑게 대했다. 먼저 다가가서 친절하게 인사하고 진심으로 그들을 맞이했다.

그도 처음부터 고객들에게 상냥했던 것은 아니다. 중졸의 학력으로 J모직에 입사해 5년간 패션모델로 일했지만 뚱뚱해지면서 회사를 그만두고 용역경비회사에 지원해 은행 청원경찰로 발령받았다. 하지만 몸이 피곤하다 보니 짜증이 났고, 그 짜증은 고스란히 은행을 찾는 고객들에게 옮겨갔다. 그러던 어느 날 엄마 손을 잡고 은행에 들어온 어린아이가 그를 보고 울자 충격을 받았다. 그리고 고객을 대하는 태도를 바꿔보기로 마음을 먹었다.

그는 집에 돌아가면 거울을 보고 하루에 딱 100번씩 친절하게 인사하는 연습을 했고, 한국보안공사와 은행 측에 청원경찰의 제복을 바꿔줄 것을 요청해 경찰 스타일의 제복에서 양복 스타일의 제복으로 바꾸었다. 제복이 부드러워지자 자연스럽게 표정도 부드러워졌고, 은행의 새 상품이 나오면 누구보다 먼저 그 내용을 주의 깊게 살피고 이전 상품과의 차별점, 강점, 단점 등을 비교 분석해 고객들에게 추천했다. 신상품이 나올 때마다 열심히 공부하다 보니 어느덧 한원태 씨는 정식 직원들보다 더 많은 걸 알게 되었다. 고객들은 은행직원들이 상품에 대해 설명해주면 고개를 갸웃거렸지만, 그가 설명해주면 고개를 끄덕였다.

한원태 씨는 "누군가를 설득하는 건 무척 어려운 일이다. 나에게 사람들을 설득하는 비결이 있다면 그건 아마도 정성이라고 답할 수밖에 없다"고 말했다. 그는 고객에게 도움이 된다는 확신이 들면 끈질기게 고객을 설득하고, 고객에게 1퍼센트의 이익이라도 더 갈 수 있도록 최선을 다했다.

그는 사실 중졸 학력이 전부였는데, 이는 번번이 지점장의 추천에도 불구하고 정식직원이 되지 못하게 하는 걸림돌이었다. 하지만 고객들의 강력한 탄원과 요청으로 정식직원이 됐다. 그러고 나서 얼마 후 서울은행이 하나은행과 합병되었는데, 메이저 은행들이 그를 모셔가려고 스카우트 전쟁을 벌이기도 했다. 결국 한원태 씨는 새마을금고 안양 북부 지점장이 되었다. 해당 지점은 수탁액이 40억 원 정도인 영세지점이었지만 한원태 씨가 지점장이 되고 나서 3일 만에 300억 원의 돈이 지점에 들어왔다.

세상의 모든 일에서 기본이 얼마나 중요한지를 깨닫고 한결같은 마음으로 기본에 충실할 수 있는 사람은 슬럼프가 와도 쉽게 벗어날 수 있다. 슬럼프라고 느껴지는 순간이 온다면 슬럼프라는 쉬운 말로 위로하지 말고 기본기의 중요성을 되새기면서 기본에 다시 충실해야 할 것이다.

현대인에게 우울증이 많은 이유

쇼크사는 다양한 원인으로 인해 갑작스럽게 쇼크 증세를 일으켜 실신하여 사망하는 것을 말한다. 팔 하나 부러졌다고 해서 인간이 반드시 죽는 것은 아니지만 이 같은 상황에서 죽는 사람도 있다. 이렇게 쇼크사를 한 사람은 팔이 부러졌을 때 느끼는 고통보다 자신의 삶의 이유와 목적, 희망이 더 작고 희미하게 느껴질 때 절망감을 갖고 마음의 끈을 놓아버린다.

삶의 의지가 고통보다 강한 사람이라면 쇼크사로 죽을 일은 당연히 없을 것이다. 칭기즈칸은 화살이 날아와 뺨을 관통해도 사흘 동안 사경을 헤매다가 살아났다고 한다. 그에게는 살아야 할 이유가 너무나 명확했던 것이다. 자신이 왜 살아야 하는지가 분명하게 무의식에 새겨져 있었기 때문에 강한 정신력과 의지로 생명의 끈을 놓지 않을 수 있었다.

이렇게까지 자신이 살아야 하는 이유가 무의식에 분명하게 각인된 사람들은 세상에 많지 않다. 이들은 삶의 이유와 목적을 무의식에 새기지 못하고 살아가는 사람들과는 차원이 다른 정신력과 잠재력을 가지고 산다. 자기 삶의 이유와 목적을 무의식에 각인하지 못한 사람들은 무엇을 하더라도 그 집중력과 끈기, 능력, 마인드에서 당연히 상대가 될 수 없다. 과거보다 현대가 먹고살기 더 좋아지고 풍요롭고 편리해진 것은 분명한데 왜 사람들의 정신력은 점점 더 약해지고 명확한 삶의 이유와 목적을 갖고 사는 사람들은 적어지고 있는 것일까?

우리의 삶은 매우 치열한 것이다. 과거에는 자신이 살기 위해서 반드시 다른 생명체를 죽여야 했고 인간은 치열하게 살아야만 생존할 수 있었다. 삶이란 것은 진정 그 자체만으로도 매우 치열한 것이다. 부디 이 점을 깊이 느끼고 생각해보기를 바란다. 지금도 우리는 눈앞에는 보이지 않지만 자신의 생존을 위해서 많은 생명을 죽일 수밖에 없는 숙명적인 삶을 살고 있다. 그래서 당신은 더욱 가치 있고 의미 있게 살아가야 할 의무와 책임이 있는 것이다. 당신이 멋진 삶을 살지 못한다면 당신을 위해 죽어간 수많은 생명과 가치들이 매우 허망해진다.

인간은 매 순간을 집중하고 몰입하면서 멋지고 의미 있게 살아가야 하는 존재다. 스스로가 자신의 삶을 가치 있게 여기고 의미 있게 만들지 못한다면 우리의 삶은 무의미하고 우울하며 무기력해질 수밖에 없다. 모든 것은 자신의 마음이 만든다. 일체유심조의 정신으로 치열하고 후회 없는 삶을 만들기 위해 오늘도 한발 더 나아가야 한다. 삶이 끝나는 순간까지 고도의 집중과 몰입상태를 자신의 분야에서 더 멋있게 잘 만들어내기 위한 노력을 해야 한다. 그것이 우리가 진정으로 바라는 멋진 인생이다.

〈성공에 꼭 애국심이 필요한가〉

박세니와 함께 인간과 인생의 본질을 이해해나가는 공동체

유료 멤버쉽 서비스 '2주 무료 체험권'
(무료 코드 입력 : SSEN1-12345-12345)

어웨이크

ⓒ박세니 2023

초판 1쇄 인쇄 2023년 10월 16일
초판 1쇄 발행 2023년 10월 25일

지은이	박세니
편집인	권민창
디자인	김윤남
책임마케팅	윤호현, 김민지, 정호윤
마케팅	유인철
제작	제이오
출판총괄	이기웅
경영지원	박상박, 박혜정, 최성민

펴낸곳	㈜바이포엠 스튜디오
펴낸이	유귀선
출판등록	제2020-000145호(2020년 6월 10일)
주소	서울시 강남구 테헤란로 332, 에이치제이타워 20층
이메일	mindset@by4m.co.kr

ISBN	979-11-93358-11-5 (03190)

마인드셋은 ㈜바이포엠 스튜디오의 출판브랜드입니다.